国家社科基金重点项目“健全与完善我国宪法实施路径与宪法监督制度研究”
的结项成果

健全与完善我国宪法实施路径与宪法监督制度研究

刘志刚　万千慧　著

知识产权出版社
全国百佳图书出版单位
—北京—

图书在版编目（CIP）数据

健全与完善我国宪法实施路径与宪法监督制度研究 / 刘志刚，万千慧著 .—北京：知识产权出版社，2023.9

ISBN 978-7-5130-8578-6

Ⅰ . ①健… Ⅱ . ①刘… ②万… Ⅲ . ①宪法—研究—中国 Ⅳ . ① D921.04

中国国家版本馆 CIP 数据核字（2023）第 001984 号

责任编辑：彭小华　　**责任校对**：谷　洋

封面设计：智兴设计室 · 任珊　　**责任印制**：孙婷婷

健全与完善我国宪法实施路径与宪法监督制度研究

刘志刚　万千慧　著

出版发行：知识产权出版社有限责任公司　　**网　　址**：http://www.ipph.cn

社　　址：北京市海淀区气象路 50 号院　　**邮　　编**：100081

责编电话：010-82000860 转 8115　　**责编邮箱**：huapxh@sina.com

发行电话：010-82000860 转 8101/8102　　**发行传真**：010-82000893/82005070/82000270

印　　刷：北京中献拓方科技发展有限公司　　**经　　销**：新华书店、各大网上书店及相关专业书店

开　　本：720mm × 1000mm　1/16　　**印　　张**：13

版　　次：2023 年 9 月第 1 版　　**印　　次**：2023 年 9 月第 1 次印刷

字　　数：228 千字　　**定　　价**：78.00 元

ISBN 978-7-5130-8578-6

目 录 / CONTENTS

引言

第五章

域外宪法监督体制的比较与我国宪法监督体制的完善

第六章

我国宪法实施监督机构的健全与完善

参考文献

引言

健全与完善我国宪法实施路径与宪法监督制度是新时期党和国家的一个重要政治决断，也是学界长期关注的一个重要理论课题。该问题涉及的领域多、问题复杂，且在一些相关问题上的理解分歧比较多，进行全面、系统的分析论证的难度比较大。为尽可能消除研究过程中有可能存在的理解歧义，在一个共同的话语平台基础上对该问题进行深入探讨，笔者通过对文献资料的分析挖掘，确定了研究该问题的总体思路，框定了一些节点问题，以之作为展开本书研究的逻辑基点，具体如下：

一、注意厘清宪法实施与宪法监督及关联范畴之间的界限

宪法实施是一种将宪法的文本规范转化为社会现实中法律或事实关系的过程。围绕宪法实施的具体内涵，学界的理解不甚相同，主要有广义、狭义两种定义方法，两种定义方式的区别在于：对宪法实施主体范围的框定不同。广义宪法实施的主体是宪法效力所辖范围内的一切主体，狭义宪法实施的主体是宪法规定的国家公权机关。笔者对宪法实施的含义秉持狭义定位的立场。宪法监督与宪法实施在逻辑上是关联在一起的一个宪法学范畴。从纵向历史发展的角度来看，对宪法监督一词的称谓及其内涵的嬗变大致经历了四个发展阶段：（1）从1954年《宪法》颁布实施到1982年现行宪法颁布之前；（2）现行宪法颁布实施之后到2001年齐玉苓案发生之前；（3）从2001年齐玉苓案到2017年党的十九大召开之前；（4）2017年党的十九大召开至今。“宪法监督”一词在纵向的学术发展历程中，经历了从以“宪法监督”为主流、在域外学术冲击下呈现概念多样化、以“宪法监督”与“违宪审查”为主流、以“合宪性审查”为主流的变迁过程。“宪法监督”一词的内涵在纵向的学术发展历程中不

断发生流变，对当下学术研究中“宪法监督”一词内涵的界定，需要从横向的角度进行审视。从当下我国学界关涉宪法监督问题研究的现实状况来看，“违宪审查”“合宪性审查”与“宪法监督”是一组较为活跃且往往混杂使用的概念。无论是党的十九大报告还是全国人大常委会的相关决议，均同时使用了“宪法监督”与“合宪性审查”两个不同的范畴，“宪法监督”与“合宪性审查”不宜混同使用，两者之间的关系应当被认定为种属关系，后者属于狭义上的宪法监督，从属于前者。由于不同学者对宪法实施与宪法监督的内涵、外延理解不甚相同，狭义的宪法实施概念群与宪法监督概念群内部已具有各自特有的复杂性。广义上宪法实施的健康运行，需要狭义上宪法实施与宪法监督在制度层面的有机结合。但是，当宪法实施与宪法监督之间发生逻辑上的关联时，由于宪法学研究方法的多元性与混淆性、各自运行路径的交融性，二者在直观层面上看起来似乎较为明显的“对象关系”往往产生内部逻辑关联上的诸多问题。由此在制度层面有可能导致的结果是：宪法实施与宪法监督之间产生边界交融，处于一种关系相对模糊的状态。本书倾向于认为，宪法实施与宪法监督之间是一种平行的关系，宪法实施是宪法监督的对象，二者不是包容与被包容或者交叉的关系。造成前述后果的根本原因是宪法学研究方法的不同。立基于此，笔者在本书第一章中对此进行了全面系统的分析，其目的就在于厘清宪法实施与宪法监督之间的关系，为后文其他章节内容的展开提供一个基础。

关于宪法实施的路径，学界的理解不甚相同。例如，直接实施与间接实施、遵守型实施与执行型实施、无意识的程序性实施与有意识的实体性实施、不同属性国家机关的实施等。实施路径的多样化区分是宪法学理论研究中的必然现象，在某种程度上可以认为，宪法实施的不同路径实际上是从不同侧面观测宪法实施后在人们主观层面产生的效果映像。例如，立法机关以宪法有关规定为出发点制定具体化的民事、刑事或行政法律，并通过这些法律的施行使宪法文本得到落实的过程，在实施主体性质分类系统中属于立法实施，在宪法文本原因评价系统中属于间接实施，在有意识的合宪性控制方面又偏向程序性实施。这些分类方式各自反映了宪法实施的某些具体特征，彼此之间一般没有严格的排斥关系。在研究过程中秉持的逻辑基点是：（1）宪法实施有广义和狭义之分，对宪法实施内涵的理解应当秉持狭义制度性实施的立场，该种宪法实施意指经由国家宪法明确其职责权限的机关的公权力活动。与非制度性宪法实施相比，该种宪法实施更适于规范性地构想相关体制机制。以此为基点，前述遵守型实施、无意识的程序性实施不属于本书中所说宪法实施路径的范畴，而立法实施、行政实施、司法实施却属于宪法实施的路径之列。由此而延伸开去，对宪法实施的狭义、制度性实施的理解还会对宪法实施方式与宪法实施路径之间的关系产生涵摄性影响。宪法实施的方式在我国集中表现为宪法修改与宪法解释。目前，学界通常将宪法修改作为一种宪法实施方式，而不是一种宪法实施路径。但是，对于作为宪法实施方式的宪法解释与宪法实施路径之间的关系问题，学界的理解不甚一致。本书倾向于认为，如果从狭义的“具有对应权限公权力机关的制度性实施”角度进行界定的话，宪法解释和宪法修改均不属于宪法实施路径的范畴。对此，笔者在第一章相关内容中作了较为详细的阐释。基于此，笔者在书中阐释宪法实施路径的时候，并未将宪法解释与宪法修改作为宪法实施的路径加以谋篇布局。（2）对宪法实施路径的分析解读有结构主义与功能主义两种视角。结构主义在思维逻辑上将立法权、行政权、司法权与相应国家机关绝对关联起来，立法实施仅限于立法机关实施宪法的行为，行政机关制定行政法规、规章的行为并不属于宪法立法实施的范畴；与之相比，功能主义在思维逻辑上将立法实施、行政实施、司法实施与相关国家机关的职能划分关联起来，而不是将相关国家机关与具体的实施路径绝对关联在一起。在功能主义视角下，行政法规、规章不属于行政实施的范畴，而是属于立法实施的范畴。笔者在研究过程中倾向于从功能主义的视角来分析阐释宪法的实施路径。立基于前述狭义制度性宪法实施及功能主义的视角，全国人民代表大会及其常务委员会制定法律、国务院制定行政法规均属于宪法直接实施的范畴；与之相比，由于规章的制定依据仅限于法律、法规，并不直接以宪法为制定依据，因此它就属于宪法间接实施的范畴。由此延伸开去，在前述逻辑基点下，由于宪法实施仅限于特定国家有权机关直接依据宪法行使职权，行政机关及其他国家机关依据法律行使职权的行为在宪法实施层面就只能属于间接的宪法实施，这种实施实际上归属于法律实施的范畴。这一点，也是宪法实施与法律实施的一项主要区别。

二、围绕宪法的立法实施、司法实施展开重点分析，兼顾宪法实施的其他路径

国内学界对宪法实施与宪法监督问题的研究模式、研究视角不甚相同，由此衍生出对二者间关系及宪法实施路径的不同理解。笔者在研究宪法实施路径时秉持的基本立场是：注意区分宪法实施与宪法监督之间的界限、注意区分宪法实施与法律实施之间的界限，采用规范宪法学的研究模式、功能主义的研究视角。以此为逻辑基点，宪法实施的路径主要包括四种类型，分别是：立法实

施、司法实施、全国人大及其常委会所做宪法实施性决定、行政实施。监察委员会、中央军委固然也是宪法实施的主体，但基于本书所秉持的功能主义的研究视角，在对宪法实施路径进行分析论证的时候，对前述主体实施宪法的问题并不作进一步拓展，而是主要集中在前述四种实施路径方面。在前述四种宪法实施路径中，立法实施对于我国宪法的实施具有更为重要的意义，司法实施对于我国宪法的实施有着很多进一步研究的空间，与之相比，全国人大及其常委会所做宪法实施性决定、行政实施固然也是我国宪法实施的重要路径，但是，相关研究资料相较于立法实施、司法实施来说较为单薄。因此，本书在谋篇布局、分析论证宪法实施路径的时候，重点围绕宪法的立法实施、司法实施展开分析论证，将宪法的行政实施、全国人大及其常委会所做宪法实施性决定作为宪法实施的其他路径做了框架性的分析，篇幅上未作过多的拓展。

本书系在国家社科基金重点项目《健全与完善我国宪法实施路径与宪法监督制度研究》的结项成果的基础上删减而成，共分为六章。第一章、第二章由刘志刚、万千慧共同完成，其他四章由刘志刚独立完成。

第一章

宪法实施与宪法监督的**内在逻辑及展开**

宪法实施、宪法监督是宪法学理论研究中一个历久弥新的永恒话题。围绕前述问题的理论和实践探索早在中华人民共和国成立之初就已经开始了，尽管取得了丰硕的研究成果，实践层面也有一些积极的进展，但是，学界在前述问题上依然存在一些理论上的歧义。党的十九大报告将“加强宪法实施和监督，推进合宪性审查工作，维护宪法权威”作为全面推进依法治国的一项重要任务。这对于深化该领域的理论研究、推动宪法实施和合宪性审查工作必然会起到积极的意义。本章拟结合当前我国所处的时代背景，对宪法实施和宪法监督制度作一全面、系统的梳理，力求挖掘出内蕴于其中的诸种概念之间的内在逻辑关系并从理论和实践两个层面展开，以期正本清源、为进而分析论证当下健全与完善我国宪法实施和合宪性审查制度中的诸种现实问题提供一个话语平台。

第一节　宪法实施与宪法监督的内在逻辑、研究模式

一、宪法实施与宪法监督相关范畴之间逻辑关系的厘定

（一）对宪法实施概念及相关范畴的框架性分析

通说认为，宪法实施是一种将宪法的文本规范转化为社会现实中法律或事实关系的过程。围绕宪法实施的具体内涵，学界的理解不甚相同，目前主要有两种定义方法。其一，广义的宪法实施。该种定义方式的特点是：宪法效力所辖范围内一切主体将宪法中的抽象意志集合转化为分散的现实关系，均属于宪法实施，比较注重过程性描述。秉持该种定义方式的学者倾向于认为，“宪法实施是相对宪法制定而言的概念，是指把宪法文本转变为现实制度的一套理论、观念、制度和机制”，“是很广义、宽泛宏观意义上的概念”[1]。强调从宪法的根本法地位与包容性特质出发，将一切直接、间接的宪法运行都纳入宪法实施的轨道之中。在最广泛的意义上，宪法实施可以描述所有宪法原则、精

---

1 蔡定剑：“宪法实施的概念与宪法施行之道”，载《中国法学》2004年第1期，第22页。

神、条文发生实效并影响公众观念与行为的现象。其二，狭义的宪法实施。该种定义方式强调实施主体的专门性，意指宪法规定的公权力机关按照相应规范具体落实宪法所规定的职权的行为。秉持该种定义方式的学者倾向于认为，宪法实施指“国家有权机关依照法定的方式和程序，从宪法规范的特点出发使其得以贯彻落实并发挥作用的专门活动”[1]等。前述两种定义方式的区别在于：对宪法实施主体范围的框定不同。除了前述两种定义方式，学界也有其他一些定义方式，且外观上似乎与前述两种定义方式不甚相同，但本质上其实都是前述某种定义方式的进一步分解，是在前述框定的基础上根据研究视角、研究目的的不同归纳出来的子概念。总体来看，目前学界在宪法实施概念的定义方面，在前述框架性定位的基础上衍生出了三种定义方式：第一，遵循从理论观念到实证践行的逻辑历程，以广义的宪法落实为脉络，将宪法实施进一步细分为宪法的观念实施、制度实施与实际实施三个类别，形成递进式的结构。“首先，观念形态，如宪法意识、宪法信仰、宪法观念等；其次，制度形态，包括保障宪法实施的各种制度；最后，制度实施过程中的阶段及不同阶段所存在的问题”[2]，在制度形态内，又可细分为宪法层面本身的制度设计规定和法律层面的立法、行政、司法运行。第二，遵循宪法序言中“维护宪法尊严、保证宪法实施”主体的范围，以主体的职能为脉络，将宪法实施进一步细分为宪法遵守、宪法执行与宪法适用，形成包容式的结构。宪法遵守型实施中，主体为所有机关、组织团体以及个人，这些主体以作为或不作为的方式履行宪法义务、享有宪法权利；宪法执行型实施中，主体被限缩为公权力机关，通过立法、执法与司法三种主要方式进行，也是一种广义的宪法适用；宪法适用型实施则从狭义的范畴展开，专门指向负有制裁违宪行为职能的机关[3]。第三，以宪法实施的表现形式、手段等为标准区分，形成并列式的结构。该定性方法产生的结果以及涵盖的范围具有多样性，如通过行为的实施和通过规范的实施、依据性实施和追惩性实施、直接实施与间接实施等。

笔者认为，宪法实施主要是一个学理上的概念，现行宪法中并未明确限定其内涵和外延。与行政处罚、司法审判等制度性概念相比，宪法实施之内涵的可挖掘空间较大。不同学者基于强调宪法落实的目的，均希望在一套完整的宪法实施理论体系基础上展开制度性塑造，这是很正常的，而且这也是展开宪法

1 董和平、韩大元、李树忠：《宪法学》，法律出版社2000年版，第349页。

2 胡锦光：“违宪审查与相关概念辨析”，载《法学杂志》2006年第4期，第19页。

3 李湘刚：《中国宪法实施研究》，湖南人民出版社2009年版，第19—35页。

实施理论研究的基点所在。但是，综观学界关于宪法实施概念的定义，必须注意到的现实问题是：在不同学者关涉宪法实施的研究中，宪法实施概念往往指代不同的行为与事实，或者不同学者在描述同一行为和事实时采用不同的概念加以界定，前述两种情形不时出现，由此造成宪法实施概念与其关联范畴之间的重叠、混淆、歧义等现象，这就增加了以概念为基准展开研究的复杂性。此处笔者无意否定不同学者所作个性化解读的学术价值，但是，主张在对宪法实施问题开展制度性研究之前，必须厘清产生宪法实施概念定义差别的根源，以求能够尽可能避免在进行制度性构想时在不同的概念体系之中的思维跳跃，避免由此而提出的一些逻辑不自洽、体系不完整的完善建议。笔者倾向于认为，对宪法学理论问题的研究，应该尽可能依托宪法文本，尽量避免在宪法文本之外作一些天马行空般的畅想，该种做法不仅没有实质意义，而且没有展开讨论的话语平台基础。就宪法实施而言，尽管它是一个学理范畴，但是对其内涵和外延的挖掘，必须尽量植根于宪法文本，脱离宪法文本讨论宪法实施的概念问题，只能是无根之水、无本之木。从现行宪法的文本规定来看，与其存在逻辑关联性的规定主要有四处，包含两种范围，即制度性实施与非制度性实施，这与前述学界关涉宪法实施定义的广义、狭义两种定义方式是基本一致的。其中，制度性实施主要表现为《中华人民共和国宪法》（以下简称《宪法》）第62条、第67条对全国人大及其常委会监督职能的规定，二者监督的对象均为“宪法的实施”。综观现行宪法关于全国人大及其常委会的职权范围及职权行使方式的规定，此处的“实施”所对应的应当是经由国家宪法明确其职责权限的机关的公权力活动，类似于前述学者提出的“宪法执行”。与之相比，非制度性实施主要表现为宪法序言中对各机关、组织、个人的概括性要求，以及现行《宪法》第76条第1款对全国人大代表的概括性要求，即“模范地遵守宪法和法律，保守国家秘密，并且在自己参加的生产、工作和社会活动中，协助宪法和法律的实施”。它更广泛地包容了非公权力主体在社会活动中对宪法文本的遵循，对宪法文化的尊重，对宪法禁止性规定的遵守，以及客观上享有宪法上权利、履行宪法上义务的现实情况。在这种基于文本的二分前提下，两种意义上的实施彼此间既具有较为明确的主体与职权界限，又能够互相影响、互相塑造。非制度性意义上的“宪法实施”更适合被用来开展一种“宪法实现”以及“宪法运用”[1]层面的实证研究，如公众宪法意识的培育、宪法文化的塑造、

1 如《中共中央关于全面深化改革若干重大问题的决定》指出，“建立健全全社会忠于、遵守、维护、运用宪法法律的制度”，体现了主体覆盖面较大、手段多样化的广义实践逻辑。

宪法社会影响力的评估等；制度性意义上的“宪法实施”则更适于规范性地构想相关体制机制。当前我国所处的时代背景和法治环境客观上要求在规范化的前提下更大程度地发挥宪法的作用，因此，制度性宪法实施应当是我国宪法学理论研究的基点所在。而且，从宪法运行逻辑的角度来看，制度性宪法实施是上述诸种概念意涵的中心节点与转换阀。例如，宪法的观念实施能够通过公权力运作形式予以体现，当宪法观念与公权力运作不符时，能够以评价反馈的形式促进现有制度的变迁；再如，非公权力主体对宪法的遵守、执行等行为，能够上溯至经由公权力机关而产生的制度安排，以法律、行政法规等规则为媒介。统合前述，笔者意图申明的立场是：在尊重学界对宪法实施概念进行多样性解读的同时，应当侧重于研究制度性宪法实施即前述狭义上的宪法实施概念，强调被宪法赋予职权的国家公权力机关在进行权力和权利的初始分配以及处理具体权利义务纠纷时对宪法规范的参照、使用和援引。

（二）宪法监督相关概念述评

宪法监督与宪法实施在逻辑上是关联在一起的一个宪法学范畴。该范畴最早可以追溯至我国1954年《宪法》。该法第27条第3项规定全国人大行使监督宪法实施的职权。现行《宪法》继承并发展了1954年《宪法》中的表述，在其第62条、第67条中规定由全国人大及其常委会监督宪法的实施。此后，随着学理研究的逐步深入和话语策略的转变，宪法监督一词逐步衍生出多样化的学术范畴，在纵向的历史发展过程和当今时代发展的横断面上，承载宪法监督意蕴的学术范畴不仅显见多样化，而且彼此间在内涵、外延上呈现出不同程度的交叉。在对宪法监督展开制度性的研究之前，有必要对此类范畴在学理层面加以厘清。对此，可以从纵向和横向两个角度进行梳理。

从纵向历史发展的角度来看，对宪法监督一词的称谓及其内涵的嬗变大致经历了四个发展阶段：（1）从1954年《宪法》颁布实施到1982年现行《宪法》颁布之前。该阶段我国尚处于法治建设的起步阶段，学术研究不甚活跃，宪法学理论研究基础较为薄弱，学理上不存在其他与宪法监督一词并列且容易产生混淆的范畴。该时期人们对宪法监督的认识主要局限于宪法文本中为数不多的几句话，其内涵、外延较为模糊，制度化生成路径处于阻塞状态。该时期的宪法监督主体不可能单一指向于国家公权机关，宪法监督泛指一切机关、团体、个人确保宪法实施的行为。（2）现行《宪法》颁布实施之后到2001年齐玉苓案发生之前。现行《宪法》颁布实施之后，宪法在理念和结构上趋于稳定，宪法监督的内涵相较于以前呈现出萎缩状态，开始强调宪法监督主体的专业性。但是，由于宪法监督在制度实践层面发展得比较缓慢，和学界的研究期望之间产生了一定的落差，加之国内学术环境逐步趋向于开放，人们研究宪法监督的视角逐步发生了变化，开始关注其他国家的宪法监督制度，普通法院型审查制度、宪法法院型审查制度逐步被介绍到国内，宪法监督一词占主导地位的状况逐步发生变化，以“审查”取代“监督”的现象逐步增多。《中华人民共和国立法法》（以下简称《立法法》）、《行政法规、地方性法规、自治条例和单行条例、经济特区法规备案审查工作程序》（以下简称《法规备案审查工作程序》）出台之后，“宪法审查”一词在学术研究中开始呈现出泛化使用的状态。随着以美国为代表的分散性普通法院监督模式在学术研究中的引入，“司法审查”“司法监督”的概念开始出现，宪法监督一词在宪法学研究中的垄断性地位不复存在。（3）从2001年齐玉苓案到2017年党的十九大召开。受该时期典型宪法案件、事件的影响，该阶段学术研究中与“宪法监督”一词相关的学术用语逐步趋向多元化。2001年齐玉苓案件发生之后，最高人民法院发布了《最高人民法院关于以侵犯姓名权的手段侵犯宪法保护的公民受教育的基本权利是否应承担民事责任的批复》，将宪法基本权利条款同具体民事责任后果关联在一起，在国内学界产生了重大影响。该批复后来被废止。该案在宪法监督理论研究方面产生的重大影响是：不仅衍生出一个呈急速泛化使用状态的、中国本土化的“宪法司法化”概念，而且也催化了“司法审查”“宪法诉讼”等概念在学术研究中的使用频率。2003年孙志刚案件发生后，《城市流浪乞讨人员收容遣送办法》被废除，由此极大地拓展了“违宪审查”用语在学术研究层面的使用范围。这似乎约略地表明：学界希望以本土宪法事件为突破口，构建新型的宪法监督模式。但是，由于它们与我国权力配置的基本格局不甚吻合，很难在制度层面得到确认。2008年最高人民法院在齐玉苓案中所作的相关司法解释被废止后，“宪法司法化”“司法审查”等概念在国内学界逐步趋向沉寂，学界对该类问题的研究转而要么以反思性的态度展开，要么以他国经验为叙述背景。与“宪法司法化”“司法审查”相比，“违宪审查”概念由于承载着民众对违反宪法的规范进行及时处理、以保障公民基本权利的愿望，且形式上与作为我国根本政治制度的人民代表大会制度并不冲突，因此逐渐成为同“宪法监督”并列使用的主流用语。（4）2017年党的十九大召开至今。党的十九大报告在宪法监督问题上采用了一个新的表达方式，即“合宪性审查”。2018年《宪法》修改之后，全国人大常委会出台《全国人民代表大会常务委员会关于全国人民代表大会宪法和法律委员会职责问题的决定》。该决定规定，宪法和法律委员会承担协助“推进合宪性审查”的职能。虽然在该阶段之前，“合宪性审查”概念在学界已被提及，但在此前正式文件中并未明确使用这一概念。自此之后，“合宪性审查”开始成为宪法学研究中关涉宪法监督问题的主流用语。统合前述，可以看出，“宪法监督”一词在纵向的学术发展历程中，经历了从以“宪法监督”为主流、在域外学术冲击下呈现概念多样化、以“宪法监督”与“违宪审查”为主流，到以“合宪性审查”为主流的变迁过程。“宪法监督”一词的内涵在纵向的学术发展历程中不断发生流变，对当下学术研究中“宪法监督”一词内涵的界定，需要从横向的角度进行审视。

从当下我国学界关涉宪法监督问题研究的现实状况来看，“违宪审查”、“合宪性审查”与“宪法监督”是一组较为活跃且往往混杂使用的概念。从其表现样态来看，主要有三种表现形式：（1）直接混同使用多项概念[1]；（2）将“宪法监督”视为本土性概念而将其他概念视为西方概念[2]；（3）将宪法监督作为统领性概念，将违宪审查、合宪性审查视为子概念[3]。笔者认为，无论是党的十九大报告还是全国人大常委会的相关决议，均同时使用了“宪法监督”与“合宪性审查”两个不同的范畴，“宪法监督”与“合宪性审查”不宜混同使用，两者之间的关系应当被认定为种属关系，后者属于狭义上的宪法监督，从属于前者。该种立场的理由在于：合宪性审查作为唯一宪法监督程序的结论同宪法的最高效力和根本法地位在逻辑上是矛盾的。具体可以从两个方面进行分析：（1）合宪性审查指向一套高度制度化的机制系统，其核心是“是否合宪”这一权威性判断的作出。但是全国人大及其常委会在所谓“边缘化的宪法监督”领域，具有多样化的监督职责，如听取和审议“一府两院”的工作报告，执法检查和代表视察，工作评议和执法评议，对重大违法案件实施监督，督促执法责任制和错案追究制的落实，质询，特定问题调查，罢免等[4]。（2）“违宪责任的性质是兼具法律性与政治性，违宪责任的内容有法律责任和政治责任，违宪责任的追究机制有司法性的追究机制与政治性的追究

---

1 采用该类描述方式的主要文献包括：胡锦光：《中国宪法问题研究》，新华出版社1998年版，第197—227页；马岭：“‘违宪审查’相关概念之分析”，载《法学杂志》2006年第3期，第107—108页；刘练军：“司法的冒险：美国宪法审查中的司法能动”，载《浙江社会科学》2010年第4期。

2 吴延溢：“概念、规范与事实——在争鸣和探索中前行的中国宪法监督”，载《河北法学》2013年第7期，第3—4页。

3 王书成：“合宪性推定与‘合宪性审查’的概念认知——从方法论的视角”，载《浙江社会科学》2011年第1期，第51—55页。

4 陈云生：《宪法监督的理论与违宪审查制度的建构》，方志出版社2011年版，第417—418页。

机制”[1]。其中，部分政治责任的内容包括个人去除公职和政府集体失格，不适宜通过合宪性审查这一法律程序去追究。从域外实践来看，违宪责任的追究机制包括弹劾、引咎辞职等，它们是通过民主决策的政治程序完成的。除此以外，笔者意图进一步申明的立场是：从微观技术机制设计的角度，应当区别“违宪审查”与“合宪性审查”。两类概念使用沿革背后的理由既不限于“特洛伊木马计式的学术策略”[2]，也不限于表述方式的转变，它们一体两面，代表着宪法监督的两个不同逻辑面向，沿用不同的审查基准，最终将导向不同的狭义宪法监督方法论。违宪审查逻辑进路上偏向于“是否违宪”的判断，审查者更倾向排斥涉嫌违宪规范或行为中的合宪可能，易于得出违宪结论；合宪性审查在逻辑进路上偏向于“是否合宪”的判断，审查基准上更加依赖于合宪性推定的方法，体现了监督中的谦抑主义，对法规范的公定力予以尊重。

统合前述，笔者意图表达的立场是：由于不同学者对宪法实施与宪法监督的内涵、外延理解不甚相同，狭义的宪法实施概念群与宪法监督概念群内部已具有各自特有的复杂性。广义上宪法实施的健康运行，需要狭义上宪法实施与宪法监督在制度层面的有机结合。但是，当宪法实施与宪法监督之间发生逻辑上的关联时，由于宪法学研究方法的多元性与混淆性、各自运行路径的交融性，二者在直观层面上看起来似乎较为明显的“对象关系”往往产生内部逻辑关联上的诸多问题。由此在制度层面有可能导致的结果是：宪法实施与宪法监督之间产生边界交融，处于一种关系相对模糊的状态。如果相关范畴游离于宪法实施与宪法监督之间，其究竟属于宪法实施还是宪法监督，抑或是除此以外的其他领域处于一种不甚明朗的状态，这使得对健全与完善我国宪法实施与监督制度的分析论证就无法展开。造成前述现象的原因很多，但对宪法实施与宪法监督研究方法的不同是造成前述现象的最根本的原因。因此，在厘清宪法实施与宪法监督相关范畴的内在逻辑关系之后，有必要对造成前述差异现象的方法论作进一步的分析论证。

二、宪法实施与宪法监督制度研究模式的应然性分析

（一）宪法学研究模式的类型化分析

对宪法学研究方法论及研究模式的分析是考察宪法实施与宪法监督制度及其相关范畴内在逻辑关系的起点。有学者将宪法学研究方法分为三个层次：方

----

1 姚国建：《违宪责任论》，知识产权出版社2006年版，第316页。

2 林来梵：《宪法审查的原理与技术》，法律出版社2009年版，第4页。

法论、普通方法、具体方法[1]。其中，普通方法是指分析问题时的素材选用、推理路径，通常所说的历史分析方法、比较分析方法、文本分析方法等均属此类；具体方法是指研究问题的技术手段，如实践调研、数学模型等。前述三个层次的研究方法中，对研究宪法实施与宪法监督制度影响最大的是方法论。目前，宪法学研究方法论主要包括三种，分别是政治学意义上的宪法方法、社会学意义上的宪法方法、教义学意义上的宪法方法，由此衍生出宪法学研究的三种模式，即政治宪法学、社会宪法学与规范宪法学。这些研究模式具有独特的宪法学科品格，最终需要以宪法视野与宪法关系为落脚点，与学科意义上的政治学、社会学不是同一个概念。

政治宪法学最早发端于德国，其典型代表是德国宪法学者卡尔·施密特。在卡尔·施密特的宪法学说体系中，尽管规范主义占据非常重要的位置，但是，他将政治决断作为规范主义的前提，将政治的方法论糅入规范分析领域，从而呈现出一种与其他宪法学者迥然相异的研究特色。国内学界的政治宪法学与德国的政治宪法学有相似之处，但并不完全相同，有自身的特色。依据国内政治宪法学者对权利受宪法体系影响的认可程度，可以将其分为两类，即非限权优先的政治宪法学与限权优先的政治宪法学。前者以强世功、陈端洪等学者为代表，他们关注宪法生成与运行中的政治同一性，代表性观点是：（1）党的路线以及其下的方针政策是“国家法律之上的‘高级法’体系”，特别是党的路线是最高的规范，党章是中国宪法体系的有机成分，是“不成文的宪法”[2]。因此中国依宪治国的运作必须充分考量政党决定的作用，乃至以其为实质前提。（2）中国的宪法秩序中体现根本性、基础性的规则中，领导性要素排于优位，而以限权保障权利则属于末位[3]。因为在谈论根本性问题时，人民出场的集体决断是正当性根源，中国共产党则广泛、集中代表了这种决断。与前者相比，限权优先的政治宪法学则在认可当前的基本宪法秩序结构的基础上，通过对数次政治抉择中的“有序性”进行提炼，为现今的中国依宪治国提供更具历史连续性的内在支撑。政治宪法学前述两个不同流派的共同方法论特征是：二者均将宪法作为一种政治现象加以研究，均以政治哲学作为其研究基

----

1 胡锦光、陈雄：“关于中国宪法学研究方法的思考”，载《浙江学刊》2005年第4期，第134页。

2 强世功：“党章与宪法：多元一体法治共和国的建构”，载《文化纵横》2015年第4期，第22—27页。

3 陈端洪：《制宪权与根本法》，中国法制出版社2010年版，第282—294页。

底，注重宪法中所体现的政治共同体规则。同时，他们将一种特殊的“历史使命感”注入研究方法之中，希望能通过回归中国自身的历史尤其是近代史，来厘清不同政治主体间的相互博弈以及他们形成单独决断，或者彼此商谈协议的过程。总体来看，政治宪法学大多着眼于宪法秩序背后权力的流转与利益的均衡，格外注重关于宪法起源与国家基本制度、政党规则的研究，其典型特色是习惯于在宏大叙事的体例下展开事实分析。

与政治宪法学、规范宪法学相比，社会宪法学在国内宪法学界的表现不甚显著。不过，由于一些宪法学者在分析宪法问题时，往往会自觉不自觉地从社会宪法学中汲取经验，因而也不失为一种宪法学研究模式。社会宪法学指向“社会建构性的意义体系”，主张“来自于社会因素的影响、培训活动、同事讨论以及其他各种因素，往往会比法律条款本身，发挥出比法律人通常认为的更重要的作用”[1]。与政治宪法学相比，宪法社会学侧重于在一个自足的整体交往环境下展开研究，在其研究视野中，政治不是占有绝对优势的特殊要素，哲学、经济、心理、文化均是宪法社会学研究的影响因子，部分域外宪法社会学的研究甚至相对排斥政治要素，他们更多地着眼于市民社会内部。社会宪法学家希望从历史和社会现实的角度填补宪法抽象概括用语背后的留白，以求能够应对社会交往中的不确定性。社会宪法学具有强烈的经验科学色彩，它将宪法作为一种社会交往现象，关注宪法实体所扮演的社会角色以及角色之间的关系，并在角色的交往形式与转换之间发掘“活的宪法”，以求能够最终回答中国宪法如何生成、实际效果以及公众宪法反馈等问题[2]。它强调系统的动态变迁与构成要素的互动，关注实际宪法现象、实践。

与政治宪法学、社会宪法学相比，规范宪法学在我国宪法学研究方法论中居于主导地位，学理上所说的宪法教义学、注释宪法学、宪法解释学等外观上似乎各自独立，但是，它们彼此之间实际上存在很多相似之处，总体上都可以归入规范宪法学的范畴。对此，需要逐项加以明确：（1）法教义学。该种研究方法是一种就国家的实定法素材展开意义诠释并进行专业化、组织化表达的方法，其性质属于前述方法类型体系中第二层次的“普通方法”，能够被任何部门法学科援用而不具有独立的宪法品格。（2）注释宪法学。该种研究方法实际上是在不当使用法教义学方法的基础上衍生出的一种传统宪法学研究方

----

1 ［德］马丁·莫洛克：《宪法社会学》，程迈译，中国政法大学出版社2016年版，第41页。

2 韩大元：“试论宪法社会学的基本框架与方法”，载《浙江学刊》2005年第2期，第11—15页。

法，其特点主要表现为：以学者的非权威性理解为主流，“解释的目的是政治统治的正当性证明而不是为了发现规范；解释方法是以领导人的讲话和政策作为依据”[1]。近年来，随着注释宪法学的发展，其主导下的学理分析已经相对远离了对政策正当性的诠释，但总体上依然具有较为明显的法律实证主义色彩，本质上属于宪法学的形式化研究。该研究范式在当下我国规范宪法学研究中已逐渐趋于末流。近年来，以反思实证主义纯粹“应然的叙述”为基础，国内宪法学界出现了回归规范的发展趋势，强调以探求宪法规范为主旨，同时向有助于规范中心思辨的其他非纯粹规则性要素开放，直面“规范的妥当性与规范的实效性之间所可能存在的冲突”[2]。（3）宪法解释学。该种研究方法属于规范宪法学中表现较为突出的派别，与前两者相比，他们更加注重文本解释环节，强调通过对主体、原则、具体方法的建构，使宪法文本内涵的明确在微观上更加技术化，在传统规范分析的基础上增添动态实效性。总体来看，规范宪法学以“回归宪法文本”作为核心，集中表现为在综合使用多种分析技术、适当向其他方法论领域开放时，依然以阐明宪法文本意涵为主旨，力求能够在发掘文本可能的意义边界内促使宪法条款与时俱进，注重以宪法制度为主轴带动宪法的整体实施。

（二）不同研究模式下宪法实施与宪法监督的样态

宪法学研究模式在逻辑上是和宪法实施、宪法监督关联在一起的。在不同的宪法学研究模式下，宪法实施与宪法监督呈现出不同的样态，两者之间的界限以及各自相关范畴之间的逻辑关系也显得不甚相同。在政治宪法学的视野中，宪法实施与宪法监督的基础材料不仅包括宪法典，而且也包含执政党的党章、重要文件与政策。从政治宪法学者的相关表述来看，似乎存在一种将政党规则作为宪法渊源的倾向。在他们看来，中国的宪法实施实际上是对中国共产党领导、社会主义制度、民主集中制度、现代化建设和基本权利保障这五项实质意义根本法的实施[3]，这些根本性的政治决断与施密特所说之“绝对宪法”的性质类似。在宪法实施与宪法监督主体方面，政治宪法学格外强调共产党超脱于公权力机关的特殊作用。其立论根基在于，由于共产党是持续集合人民公

----

1 郑贤君：“确立‘法’上之力：宪法解释学的中国使命”，载《山东社会科学》2005年第6期，第11页。

2 林来梵：《从宪法规范到规范宪法——规范宪法学的一种前言》，法律出版社2001年版，第4页。

3 陈端洪：“论宪法作为国家的根本法与高级法”，载《中外法学》2008年第4期，第485页。

意的组织，它是“常在制宪权”的代表，其他国家机关的职权从根本上属于贯彻党的政治决断，因此共产党是中国宪法实施与宪法监督最终的收缩点。违宪审查（宪法监督）主体的权威性也必须由此为基点展开。从社会主义制度与中国共产党的最终理想来看，当前中国的依宪治国是能动性的，大多依赖于政治实体的号召、命令，偏重指向实质正义，司法机关无法从本土的法治实践中跃迁性地获得与当下依宪治国形式存在较大差异的规范性资源，因此活动空间十分有限。而无产阶级专政背景下宪法基于政治斗争产生并再次强调了权力的正当性，因此即使有机关之间的分工，权力也必须回归于人民及其代表。“党与国家之间始终处于一种动态的张力之中：党进入国家之中，但又超越于国家之上，始终扎根于人民群众之中”；“在政治上超越于宪法和法治，但党组织和党员在个人行动上又服从宪法与法律”[1]。一个既能避免自身官僚化，又能坚持革命理想与规则自律的政党，可以成为有力的宪法实施与监督主体。故政治宪法学的宪法监督模式是司法机关审查政府行为、全国人大审查立法（包括狭义的法律）、党中央统筹负责政策和党内行为审查这三元在党（公意集合体）统筹领导下的分工格局。尽管政治宪法学论者在假说与理论框架方面彼此的观点不甚一致，但是政治宪法学研究方法导向的结论却是基本一致的，即中国宪法尚未完全具备从规范主义的视角进行技术化塑造的政治准备，因此，在进行微观层次的制度分析之前，必须从整体上解决宪法实施与宪法监督的前端问题。从微观设计的角度来看，政治宪法学暂时没有足够的理论供给来支撑宪法实施与宪法监督的内在构造与互动关系。宏观地分析源泉性素材、主体、策略手段时，宪法实施与宪法监督的区别也并不明显。宪法实施是一种“政治实施”，宪法监督也从实证制度系统的边界开始外扩，两者间呈现出强烈融合倾向，对于宪法文本中的对象性关系反映也不甚显著。

在社会宪法学的视野下，宪法的话语体系除了成文的宪法条款外，还应当包括实际履行着的、非成文的根本性约定。这些约定是社会生活常态化运行下的默认惯例，也是实际的、活动的宪法。当宪法文本与我国现实的实际治理状态存在落差时，宪法实施的样态必须着眼于惯例化的“宪法”——有学者将之称为“政治的真实规则”或“主权的真实规则”。换言之，在共产党领导人民群众争得民族自决的历史中所形成的、有关权力的稳固规则，是富有中国本土特色的一种自然法。这种宪法实施模式的生成逻辑是，通过观测宪法文本的落

---

1 强世功：“中国宪政模式？——巴克尔对中国‘单一政党宪政国’体制的研究”，载《中外法学》2012年第5期，第959页。

实情况，发现我国的宪法文本并没有在实际的法治生活中获得践行。但同时，当下中国的社会运作又并非无序的。因此，需要探寻宪法实际秩序背后的隐性惯例化规则，还原我国“实质宪法”话语框架下宪法实施的本貌。我国社会宪法学者将实际上的宪法实施总结为七种彼此影响的实证样态：“一是中国共产党对国家事务、公共事务的绝对领导模式；二是‘弱议会—强政府’的议行关系模式；三是咨议性质的政治协商模式；四是兼顾社会效果与法律效果的司法模式；五是自上而下的权力监督模式；六是多元化的央地关系模式；七是公民的权利与义务并重模式。”[1]

在规范宪法学（内部包含宪法解释学）的视野中，宪法实施与宪法监督所因循的原则是围绕规范并对规范的正当性施以关怀[2]，整体的谋略是政治问题法律化、法律问题技术化[3]。因此，在谈论宪法实施与宪法监督时，作为其立论基点的要素是“依据宪法”。这一前提性原则引申出的两个议题是：其一，遵循宪法文本的职权配置，宪法的实施与监督体制是由全国人大所主导的，在探讨具体的实施与监督机制时，须以尊重全国人大的权威性与正当性为前提。其二，此处的“宪法”直接指向现行宪法文本，因此在深入具体宪法条款时，必须首先明确宪法文本结构下是否每一部分均有效力，即宪法序言的效力性问题，以及宪法条款之间是否存在价值序列的问题。这是规范宪法学在直接进入宪法实施与监督的研究前，一般探讨的背景性论题。而对于两者之间的逻辑关系，尽管存在一定理论分歧，但均有专门性的区分论证。例如，有学者将宪法实施分为宏观、中观、微观三个层次，宏观上是同宪法制定对应的实施与保障，中观上是宪法的监督与适用，微观上则是宪法诉讼与司法审查，如此宪法实施与监督便以一种相对分离的姿态合作于总括性的宪法实施概念下[4]。就宪法实施体系内部而言，具体样态显得较为繁杂，主要有三种形式：依据宪法实施主体的性质，可以将其区分为立法、行政、司法三种理路；依据宪法实施过程中的手段是否具有能动性，可以将其分为宪法遵守、宪法适用（执行）两种路径；依据宪法实施的形式，可以将其分为实质性实施与程序性实施等等。就

1 喻中：《宪法社会学》，中国人民大学出版社2016年版，第51页。

2 林来梵、郑磊：“宪法学方法论”，载中国人民大学宪政与行政法治研究中心编：《宪政与行政法治评论（第三卷）》，中国人民大学出版社2007年版，第151—152页。

3 林来梵：“宪法学的方法与谋略”，载《公法研究》2007年卷，第494—495页。

4 蔡定剑：“宪法实施的概念与宪法施行之道”，载《中国法学》2004年第1期，第21—25页。

宪法监督体系内部而言，规范宪法学主要以尊重当前宪法关于宪法监督职权的规定为一般原则，提出司法或专门机关辅助、权力机关下设专门委员会等不同形式。此外，作为同宪法实施与宪法监督均密切关联的概念，规范宪法学流派内部对宪法解释的性质、原则、策略等存在观点分歧，但这一纵深性方向为宪法实施与宪法监督的技术化发展与制度化构造提供了可能性。总而言之，规范宪法学以确保公权力的规范化运行及公民的基本权利保障为实质核心，由此形成围绕宪法规范的实施与监督样态。

（三）宪法实施与宪法监督制度研究应当采取的研究范式

20世纪80年代以来，国内学界围绕宪法学研究模式进行了理论争议，关涉该问题的研究逐步趋向深入。笔者认为，在展开对宪法实施与宪法监督制度的分析论证之前，必须对作为其前端的宪法学研究模式作较为深入的分析。在洞察前述每种宪法学研究模式特性的前提下，确定宪法学研究的应然范式，而后以此作为方法论，对宪法实施、宪法监督制度及各自的关联范畴之间的内在逻辑关系展开深入的挖掘性论证。申而言之，笔者认为在该问题上应当秉持的具体立场是：（1）前述三种方法论下研究模式具有内在的相容性，可以在适度融合的视角下展开研究；（2）为确保研究逻辑的贯通流畅，应当择取其中一种作为主导、引领性的研究模式，对宪法实施与宪法监督问题进行分析；（3）在向多元化研究模式开放的同时，应该把握每种研究模式的优势策略，实现良性分工下的有机融合，在该前提下再展开我国宪法实施与宪法监督样态框架的构建。在前述方法论引领和具体立场导引下，对我国宪法实施与宪法监督的认识应当从如下方面进行。

首先，充分认识前述三种研究模式之间的共性。前述三种研究模式之间存在许多共性，具体表现在：（1）三种研究模式对于中国的宪法实施环境与状态具有较高的一致性，不管采用何种分析方法展开研究，都将本土独特的实施条件纳入了分析框架，进而塑造宪法实施与监督的形态。无论采用规范宪法学、政治宪法学还是社会宪法学的研究模式，均认为我国宪法的规范性实施条件尚不能完全达致。从客观现实与历史惯性上说，目前的实施在很大程度上均依托于政治力量，特别是执政党的决断。（2）三种研究模式对于中国宪法的基本规则都有一定程度的认可。首要规则是由宪法确认的，我国的国体、政体以及执政党，这既是基于中华人民共和国成立历史的时代规律与政治原则，也是我国宪法文本中一条重要的宪法规则。这些规则在政治宪法学话语中是“第一根本法”；在社会宪法学话语中属于中国宪法生活中最重要的惯例理性；在规范宪法学话语中则是宪法常规变迁中不能逾越的边界[1]。（3）对于中国宪法实施与宪法监督大方向上的应然发展样态具有基础性共识，即均认为宪法实施与监督的常规化样态应当以规范性为核心展开。无论在何种研究模式下，中国的宪法实施的应然化状态是法律化、规范化的。规范宪法学的取向自不必待言，即使在政治宪法学和社会宪法学的话语中，宪法实施依然最终需要回归日常政治，必须将宪法的实质政治规则性和形式法律逻辑性关联起来，使其具有相对明确的外在表征，获得“确认”与“正名”。

其次，对宪法实施与宪法监督样态的研究主要从规范宪法学的层面展开。主要原因是：（1）在中国的依宪治国模式下，三种宪法学研究的分歧是相对可调和的。政治宪法学与社会宪法学主要诟病的是完全隔离价值判断、宏大叙事的僵化实证下产生的“注释宪法学”，而不是完全否定规范宪法学。一般主张是强调宪法的内在政治性，反对将政治结构剥离规范进行纯粹性分析，两者同样支持常态性的健康政治必须以宪法的结构展现。规范宪法学注重以“规范”为重心，不是“唯规范论”，规范的集中表现形式为宪法文本，其形态却不止于纸面上的条款，而是同时囊括了文本之上的基本性宪法价值、文本之内的条文、文本之外的实际宪法秩序、文本之下的部门法落实宪法、形成法治体系的内在关联性[2]。从规范宪法学的立场来看，宪法文本的核心规则是“权利保障”。但是在政治宪法学与社会宪法学的视角下，“活着的宪法”“实质性宪法”的真正规则是执政党的绝对领导、社会主义的基本制度、中国政治权力的分工格局、民主协商形式等。这两项规则是并不抵触的，但是它们的活跃时点与表达形式不同。宪法常规变迁的边界，恰恰是对政治宪法学与社会宪法学中根本规则的尊重与法律化表达。（2）规范宪法学在中国宪法实施与监督体制的内部建构中，具有不可替代的作用。政治宪法学和社会宪法学均缺乏足够的理论资源去阐述、支持中国的具体依宪治国实践，难以落实“依宪治国、依法治国”的具体环节，解决实质性的宪法争议、弥补客观存在的依宪治国方面的不足。其能够浓缩出所谓的宪法“核心规则”，但是难以形成技术化、操作性强的备用机制模式。特别是我国处于宪法治理纵深化和改革需求多元化并生

---

1 规范宪法学流派的主流观点是，宪法变迁，特别是表现为修改形式的宪法变迁应当尊重宪法内核，在宪法文本中具有根本重要性的条款是修宪程序不能变更的，其变更的方式仅能是国民再次行使制宪权，破坏旧有宪法秩序，形成新的宪法秩序。

2 韩大元：“认真对待我国宪法文本”，载《清华法学》2012年第6期，第7页。

的时期，无论是通过“中国共产党领导下的中国人民”[1]的主体适格性，还是通过惯例化政治现实的客观存在性，均属于利用执政党基于历史与现实的正当性与广泛代表性，撬开许多宪法实施环节的关窍，从表面上看似能够为大刀阔斧的改革提供理论捷径，对于一度有过的“良性违宪”争议铺设了正当性基础。但是，如果缺失了规范宪法学的主干，易造成过度采用事实性判断占据价值性判断地位的机会主义局面。

最后，在整合研究资源的同时，澄清不同研究模式的最大效用场域，避免过当采用非核心性研究范式所形成的不甚健全的宪法机制，实现研究方法的有机分工。政治宪法学的主要活跃场域是其所称的“立宪时刻”、非常政治时期，或者特定政策与制度的外部性缺失环境。它的作用在于证立中国宪法的正当性背景，揭示其本土化运行的框架逻辑，提供政策的立论根基。当一项新的宪法制度或者宪法变迁内容缺失充分的正当性支持时，若从凯尔森的纯粹法学角度考察，当这项制度依托于法律及以下位阶规范建构时，可以上溯到合宪性的方式形成其合理性基础；当这项制度属于宪法制度时，若依然依托于其宪法性的身份实现循环自证，将难以获得广泛的理论根基，同民主集中制的规则与整体文化均相悖，此时政治宪法学便得以出场。社会宪法学则可广泛地应用于宪法规范运行的补正，并且为政治宪法学的“政治运行”提供经验，为规范宪法学视角下厘清宪法文本与实然宪法秩序的差异补全素材，导引规范宪法学中宪法文本的延展与技术性处理方向。规范宪法学则主要用于构造宪法实施与宪法监督的具体样态，其通过法律化进而技术化的手段，决定政治宪法学与社会宪法学运行样态的建构。例如，政治宪法学与社会宪法学学者均提出过将党组织作为常态实施的主体、将党内规范作为中国宪法的渊源。规范宪法学则需要考察这一样态同现在的国家法中心主义是否能够协调、现有的公权力机关是否具备承载政党规则的职能、是否牵扯到对现有秩序体系的大规模改造、如何实现现代依宪治国话语下权力与权利的均衡等微观性问题，达成时代性、稳定性与可行性的耦合。

因此，在上述以规范宪法学模式为核心的整合性视角下，宪法实施与监督应当呈现出依托宪法文本既有权力配置的样态：以全国人民代表大会为常态性根源，以全国人民代表大会及其常务委员会为牵头机关；以宪法文本中规定的公权力机关为主要的制度实施机关，对于其他主体的非制度性实施，通过纳入法律格局最终上溯回法律的合宪性形成宪法延展的理论闭环。同时，形成

----

1 陈端洪：《制宪权与根本法》，中国法制出版社2010年版，第258页。

基于宪法的社会学分析与政治学分析的渐进性开放格局，通过其他理论模式的发掘为宪法实施与监督制度的正当性提供依据，同时确立相关机制的可能改良方向。具体到我国“确认性”依宪治国逻辑[1]的历史环境中，在当前政策背景下，党组织如何同传统的宪法实施与监督样态协调，则是规范宪法学面临的一个全新议题，也牵动着宪法实施与宪法监督、宪法实施路径与实施方式的衔接和区分。

第二节　宪法实施的内在冲突及其与宪法监督之间的衔接难题

一、宪法实施路径与宪法实施方式之间的冲突及解决

（一）我国宪法实施的方式与路径甄别

在阐述宪法实施的类别时，存在基于广义宪法实施概念与基于狭义宪法实施概念的诸种区分，基于前文所说之理由，笔者以狭义的制度性实施概念作为分析宪法实施样态中具体问题的视角。但是，即便从狭义的视角进行分析，宪法实施的路径依然存在不同的分类思路，其中部分类型化所指向的是宪法条文的直接援引程度、制度化实施主体的职能性质等传统依据，而有些则展示出不同于宪法实施路径意义的另一种技术方法层面的运行模式。此处笔者的目的不在于进行维特根斯坦式的语言学划定，而是区分两种性质不同、运作逻辑存在差异的宪法运行状态。在这一过程中，必须厘清的两个节点性问题是，宪法实施的路径是什么，宪法实施的方式与之对比时能否产生令它们具备甄别必要的根本性分歧。

首先，关于宪法实施的路径。对此，学界存在多种划分方式。例如，直接实施与间接实施、遵守型实施与执行型实施、无意识的程序性实施与有意识的实体性实施、不同属性国家机关的实施等。实施路径的多样化区分是宪法学理论研究中的必然现象，在某种程度上可以认为，宪法实施的不同路径实际上是从不同侧面观测宪法实施而在人们主观层面产生的效果映像。例如，立法机关以宪法有关规定为出发点制定具体化的民事、刑事或行政法律，并通过这些法律的施行使宪法文本得到落实的过程，在实施主体性质分类系统中属于立法实施，在宪法文本原因评价系统中属于间接实施，在有意识的合宪性控制方面又偏向程序性实施。这些分类方式各自反映了宪法实施的某些具体特征，彼此之间一般没有严格的排斥关系。笔者倾向于采取依据国家机关职能性质的立法、

1 喻中：《宪法社会学》，中国人民大学出版社2016年版，第189—191页。

行政、司法三方面的并列式路径划分。理由在于：其一，主体性质与宪法职能、权限能够产生绑定性。立法、行政、司法作为现代国家的三类基本公权力，宪法对其定位具有明确的切分性。根据实施主体的三分法能够更好地适应整体框架，和关涉宪法运行的其他相关概念不致发生不当的重合和冲突；同时其更加直观，符合人们一贯对于公权力运行类型和不同权力系统的认知，便于以主体特征及宪法权限为切入点进行实施状况的探讨。其二，一个关键性问题是，立法权、行政权、司法权同立法机关、司法机关、行政机关之间的对应关系存在争议，当论及“立法—行政—司法”的三种路径划分时，须进一步明确其指向的是“权力”还是“机关”[1]。在该问题上，笔者倾向于秉持结构主义立场，进行“指向机关”的划分。即使某些机关行使的职权具有类同其他机关职权的行使外观，但回归于宪法实施的角度，因不同的国家机关具有不同的生成基础与职能性质，这些公权力机关所行使职能的方式必须在其职权模式的框架之内。

其次，关于宪法实施的方式。方式从语词含义上指向“方法、手段和形式”，是宪法更好实施所依托的一种载体，同宪法条文本身及其内涵直接相关，在我国集中表现为宪法修改与宪法解释。其中，学界一般将宪法修改作为一种单独的宪法运行方式，不将其作为宪法实施的路径之一。对此，学界不存在什么争议。学界争议比较多的问题是：作为宪法实施方式的宪法解释与宪法实施路径之间是什么关系？对此，学界主要有三种观点：第一，将宪法解释作为宪法实施的一种路径。例如，将宪法实施划分为立法实施与解释实施[2]，或将宪法实施划分为宪法修正、宪法解释、宪法监督、成立特别委员会进行调查[3]等；第二，将宪法解释作为确保宪法实施和宪法监督正常运行的一种独立框架，此立场常常以默示形式呈现[4]；第三，将宪法解释作为宪法实施和宪法

---

1 在结构主义的视角下，立法权、行政权与司法权与相应机关之间存在严格的对应关系，而行政、司法机关出台的某些规范、具有立法外观的行为，最多只能说是一种委任立法权，此时“权力”与“机关”的划分基本是同步的。在功能主义的视角下，三者主要指向职能的划分，而不特定要求必须由对应性质的部门行使。参见易有禄：《立法权的宪法维度》，知识产权出版社2010年版，第2—6页。

2 董和平、韩大元、李树忠：《宪法学》，法律出版社2000年版，第349页。

3 贾宇：“宪法实施的主要路径”，载《人民法院报》2014年12月4日，第5版。

4 例如，有学者在谈及宪法解释时，主张其一方面能够确保宪法价值和精神实现，应对宪法实施中的现实挑战，对宪法实施具有保障作用；另一方面能够帮助解决宪法争议，防止对宪法误判。参见刘国：“宪法解释之于宪法实施的作用及其发挥——兼论我国释宪机制的完善”，载《政治与法律》2015年第11期，第45—55页。

监督的共通方法，如有学者主张“立法机关解释宪法的另一个面向，是其在实施普遍意义上的立法机关固有职权活动时附带性地解释宪法……全国人大常委会可同时在行使立法机关固有职权过程中以及在行使宪法监督权过程中解释宪法”[1]。

笔者认为，宪法解释与宪法修改属于广义的宪法实施，也就是说，从不同实施主体的客观落实角度，对宪法文本的释明或者修改，都属于宪法的实际应用阶段。但是，如果从狭义的“具有对应权限公权力机关的制度性实施”角度进行界定的话，宪法解释和宪法修改不属此列。目前学界关涉宪法实施路径的几种划分方式中，并无同其形成平行结构的对应实施范畴。同宪法实施的路径相比，宪法实施的技术方法具有如下特征：（1）宪法解释与宪法修改将导致宪法文本本身直接或者间接的调整、改变，进而与宪法既有文本之间实现一体性的融合，促进宪法发展，具有扩展性。而宪法实施则需要以既存的宪法文本为依据，具有收缩性。在部分场域，宪法解释与修改的成果将成为通过不同路径完成的宪法实施的前提和依托，两者之间具有明显的层次递进性逻辑。（2）宪法解释与宪法修改均是宪制运作过程中确保宪法规范适应社会现实的基本手段，和宪法文本的相关性最高，同时又会涉及文本内涵变迁，因此属于附着于宪法之上的、宪法运行的一类技术手段。而在整体层次上，宪法实施的路径同宪法保持着相对脱离的立场。因此，将宪法实施方式从宪法实施路径中剥离出来，作为一个独立系统是有必要的。

（二）宪法实施路径与宪法实施方式之间的冲突

宪法实施路径与宪法实施方式之间的冲突主要表现为两种形式：（1）理论路线上概念范围的冲突；（2）实际运行中具体环节与内容的冲突。前者相对易于消解，后者为主要冲突形式。以将宪法解释与宪法修改作为析出宪法实施路径的独立“方式模式”为前提，两者之间亦存在实质性的运行交叠、主体不清、职权混杂等冲突。此类冲突不仅使宪法实施方式难以维持其独立性价值，而且也造成了宪法实施路径体系的混乱，为宪法实施实效的衰微埋下隐患。具体表现为以下两个方面，分别对应立法实施路径、司法实施路径同宪法实施技术方式之间的冲突。而宪法的行政实施路径方面，由于行政机关对宪法的尊重与“运用”更多地是通过“依宪治国—依法治国—依法行政”的传递实现，因此难以直接依据宪法行使职权。行政实施的路径是一种间接的不抵触路

1 陈鹏：“立法机关解释宪法的普遍性与中国语境”，载《交大法学》2017年第3期，第95—96页。

径，相对来说处于以宪法为辐射中心的、诸多实施方式中较远的端点上，较少同贴合宪法的实施方式产生冲突。

第一，全国人大及其常委会在两套体系中的角色重合，使其在行使对应职能时可能出现跨越理论系统的职能错位，部分行为游离于宪法的立法实施与宪法解释、宪法修改之间。根据现行《宪法》第57条、第62条与第67条，在我国单一制的体制模式下，全国人民代表大会及其常务委员会有着多重身份——国家立法机关、最高国家权力机关、宪法修改及解释机关[1]、宪法监督机关等。这样复杂的复合职能令全国人大及其常委会在运作过程中，极易出现以立法机关、最高国家权力机关行动为外观形式，最终达成近似于宪法修改或宪法解释的实质效果。全国人大及其常委会通过法律决定的模式行使其概括职权[2]，也即其作为最高国家权力机关的决断权与其立法权耦合，形成了中国特色的“决议”模式，易于通过立法实施取代本应由宪法解释明确的内容。在经历了良性违宪争议后，随着依法治国原则不断受到重视，“重大改革于法有据”的倡导逐渐成为主流。我国改革工作步入转轨时期，社会关系变化提速，以全国人大及其常委会的“决定”“决议”为主导的授权试点改革成为依宪治国实践中平衡、沟通改革与法治的主要桥梁[3]，因此这些决定客观上往往涉及重大的制度变更。一方面，实践中决定、决议已被大量运用；另一方面，规范上宪法解释文件应当以什么样的形式问世并不明确，也没有统一称谓。由此造成的后果是，对于我国究竟有无、有过几次宪法解释实践这一问题众多学者各执一词，同时也难以界定相关法律文件的性质和效力。有学者认为中国的宪法解释在本质上是缺失的[4]，有学者则认为不必拘泥于形式、也不必具体指出相关宪法条文，只要全国人大及其常委会作出了能够进一步明确宪法文本内

---

1 由于宪法文本中明确授予了全国人大常委会“解释宪法”的职权而未将该职权在全国人大的职权规定中予以明确，学界曾产生过有关全国人大是否拥有释宪权的争议。有学者认为属于全国人大常委会的排他性权力，参见强世功：“中国的二元违宪审查体制”，载《中国法律》2003年第5期，第31页。也有学者认为从民主正当性、国家机关的生成逻辑以及文本职权性规定的推导，全国人大也应当拥有释宪权。参见莫纪宏：《宪政新论》，中国方正出版社1997年版，第152—157页。本书采用后一种立场。

2 提出此观点的学者认为，法律决定模式包含抽象和具体的分类，分别指向不特定对象的反复适用与特定对象的单次适用。参见谭清值：“全国人大概括职权样态的实证考察”，载《北京社会科学》2018年第7期，第14—15页。

3 解永照、何晓斌：“‘改革于法有据’的争论及其破解——基于良性违宪的思考”，载《理论探索》2015年第4期，第115—116页。

4 袁吉亮：“论立法解释制度之非”，载《中国法学》1994年第4期，第25—28页。

涵的决议，均属于宪法解释的实践形式[1]。可见，如果不能澄清宪法修改、宪法解释与宪法的立法实施路径之间的关系，改革与法治的张力就永远难以消解。

第二，司法机关职能设计上运用宪法的适应性与实际宪法实施方式的职权性要求之间存在冲突，在二者博弈的过程中可能造成两极化问题。一个极点是，司法机关可能越权施为；另一个极点则是，司法机关过于坚持保守主义的立场，实际上使得司法实施路径过度萎缩。就前一个角度来说，从宪法实施路径划分模式应用的全球视角来看，其主要指向法院依据宪法审理案件的行为。然而在我国，宪法的抽象性令其在直接适用于裁判案件时必须经过解释，司法机关的解释权欠缺，缺乏直观援引宪法的职权平台。有学者提出，由最高人民法院解释宪法，作为宪法司法实施路径同宪法司法解释方法的链接主体，并以全国人大及其常委会的人员任免及监督、宪法修改权的形式填补其可能存在的民主性问题[2]。然而，这仅属于技术上的处理，而不能从根本上回答司法机关解释宪法权力的正当性、效力范围与等级等问题。因此，在释明司法机关的应有地位之前，过度地鼓吹制度上的司法冒进是不切实际的。就后一角度而言，法院“依法裁判”中的法虽然不能直接包括宪法，但是运用宪法精神、通过宪法条文对法律、行政法规、地方性法规等裁判依据文本的具体内容进行理解，才是法院全面履行宪法规定“依法裁判”职能的应有之义，有学者将其称为“非解释性的宪法适用”[3]。但实践中，司法机关出于越权担忧，往往使这部分适用也一并陷入沉寂，“造成法院适用宪法困境的症结就在于，法官在具体判案中能否解释宪法？人民普遍认为法院是不能解释宪法的，解释宪法只能由全国人大常委会进行。由于这种顾虑，法官的心态是尽量不碰宪法”[4]。这部分空缺虽能够通过将宪法实施方法的成果转化进入立法实施层面进行一定填补，但实际宪法实施方法运用状况的模糊性使其未能发挥出对应作用，于是司法实施路径同宪法实施方法之间便容易产生缝隙。

----

1 张剑平、陈剑清：“论我国宪法解释制度的体系化构造”，载《长春师范大学学报》2018年第7期，第27—28页。

2 王磊：“试论我国的宪法解释机构”，载《中外法学》1993年第6期，第22—23页。

3 范进学：“非解释性宪法适用论”，载《苏州大学学报》（哲学社会科学版）2016年第5期，第74页。

4 上官丕亮：“运用宪法的法理内涵与司法实践”，载《政法论丛》2019年第4期，第47页。

（三）宪法实施路径与宪法实施方式冲突的原因分析与协调解决路径

造成前述冲突的原因，一方面，如前文所言，我国有关宪法实施路径与宪法实施方式两套概念体系的内部本身就已存在定义方面的结构内理论冲突，在尚未获得宪法层面权威性确认的前提下，两套体系的碰撞、融合容易产生交叉效应，进一步扩大概念边界的模糊性。另一方面，运作性理论困境未决与制度回应不足则是造成宪法实施路径与宪法实施方式冲突的主因。

具体而言，运作性理论困境是指，宪法实施方式在应用过程中被膨胀、单一、僵化地理解了，从而造成其侵夺宪法实施路径应当生存的理论空间。宪法解释和宪法修改作为两种制度性、典型性的宪法实施方法，在实践中常被用于一切宪法变迁的语境下。只要涉及宪法文本的具体化，就一概被解读为宪法解释或修改，使得本属宪法实施路径内的立法、司法活动也被纳入了宪法实施方法的范畴，这自然会带来诸多权限方面的疑虑。相关的公权机关出于回避这些疑虑考量，往往会展现出消极保守的一面。制度性回应不足是指，我国宪法实施的技术方法主要停留在理论层面，实证法上仅规定了解释权、修改权的主体，缺乏必要的模式和具体、规范的程序，由此导致宪法解释、宪法修改经常和立法、法律解释混杂。例如，有学者基于我国的依宪治国实际状况，主张判断一份法律文件是否属于宪法解释，不应拘泥于形式，而应当从实质内容和实施后果、社会现实取向等多个方面综合考察。因此可能关涉宪法内涵释明的文件、为处理新旧宪法交汇时期特殊事务而产生的决定以及在没有相关立法的前提下直接促进宪法条文涉及的相关职权具体贯彻落实的规定都可以视为宪法解释[1]。此时公权力机关面临客观现实需求，在宪法实施路径可能成为收容实质性宪法实施方案的捷径时，会易于展现出积极冒进的一面，进而进一步架空宪法实施方法。

上述冲突的协调解决路径主要包含三个层次。第一层次是实现社会需求宪法分析的政治学模式、社会学模式与规范学模式的相对分离，这是展开制度上实施路径与实施方法协调的前提。通过政治宪法学与社会宪法学的分析，能够谋求当前宪法秩序可能的变更需求与方向，但是对现状的制度性考察必须在既有的规范框架下展开；第二层次是在实证层面提供宪法实施方法运作的制度资源，使其从形式与程序上与宪法实施路径区别开来；第三层次是理论上区别宪法解释、宪法修改与宪法理解活动，限定宪法实施方法的范围边界。在宪法规范难以在短时间内完成增补修正的阶段，该层次是能够在当下制度环境中活跃的重要策略。对于规范性的宪法技术方法与常规性的宪法理解活动进行澄清，

1 胡锦光、王丛虎：“论我国宪法解释的实践”，载《法商研究》2002年第2期，第4—7页。

明确其结构及效力，既可以防范国家机关理解宪法时的僵化，也可以防范国家机关对宪法进行越权的实质解释或修改。特别是对于宪法解释而言，其广义和狭义的区分更加有意义。广义的宪法解释是指一切主体对宪法的解读，在宪法监督环节中既表现为监督机关与立法机关协商时关于宪法规范含义的讨论，也包括书面审查意见中对宪法条文的释明。此类关于宪法的理解活动需要遵循一定的技术标准，以确保宪法监督的理论基础和价值取向不受颠覆。狭义的宪法解释指有宪法解释权的机关依照规定的程序对宪法的内涵进行说明，应当具备对宪法文本说明决断的实质性要件与以规范公示的形式性要件。从规范角度研究宪法解释，指向的应当是狭义立场。这就要求区分一般的宪法理解与正式的宪法解释。否则，如果将一切关涉宪法条文“实际应用”或者“具体化”的行为均视为正式的宪法解释，“宪法解释就失去了其特有的含义，其外延被无限地扩大，宪法解释权也就因此而被肢解了”[1]。

就一般的宪法理解而言，如果其主体是不承担公权力职能的一般公民、学者等，较容易同正式的宪法解释区别开来。但是，如果其主体是公权力机关乃至宪法授权的宪法解释机关，则需要考察如下要素：其一，涉及宪法条款的说明是否在于澄清存有歧义条文的真实意义。如在《关于〈全国人民代表大会常务委员会关于《中华人民共和国香港特别行政区基本法》第十三条第一款和第十九条的解释（草案）〉的说明》中，在论证中央人民政府对豁免政策的管辖权时，援引了《宪法》第89条第（9）项规定，并进一步说明“我国采用何种国家豁免原则，涉及我国与外国的关系，涉及我国的国际权利和国际义务，是国家外交事务的重要组成部分”。此处并非表明，《宪法》第89条所述“对外事务”是否包含国家豁免政策存有争议、需要进一步说明其内涵，而是借助已有的宪法条款，论证自身行为的合宪性基础。其二，对宪法条款的说明是否具有弹性以及是否超越了宪法文本语词可能涵盖的意义范围。部分对于宪法条款的解读虽然在外观上具体阐明了宪法，但属于陈述性的说明。并不因为超越宪法语词可能的意义范围而构成宪法修改，也不因为具有弹性创造空间而构成宪法解释。如在（2013）锡民终字第0453号判决中，法院主张“婚姻自由是我国宪法规定的一项公民基本权利……具体而言体现为婚姻自主权这一人格权利，即自然人有权在法律规定的范围内，自主自愿决定本人的婚姻，不受其他任何人强迫干涉”，进而判定附带禁止妻子改嫁条件方可获得遗产的遗嘱无效。其中关于宪法婚姻自由的说明仅仅是描述性的，且最终判决依据是原《中

1 王广辉：“宪法解释与宪法理解”，载《中国法学》2001年第4期，第181页。

华人民共和国婚姻法》（以下简称原《婚姻法》）及原《中华人民共和国继承法》（以下简称原《继承法》）中相关条款，不属于司法机关越权采用宪法实施方法，而属于职权内的司法实施。其三，对相关宪法条款进行说明的行为是否意在创造一个具有反复适用性的规则。实践中，如果在立法、司法机关的活动中采取了合宪性解释策略，其本身并不是偏重于立法原旨、体系结构或者文本意义，也不是对法律的再解释，更不涉及公权力对宪法的某个特定条文作出说明使其上升为一种宪法渊源的目的。即便宪法在这一过程中出场甚至被适度地具体化了，它也仅仅是一种在复数法律解释结果中的指引标准和优先规则[1]，属于一种立法、司法路径之内的宪法实施。此外，法院通过在裁判文书的说理部分援引宪法，辅助增强自身判决的正当性，就不属于宪法解释。

对于经过前文要素考察的文件，将其条理性地归入权限内的公权力活动与实质性的宪法解释或修改行为两个类别中，便能够回归宪法文本，依照主体职权、程序等较为明确的指标衡量主体行为的正当性与效力范围，及时发现并纠正潜在的宪法实施方法与路径之间的混淆与冲突。

二、宪法实施与宪法监督之间的衔接难题及解决

（一）我国宪法实施与宪法监督之间的衔接节点及困境

从概括、抽象的层面来说，宪法实施与宪法监督之间形成了广义上的嵌套结构、狭义上的对象性结构。换言之，如果不限定主体性质与职权，仅仅从宪法由文本到社会实效的逻辑过程角度分析，宪法监督当然属于一种宪法实施。但是，如果从制度性实施的角度分析，宪法实施属于宪法监督的对象，宪法监督是评估宪法的实施与宪法文本要求、目的、预期效果是否相匹配的一种活动。相当一部分学者直接将宪法监督默示为宪法实施的主要内容[2]。笔者认为，宪法监督固然是一种广义上的制度性宪法实施，但是如果将两者的界限完全取消，甚至以宪法监督结构性取代宪法实施的话，反而会架空立法、行政、

1 关于合宪性解释的性质，学界存在一定争议，包含法律解释说、宪法法律综合解释说、区别审视说、原则标准说等多种见解，其中以作为数种解释取舍标准的原则标准说为主流，本书亦取此种立场。相关不同立场可参见谢维雁：“论宪法适用的几种情形”，载《浙江学刊》2014年第6期，第158页；刘练军：“何谓合宪性解释：性质、正当性、限制及运用”，载《西南政法大学学报》2010年第4期，第55页；张翔：“两种宪法案件：从合宪性解释看宪法对司法的可能影响”，载《中国法学》2008年第3期，第112页。

2 欧爱民：“论宪法实施的统一技术方案——以德国、美国为分析样本”，载《中国法学》2008年第3期，第117—118页。

司法活动在宪法实施中的独特作用。与此同时，必须看到的是，宪法监督自身也包含着丰富的内容，它是相较于当前“合宪性审查”概念更加宽泛的一个范畴，而且，违宪责任的构成在理论上非常复杂，所以，以宪法为基础的监督和责任追究不能全部地纳入合宪性审查制度的范围。换言之，合宪性审查作为唯一宪法监督程序的结论同宪法的最高效力和根本法地位在逻辑上是矛盾的，典型的审查制度外表现就是党纪处分党内追责。而在审查意义上的宪法监督同宪法实施之间应当构成一种对应契合的关系，两者之间的衔接节点主要分为要素性节点与程序性节点，这两个节点一旦断裂，就会造成宪法实施与宪法监督之间的衔接难题。

第一，所谓要素性节点，是指具有延展性和扩展性的宪法实施通过转换为宪法监督的制度要素完成二者间的接轨，从而实现同具有收束性的宪法监督的衔接，主要包括主体身份转换和成果、行为与对象的转换。主体身份转换是指，宪法实施主体与宪法监督主体具有部分重合性，在我国当前的依宪治国体制之下，全国人大及其常委会既是宪法实施的主体，也是宪法监督的主体。当全国人大及其常委会为了将宪法精神和文本落实到法律规范中以便进一步应用于社会生活时，其作为立法机关活动；而当其活动目的是检视具体的规则条款、公权力行为等是否符合宪法规定并意欲作出相应处理时，其作为监督机关活动。其中健全的衔接状态应当是，全国人大及其常委会作为立法机关活动时，遵循立法程序，践行“根据宪法”与“不抵触宪法”的立法原则，在立法过程中以不超出必要限度为标准对宪法进行理解和适用。而当其作为监督机关活动时，应当在正式的监督程序理路下进行。但当前该节点存在的问题是，监督的程序规则在宪法中并未明确规定，只能依托属于法律位阶的《立法法》。在此背景下，全国人大及其常委会通过立法程序中的自主控制完成了对法律的合宪性保证，造成理论上“事前的宪法监督”与“立法机关的自主合宪性控制”难以甄别[1]。而在“事后的宪法监督”视角下，目前我国几次与合宪性审查“沾边”的宪法实践，均以有关部门自行修改或废止相关规范作结，被纳入广义上立、改、废、释的立法权活动之中。成果、行为与对象的转换是指，行政法规、地方性法规等法治体系中的规则，在宪法实施的语境中属于不同路径下的实施成果、产物，在宪法监督的语境中却是应当依照宪法规则判别、调适

1 例如，有学者主张合宪性审查程序应当融入立法程序并成为其中的一环，它可以同时构成一种“内部立法监督机制”。参见莫纪宏：“论法律的合宪性审查机制”，载《法学评论》2018年第6期，第33页。

的对象。只有当宪法实施的产物能够广泛地为宪法监督对象范围所涵盖时，宪法的实效性才是能够确保的。目前，在宪法实施的规范成果中，具有一定实证法依据，并且存在初步规则可资参考的规范包含：行政法规，国务院及其部委的决定、命令、指示、规章，省级及设区的市地方权力机关的地方性法规、决议，省级地方人民政府的命令、决定、规章，自治区、自治州、自治县的自治条例与单行条例，经济特区立法，司法解释。而此外的其他规范则缺少明确的实证法依据，由此产生诸多学理上“能否”“应否”成为监督对象的争议。这部分成果包括法律、全国人大及其常委会的决定（决议）、特别行政区法律、党内法规与党内规范性文件、其他行政规范性文件等。此外，部分国家将特定的公务行为也纳入宪法监督的范畴，但我国在这方面的理论与制度供给均明显不足，造成了原本属于宪法实施范畴的大量领域实际上并未为宪法监督制度所囊括，游离于宪法监督范围之外，而其合宪性保证似乎仅能依托相应公权力机关的自觉。

第二，所谓程序性节点，是指在宪法实施进行到一定程度时，由于客观需求和制度条件等限制，必须脱离宪法实施本身的制度系统，转而进入宪法监督程序中。宪法实施结构内部具有自我完善的闭环系统，其主要通过合法性审查程序，确保下位规范符合上位规范，一方面直接维护宪法确认的立法结构，另一方面确保宪法精神或者基本规则的向下传递不至于扭曲或断裂。当合法性审查不足以解决相应规则的失范问题时，需要通过合宪性审查完成对规则的监督。合法性审查在我国主要体现于《立法法》、《中华人民共和国全国人民代表大会组织法》（以下简称《全国人民代表大会组织法》）、《法规、司法解释备案审查工作办法》等文件中。当前存在的衔接困境是，两者的衔接呈现出过度倚重合法性审查机制的倾向，且合法性审查机制本身存在涵盖范围狭窄、审查标准区分性不足、机制混同等问题。首先，基于审查依据本身的位阶问题，合法性审查所指向的审查对象范围有限，对合宪性审查环节的畸轻对待会加剧前述宪法实施成果向宪法监督对象转换的不畅，产生监督的“真空地带”；其次，审查标准中“同宪法相抵触”“违背宪法”与“同上位法相抵触”为启动程序的并列要求，也即合宪性审查与合法性审查出现了程序混同。但是，合宪性审查所秉持的判断标准、采取的技术手段、权限等均同合法性审查存在事实上的差异；最后，在审查标准上，以《立法法》第107条、第108条规定为素材，违反宪法的情形虽然存在被纳入全国人大及其常委会撤销程序的解释空间，但总体上缺乏如“违背法律”一般的、相对明晰的判定标准。由此产生合宪性要求与裁断技术的不对称，迫使合宪性审查工作不自觉地依附于合法性审查。

（二）我国宪法实施与宪法监督之间衔接难题的解决

解决宪法实施与宪法监督之间的衔接难题，必须依靠狭义宪法实施与宪法监督的流畅衔接才能实现。具体来说，要厘清并解决上述节点性衔接问题，可以从如下三个层面展开：

第一，消解宪法研究模式的错位，解决要素性节点问题，协调宪法监督主体、对象同宪法实施主体、对象之间的关系。中国的依宪治国道路是政治逻辑与法律逻辑协作并行的，这决定了在具体操作中不可偏废任何一方。在统一于宪法规制的前提下，在政治宪法学和社会宪法学思维范式下，中国共产党可以成为广义上的宪法监督主体。即对于党组织行为和党内规范应当进行切分，这一切分在党政合署办公中也将产生正面效益。一方面，通过探索政治规则发挥作用的场域，健全合宪性审查之外的其他违宪责任追究机制。另一方面，从宪法实施和监督制度的角度出发，不宜一概以传统立法程序、法律审查程序完成对党组织活动的检阅，应当充分发挥党组织作用，尊重“党的领导原则”，建构一套以全国人大为核心机构的国家法律层面的合宪性审查和一套以中央办公厅法规工作机构为核心的政党层面的合宪性审查。其中，后一种审查依托于《中国共产党党内法规和规范性文件备案审查规定》《中国共产党党内法规制定程序条例》《关于党内法规备案工作有关问题的通知》[1]。

第二，厘清宪法实施与宪法监督相关制度之间的界限，特别是宪法的立法实施路径与合宪性审查制度之间的界限。首先，从立法程序角度来说，法律的合宪性控制应当以法律草案审议的形式完成，但这一形式不属于合宪性审查程序，两者应当截然分离。在我国的宪法秩序下，宪法和法律委员会对法律草案的审议应当属于立法程序，全国人大及其常委会的活动身份是“最高国家权力机关”而非“宪法监督机关”。主体上，宪法和法律委员会仅仅是参谋、助手，其意见也不能自然而然地转换为全国人大及其常委会的意见[2]；手段上，立法的合宪性自主控制超越了“合宪性判断”，而采取了更广泛的修改、创制

----

1 范进学：“论中国合宪性审查制度的特色与风格”，载《政法论丛》2018年第3期，第12—13页；莫纪宏：“论加强合宪性审查工作的机制制度建设”，载《广东社会科学》2018年第2期，第220页。

2 刘松山：“备案审查、合宪性审查和宪法监督需要研究解决的若干重要问题”，载《中国法律评论》2018年第4期，第22—23页。

法律条款等更具立法色彩的方式[1]，属于宪法实施的一个侧面。而法律，包括其下的其他规范性文件的审查应当以外部性为特征，“合宪性审查的重要价值恰恰就在于审查公开化。通过审查公开，向全体社会成员传达宪法的价值，确保宪法的全面有效实施，以形成社会共识，即宪法共识”[2]。也即仅仅依靠广义上立法权行使的程序解决合宪性问题，无助于形成技术化的审查标准，无论事前审查还是事后审查，合宪性审查程序不可与立法程序混同。其次，从法律审查角度来说，笔者认为，我国现有的备案审查制度和合宪性审查制度是涵盖范围不同的两类制度，不能简单地混为一谈，必须在程度上予以区分。从我国的实际情况来看，备案审查制度和合宪性审查制度一直呈双线并行之状。有学者主张，对于发展成熟的机制而言，合法性审查或者备案审查应当作为合宪性审查必经的前置程序，是合宪性审查案件过滤的阀门，而过滤机构应当主要由法律文件的批准或指定特定机关决定，若在诉讼中发现，则须完成移送手续[3]。

第三，充分利用现有制度资源，以短线目标与长线目标共进的态度弥补宪法实施与宪法监督衔接的断裂。当前我国的宪法运作的客观状态是，宪法的立法机关实施经验相对比较丰富，备案审查制度的发展具有相对长足的基础；司法机关也具备了初步的实施经验。但是由于宪法实施方法的规范缺失与应用、基本审查规范的缺失、结构外视角的不足，我国宪法监督的发展较为滞后。从短线目标来说，为了填补两者之间发展差异导致的衔接断层，虽然不主张将合法性审查、广义的立法活动与合宪性审查全然混同，但可以将其作为合宪性审查制度建设的通道与着力点。例如，在某些语境下，备案审查的整体流程中，合宪性判断的要求亦涵盖其中[4]。可通过备案审查、修改法律、撤销规范来能动性发挥全国人大及其常委会的合宪审查功能，确保存在合宪性疑虑的宪法实施能够获得及时处理而非因制度性供给不足而被弃置。从长线目标来说，宪法文本的进一步调适和监督制度具体化、法律化是将来的必然进路，此前，学界对关于宪法实施被纳入宪法监督的程度、宪法监督的主体及机制框架已经有了

----

1 邢斌文：《论法律草案审议过程中的合宪性控制》，吉林大学2017年博士学位论文，第49—57页。

2 胡锦光：“论合宪性审查的‘过滤’机制”，载《中国法律评论》2018年第1期，第66页。

3 王春业：“合宪性审查制度构建论纲”，载《福建行政学院学报》2018年第1期，第35—36页。

4 秦前红、李雷：“人大如何在多元备案审查体系中保持主导性”，载《政法论丛》2018年第3期，第36页。

初步的探讨。前期提出的主要学术观点包括：依托单一审查机构的设计展开职能调整、通过设立宪法法院或复合部门展开机制变造、人大法律逻辑与党组织政治逻辑的双线并行、中央权力机关与地方权力机关合作、人大与特别行政区司法机关合作处理特殊事务等。对这些路径的主体设置、权能分配、宪法秩序适应性、流程安排、管辖对象等要素，都需要进行进一步的规范性研究，以确立在宪法实施、监督制度运行的成本收益比值上的最佳方案，进而交由宪法和法律予以确认。

总而言之，本章仅提供了一个分析宪法实施与宪法监督制度的框架性视角，详细罗列在宪法理论生态下，从现实归纳到规范演绎再到实证反馈进而影响规范形成的这一前进式循环中，造成当前宪法实施与监督困境的几个理论节点。在展开宪法实施与宪法监督的纵深分析时，必须澄清“宪法实施”与“宪法监督”的具体指向，以明确话语切口。如果以分析“宪法实效”或者变造当前宪法秩序为目的，那么将其概念范畴适度扩开，乃至对多种研究模式的实施监督样态的整合性思辨就是可行的。而从制度切口考察评价既有运作范式的定性和规划问题时，则必须进入狭义的宪法实施与监督概念之中，并依具体的研究目的明确话语层级，防止产生认定性偏差进而影响后续讨论的展开。

第二章

我国宪法的
立法实施及完善

立法实施是宪法实施的重要路径，由于不同部门法的性质、调整对象、调整方式及价值取向等不尽相同，它们贯彻实施宪法的方式也不甚相同。宪法在立法中的实施，既要尊重和维护宪法权威，实现宪法对部门法的价值统合，又要尊重部门法自身的价值诉求以及规范层面的逻辑自洽、体系完整，以求在二者较为妥当地衔接的前提下健全与完善我国的宪法实施制度[1]。目前，国内学界在公法、私法的划分以及与其存在逻辑关联性的部门法存在的必要性等问题上存在一些理解上的歧义，对宪法在不同法域部门法立法中的实施路径以及与其存在逻辑关联性的部门法之间的衔接问题的研究有待进一步拓展。在本书中，笔者拟以宪法在部门立法中的实施路径及其完善为题展开研究。

第一节　宪法立法实施路径的总体框架及其在私法中的实施路径

一、宪法之立法实施路径的框架性分析

（一）宪法立法实施路径概述

以传统的实施主体性质为标准，宪法的具体实施可划分为立法实施、行政实施与司法实施三种路径。依据我国宪法治理的理论逻辑与实证条件，立法实施相较于其他两种路径而言占据更大的比重，承载着宪法落实的主要职能，对

1 为避免理解上的歧义，本书所指宪法与部门法立法的关系中，宪法仅限于宪法典，部门法的外在表现形式是除宪法典之外的其他法律规范。有学者在探讨宪法与部门法的关系时，将其分解为三个层面：法律对宪法的具体化、法律的合宪性解释、法律的合宪性审查。参见张翔：“宪法与部门法的三重关系”，载《中国法律评论》2019年第1期。基于本书的主题，本书对此不作过多置评，仅针对宪法典与部门法立法的关系展开多角度的分析论证。关于宪法与部门法之间的互动关系，张翔教授的上述文章第32页有框架性表述。

于我国的宪法实施而言具有特殊重要性[1]。在有关宪法实施的诸多研究中，不乏一些关于我国宪法实施路径不畅通的诘问。例如，有学者主张，立法实施缺乏能够依托的明确宪法解释；司法机关没有直接应用宪法作为裁断依据的权限，故我国宪法实施路径总体呈堵塞状态[2]。本书认为，宪法内容的实现固然有赖于宪法自身的运作，但是，宪法的纲领性、抽象概括性决定了立法在实现宪法内容方面的重要作用。而且，与宪法的行政实施、司法实施相比，宪法的立法实施具有更为重要的意义。对于中国来说，尤其如此。其依据在于：

第一，从我国的法治形式来看，立法实施是连接我国宪法治理政治基础与规范基础的桥梁。从政治基础角度说，我国宪法治理的政治前提以党的“方针政策领导”[3]为主要表现形式，立法将党的方针政策转化为法律，从而进入国家法系统实现逐层细化和向下传递，是政治决策技术化的最佳渠道。从规范基础角度说，宪法自身的未完全理论化[4]特征，使宪法在具体法律关系中的激活必须以立法机关为主导。具有高度稳定性的宪法之所以能够在变动的社会场景下维持自身存在的正当性，主要包含制宪主体、严谨程序等形式要素与群众认可、伦理正义等实质要素。其中实质的正当性基础并非全然来自某种自然法意义上的假设，而是“建立在社会与文化基础上的伦理和政治原则”[5]。但因循社会现实变动的正当性与宪法的高度稳定性之间无疑存在逻辑上的冲突。因此形成稳固的宪法文本、宪法共识之后，想要使其不至于在社会情势变动和国家改革的背景下出现虚置化现象，就需要对存有异议的部分展开广泛的民主协商。协商在维持该共同体存续诸项基本原则的同时，通过立法对协议的“未完

----

1 宪法实施的概念范畴及其路径存在多种学说。广义说中，宪法实施指向宪法落实的所有制度、手段、现象，便产生了对应的广义路径分类，如观念、制度、实际实施路径，一般宪法实施与通过宪法监督或合宪性审查的宪法实施等。狭义的宪法实施则偏重制度上公权力机关的职能构造，并且是宪法监督和审查的“对象”。本书采狭义的宪法实施概念，在此范畴内对宪法实施路径进行进一步分析。

2 魏建新：“论我国宪法实施的行政法路径”，载《河北法学》2010年第4期，第38页。

3 秦前红：“依规治党视野下党领导立法工作的逻辑与路径”，载《中共中央党校学报》2017年第5期，第7页。

4 未完全理论化是美国学者孙斯坦提出的一种对宪法形成和理论形式状态的说明，即在民主协商过程中，人们能够对某些抽象的原则达成共识，但无法对形成该原则的原因以及其具体的应用条件和理论达成共识。参见［美］凯斯·R.孙斯坦：《设计民主：论宪法的作用》，金朝武、刘会春译，法律出版社2006年版，第61页。

5 ［加］大卫·戴岑豪斯：《合法性与正当性：魏玛时代的施米特、凯尔森与海勒》，刘毅译，商务印书馆2013年版，第195页。

全理论化”部分进行具体条件、应用方式、解释路径上的展开，使宪法能够具备在一定历史时期内相对公正且形式稳固的具体实施模式。该类协商在我国的表现形式就是代表机关的立法。

第二，从我国的国家治理模式来看，司法实施和行政实施相对而言距离宪法核心更加遥远，欠缺立法实施特有的直接性与有效性，往往需要以立法作为沟通行政、司法机关同宪法之间联系的桥梁。就宪法的司法实施而言，从全球宪法实施样态的角度，其固然可以产生同宪法直接关联的一面，如司法机关依据宪法处理涉宪争讼，但我国司法机关并无直接援引宪法裁断纠纷的权限[1]，最终对司法机关活动产生决定性影响的是宪法立法实施的产物——法的规范体系；就宪法的行政实施而言，从功能主义的角度考察，行政机关的具体行政行为是依托既有规范展开的，行政执法过程中对宪法的尊重实际上是通过行政公权组织对法律规范的遵循体现出来的，其性质属于间接的宪法实施。与具体行政行为相比，抽象行政行为中行政规范性文件大多是根据法律、法规，甚至规章制定的，其性质也属于间接的宪法实施。与行政规范性文件相比，行政立法中规章是根据法律、法规制定的，宪法并不是它们的直接制定依据。行政法规固然要依据宪法制定，但是，按照本书的逻辑划分标准，行政法规归属于立法实施的范畴，已经超出宪法行政实施的范围了。

统合前述，本书意图申明的立场是：与宪法的行政实施、司法实施相比，宪法的立法实施在我国具有更为特殊的意义。以此为基点，笔者认为，对宪法的立法实施可以从不同的角度进行剖析，主要的分析视角包括两种：其一，以法域划分为基础解析宪法立法实施的研究范式，该种范式随着法域划分理论的更迭逐步演化为以部门法为基础的研究理路。从纵向历史发展的角度来看，在公私法划分普遍存在的理论背景下，宪法对于公法、私法的标准、呼应方式等均发挥“基础性和结构性的影响”[2]。从理论上来讲，公法、私法均担负着践行宪法承诺的责任，但是，由于公法、私法各自的特点不甚相同，因此它们

1 参见1955年《最高人民法院关于在刑事判决中不宜援引宪法作论罪科刑的依据的复函》（已废除）、《中华人民共和国刑法》（以下简称《刑法》）（2017）关于罪刑法定的规定、2018年《最高人民法院关于废止2007年底以前发布的有关司法解释（第七批）的决定》停止适用齐玉苓案中通过宪法基本权利条款导向民事责任的司法解释、2016年《人民法院民事裁判文书制作规范》第3条第（7）项、《行政诉讼法》（2017）第63条、2009年《最高人民法院关于裁判文书引用法律、法规等规范性法律文件的规定》。

2 袁曙宏、宋功德：《统一公法学原论——公法学总论的一种模式（下卷）》，中国人民大学出版社2005年版，第44页。

践行宪法承诺的方式迥然相异，宪法对二者产生涵摄影响之后呈现出来的立法类型也就不甚相同，有必要对此进行类型化分析。但是，随着公私法域相互融合、相互碰撞等新情势的出现，严格区分公法、私法两个法域的难度逐渐上升，实践中有观点提出放弃传统的公法、私法二元划分的立场，主张直接以法律部门为分析标准，从宪法对各个部门法宗旨、内容的个别控制探讨宪法的立法实施。其二，将宪法本身的内容类型化，以“部门宪法”为指引研究宪法立法实施的范式。此观点参考德国宪法学研究方法，将部门的切入从立法层次提升到宪法层次，其划分的实证依据为宪法中有关国家目标以及基本权利类型的条款。对宪法立法实施的观测侧重于将现实秩序和宪法的社会功能、立法的规范结构相关联[1]。在前述两种分析视角中，笔者总体上倾向于采取第一种研究视角。笔者认为，应当适度扩展传统的“公法—私法”划分的二元框架，在公私法域交互模式从“碰撞、淘汰”走向“融合”的背景下展开对宪法立法实施的分析。其原因在于：其一，部门宪法固然是分析宪法实施状态，特别是宪法落实程度的一个切入点，但其深入和展开必然涉及规范宪法学与宪法社会学两种研究范式的相互借鉴。而这需要先行解决前述两种不同研究范式之间实施样态的天然张力，回答“社会建构性的意义体系”[2]和教义解释下规范体系的矛盾问题。因此其目前更适宜作为一种考察宪法实效的补充性视域。其二，立法实施旨在通过对宪法内在精神的理解，使不同立法能够依据自身调节的社会关系形成一定的灵活空间。集中体现于部门法中的、在宪法精神指导下的原则，并没有完全的分化，它们依然大致形成了公私法分野的双线趋向。其三，公法、私法相互融合背景下形成的社会法兼具公法、私法的特点。社会法的内容主要是将宪法上的弱势群体保障要求转化为国家或社会的具体义务。与传统私法相比，社会法更加追求实现结果平等与实质平等，其对民事主体私法权利的保障在一定程度上是通过公权组织履行宪法赋予之社会法义务时对私法条款的适用得以实现的。该类法律兼具公法、私法的双重特点，以公法、私法的二元划分为基础对其展开分析并不过时。统合前述三个方面的理由，笔者认为，按照前述第一种研究视角能够在维持传统法域划分基本框架的前提下，在较大程度上因应新形势下公私法相互融合的情势变更，削弱不同部门法彼此重合混淆的风险、减轻多个法律部门相互合作、共同贯彻落实宪法的难度。

1 赵宏：“部门宪法的构建方法与功能意义：德国经验与中国问题”，载《交大法学》2017年第1期，第66—76页。

2 ［德］马丁·莫洛克：《宪法社会学》，程迈译，中国政法大学出版社2016年版，第41页。

（二）宪法立法实施中存在的瑕疵

诚如前述，在我国，宪法的立法实施相较于行政实施、司法实施具有更为重要的意义。但是，这一具有特殊重要性的宪法实施路径在我国的法治实践中却面临着诸多程序与内容上的瑕疵。程序性瑕疵主要表现为立法主体与宪法解释主体、合宪性审查主体之间的同一化、宪法解释与合宪性审查制度供给不足，它所导致的直接结果是法律与宪法解释在外在表现形式上的混同、法律是否属于合宪性审查对象的模糊以及法律同其他宪法运作形式如宪法修改之间的潜在冲突和衔接难题。内容上的瑕疵主要表现为宪法在部门法立法中存在的诸多问题，它贯穿于宪法立法实施的全过程。该种瑕疵在我国立法实践中主要表现为下述两个方面：

第一，立法是宪法实施的重要形式，但是，立法却没有能够较为妥当地承接宪法中的相关内容。从形式上来看，立法机关在立法实践中往往自觉不自觉地忽略宪法中所确立的权力分配规则，造成立法实施与宪法规定之间的衔接错位。例如，现行《宪法》第62条规定全国人大有权制定和修改刑事、民事、国家机构的和其他的基本法律，第67条规定全国人大常委会有权制定和修改除应当由全国人大制定的法律以外的其他法律。依照民主集中制的一般原则、人民代表大会制度的原理以及《宪法》第62条第（16）项、第67条第（22）项的兜底性规定，未能明确的剩余立法权，其最终定性的权力应当归属于全国人民代表大会，并且基本法律和非基本法律在内容、制定主体等方面的界限应是相对稳定的。然而，从我国的立法实践来看，情形却并非如此。集中表现在：原本应当由全国人大审议通过的基本法律，最终通过的主体却是全国人大常委会，原《中华人民共和国侵权责任法》（以下简称原《侵权责任法》）就是典型实例。这种现象在国内学界引起了广泛争议。对此，一种可能意义上的辩解是：全国人大以默示的方式将其定义为“非基本法律”。但是，令人感到困惑的是：全国人大在制定民法典的时候将原《侵权责任法》纳入其中使其成为民法典中的侵权篇，其性质似乎又翻转成了基本法律。面对原《侵权责任法》的法律性质变动不羁的现象，我们很难作出一种完全令人信服的解释。有学者较为牵强地指出，全国人大同时具备制定基本法律和非基本法律的权力，该观点将原《中华人民共和国合同法》（以下简称原《合同法》）、原《中华人民共和国物权法》（以下简称原《物权法》）等全国人大制定的法律也解释为非基本法律，主张民法典编纂是将非基本法律合编形成统一法典的行为，但其也始终认为“这样的推论对于民法学者来说是苦涩的"[1]。从实质上来看，部门法对宪法相较于它们的"依据"地位与价值统合作用似乎缺乏足够的尊重，这一点，在民法中表现得尤其明显。目前，学界对宪法相较于民法的"制定依据"地位已经达成普遍的共识，但是，有部分学者对于宪法究竟是否具有对民法规范体系的价值统合作用秉持怀疑立场，甚至对民法的宪法功能产生了一些浪漫主义的幻想。有学者主张民法典的制定必须坚持在市民社会与政治国家相对立的背景下、在公私法划分的前提下实现民法典防卫权力越界的功能，使宪法作为公法基本法的地位和民法作为私法基本法的地位得到明确[2]。有的宪法学者对民法典制定前一些民事单行法律中存在的似乎具有合宪性危机的条款，也没有给予应有的宪法评价[3]，这些情况传达的信息似乎是：宪法相较于民事立法的作用仅仅是形式上的，说到底，仅仅起到一种彰显民事立法权存在及运行正当性的作用，无法对民法规范体系施加真正的价值统合作用。与民法相比，诸公法部门对宪法似乎更为尊重，但是，即便在行政法、刑法等这样一些看似同宪法规制方向相对一致的公法部门中，也不乏对宪法实质精神、规定的忽略，如风险刑法思维下犯罪圈的扩大化解释、行政诉讼法中基本权利保护面向的畸轻等。有学者据此认为，如果缺少宪法监督程序的保障，"根据宪法"在部门法中就不可能得到实质性的实现，立法过程中的合宪性控制就无法得到真正落实。此处笔者意图申明的立场是，如果宪法框定的权力结构、基本内容无法在立法中得到真正贯彻落实的话，将在整体上降低公法、私法场域下各部门法的应有效能，进而埋下加剧部门法内容自重、公私法对立的隐患。

第二，作为宪法立法实施之单元的法律部门在彼此间的衔接、内部秩序整合等方面存在一定程度的秩序紊乱现象，使宪法精神在部门法中的流动不太顺畅。从直观层面来看，宪法之立法实施的成果主要体现为各类法律法规。在公法、私法划分的基本框架结构之下，依据调整对象、价值倾向以及手段方法的不同，可以将其进一步细分为不同的法律部门。由于公法和私法的调整对象、调整方式以及价值取向等均不甚相同，公法部门和私法部门之

1 王竹："《侵权责任法》立法程序的合宪性解释——兼论'民法典'起草过程中的宪法意识"，载《法学》2010年第5期，第31页。

2 赵万一："从民法和宪法关系的视角谈我国民法典制订的基本理念和制度架构"，载《中国法学》2006年第1期，第123—125页。

3 苗连营、郑磊："民法典编纂中的宪法三题"，载《法制与社会发展》2015年第6期，第75页。

间各自为战、衔接不畅的问题始终存在，宪法无法实现对两大法域诸法律部门的一体化统合，宪法解释、合宪性审查制度的供给不足使得这些问题直到今天都无法得到根本性的解决。舍此而外，随着社会情势的结构性变迁，新兴类型的法律部门开始出现，它们的性质定位模糊，具有交融性和领域性的特征，难以归入建立在公法、私法划分基础上的法律部门体系之中，这不仅造成了法律部门的膨胀，而且开始冲击传统法域间的界限，进而造成宪法精神在新兴法律部门中的传递障碍。“在这些大量出现的、以事物领域而非规范理念为分界的立法，公私法的二分已经没有太大意义。立法者主要的考量，在于规范对象——包含执行机关、司法机关以及人民——使用的方便”[1]。以环境法为例，有学者认为应当将其作为一种新兴的社会法，以此同传统公私法大类下的不同法律部门加以区分。但也有学者主张将其作为公法下的一个单独的法律部门。如是明显反映出学界对新兴法律部门性质定位方面的理解歧义。有观点认为，传统法律部门的划分存在缺陷，应当启用以具体法治、开放综合为指向的领域法范式[2]。前述这些现象有可能对宪法立法实施产生的影响是：其一，新兴的所谓“领域法”缺乏传统法律部门所具有的学科特殊性，该种特殊性所培育出的部门法内部以遵循宪法精神为核心的部门法准则受到了来自新兴“领域法”的冲击和挑战；其二，新兴“领域法”的规范体系缺乏较为成熟且独立的调控模式，往往需要依据大量转介条款来完善自身的体系结构，由此不可避免地陷入庞大的领域迷宫。当法治实践中需要上溯寻求核心原则、宗旨时，有可能止步于这些转介条款所指向的、传统法律部门的“代表法”，仅仅从相关部门法中汲取所需价值，但却从根本上忽视了宪法对它们的统合作用。

笔者认为，产生前述诸种问题的原因是多方面的，但宪法和部门法之间的沟通隔阂无疑是其中最为根本的原因。从宪法的角度来说，其根本法地位和最高法效力是其对部门法进行价值统合的正当性依据和规范凭借，但是，宪法对部门法的价值统合必须建立在维持部门法自身逻辑自洽、体系完整的前提基础之上，否则，该种统合就丧失了得以存在的实际意义。从部门法的角度来说，尽管各自的调整对象、调整方式、价值取向等不甚相同，与宪法的性质、地位、效力等更是迥然相异，但是，这些均不足以成为排斥宪法价值统合的理由。立法实践中宪法精神之所以出现在部门法中传递不顺畅的现象，归根结底

---

1 苏永钦：《民事立法与公私法的接轨》，北京大学出版社2005年版，第10页。

2 李大庆：“法学范式竞争与领域法学的知识创新”，载《江汉论坛》2019年第4期，第117页。

是由于宪法与各部门法之间的沟通隔阂造成的。该种隔阂在立法实践中的具体表现是：宪法在部门法中的实施更多地表现为“依据宪法，制定本法”的宣示般的表述，该种宣示的实际效果除了彰显部门法存在的正当性之外，并不实质性意味着它们完全接受了宪法对其施加的统合性影响。有些部门法，如民法，基于对自身赖以存在的私法自治的维护，甚至对依据宪法有一种本能性的排斥，这样一来，宪法立法实施的状况就不甚理想、宪法在部门法中的实质性影响力弱化、“部门法主治”侵蚀“宪法主治”、宪法与部门法各自为政等现象也就不可避免。新兴的“领域法”出现之后，基于对自身特殊秉性的强调和渲染，不仅在一定程度上冲击和影响了当下依然具有存在正当性的公法、私法划分格局，而且对宪法相较于部门法的价值统合产生了稀释性影响。该种现象从追本溯源的角度来说，也是由于宪法和部门法之间的沟通隔阂造成的。因此，笔者认为，当下我们研究中国宪法实施路径的核心和关键点在于：正视传统公私法划分与法律部门类型化的现实正当性，因应社会情势变迁对其产生的冲击和挑战，在维护宪法权威并维持部门法自身逻辑自洽、体系完整的前提下，研究宪法在不同类型部门法中的实施路径，并为由此衍生出的部门法之间的衔接问题提供话语平台和背景基础。这是本部分内容的思维基点所在，也是后续相关内容得以展开的逻辑基础。

二、宪法在私法中的实施路径

（一）宪法在私法中的实施前提与路径

民法在性质上属于私法，与宪法的性质迥然相异。民法总体上以维护私法自治为价值诉求，客观上要求主体间的地位平等，这与我国宪法的社会主义性质之间也存在一定的衔接难题。目前，学界围绕民法是不是宪法的实施法这一问题存在理解上的歧义。因此，在研究宪法在私法中的实施之前，有必要对一些前提性问题进行梳理，具体可以从以下两个方面展开：

第一，宪法是否应当、是否能够干涉私人交往领域。此前，学界围绕宪法的性质曾经产生过宪法究竟是“公法”还是“母法”的争论，该争论在较大程度上反映了人们在宪法实施领域问题上存在的分歧。主张宪法属于“公法”的部分观点较为激进的民法学者借此否定宪法规制私人领域的正当性，主张民法和宪法各自占据私人领域与公共领域规制的“帝王”地位，认为如果否认民法的高度独立性，将开放性的民法纳入限缩性的宪法框架中，无疑会造成民法价值的丧失和活力的凝滞，因此宪法应当将干涉私人交往领域的任务全部转移至民法[1]。观点相对温和的民法学者则主张，民法可以在尊重宪法形式地位的前提下承担部分宪法的功能，担负一些根本、基础意义的责任，两者能够在实质上形成大致的均衡。宪法与民法的作用是平行的，或者说，即使宪法略高于民法，但依然不能达到一种绝对的统领地位[2]。前述两种观点的共同之处在于：试图确立民法与宪法相平行的地位。果如是，则宪法通过民法（私法）的实施问题将无从说起。国内宪法学者除秉持公法说外，还有学者秉持宪法母法说、宪法根本法说。前述观点不甚相同，但迥然相异的立场却推导出了共同的结论，即宪法应当规制并影响私人场域。在宪法母法说的视角下，宪法地位的实施依托于凯尔森的法律实证主义框架，其对私法领域的干涉自然根植于其作为一切法度渊源的地位。宪法根本法说的视角下，宪法规制和调整的对象非常广泛，包括公对公的关系、公对私的关系以及私对私的关系，前述几种关系在宪法中所处的地位基本相同[3]。该种立场虽提供了宪法在民法中实施的理论前提，但可能导向下一层次即具体发展样态方面的分歧。

第二，如果宪法应当规制并影响私人场域，那么，其在该场域的实施是否必然需要通过民事立法？换句话说，宪法是否可以绕开民事立法直接在民事审判中发挥作用？此前，国内学界围绕宪法在民事审判中的适用问题曾经展开过讨论，实践层面也曾经出现过相关的案例，如齐玉苓案。但是，实践证明：绕开民事立法，通过宪法直接进入民事审判场域的方式实现宪法对私法场域的价值统合，无论在理论上还是在实践上都是行不通的，而且，与我国国家机关的体系架构及职能安排相抵触，目前，该种探讨已经渐趋消失。近年来，国内学界围绕宪法在民事审判中的适用问题出现了一种改良性的观点，主旨精神是：宪法在民事审判中原则上是不能直接适用的，但是，法官可以对民法中的一些概括性条款进行宪法解释，以此来达到宪法适用的效果。对此，有学者表达了不同的立场，认为前述观点本质上依然是主张宪法在民事审判中的直接适用，由此导致的必然结果是：将宪法精神强行注入民法中的概括性条款之中，这不仅会影响到民法的安定性，而且会侵损民法赖以维持自身存在的私法自治。

----

1 持此观点的学者包括梁慧星、龙卫球、赵万一等，参见林来梵、龙卫球、王涌、张翔：“对话一：民法典编纂的宪法问题”，载《交大法学》2016年第4期，第7—8页；赵万一：“再谈民法与宪法的关系”，载《清华法学》2009年第2期，第82—84页。

2 持此观点的学者包括孙宪忠、王利明等，参见孙宪忠：“从国家治理角度看民法总则”，载《中国司法》2017年第7期，第4页；王利明：“我国民法的基本性质探讨”，载《浙江社会科学》2004年第1期，第108页。

3 童之伟：“宪法司法适用研究中的几个问题”，载《法学》2001年第11期，第8页。

较为妥当的方式应当是：将民法条款划分出具有显著优势但非传统国家权力的“社会公权力”和私法自治两大部分。前者由宪法直接进行规制，对此宪法可以在民事审判中直接适用；后者仍交由民法进行规制，对此宪法在民事审判中不能适用[1]。

笔者认为，宪法应当对私法场域进行规制，民法应当接受宪法的价值统合。这种观点的逻辑基点在于：宪法性质与宪法功能不是同一层面的问题，应当实现区别基础上的贯通。宪法的根本法性质与宪法的公法性质分别对应的是不同的法规范定性方法，二者能够同时兼容于宪法的属性之中。宪法的根本法性质决定了其在终极意义上为包括民法在内的诸种部门法提供了实质依据[2]。其所形成的有限政府、权利保障的基本调控理念与民法的意思自治具有内在相通性，且相比于民法而言更具统筹性，如是种种，提供了宪法干预的可能性。而且，随着社会关系不断发展，大量具有特殊力量的私主体涌现，占据物质资源、信息资源、沟通路径等多方面的优势，形成了私人领域的实质不平等关系，对宪法上规定的基本权利进行妨害的客观可能显著增加。该情形则展示了宪法干预的必然性。

在私法内部的具体实施形式上，应当从立法结构与立法内容两个方面进行考察。在立法结构方面，宪法的影响体现在高度组织化的单独民法典被民事特别法分解的现象上。与域外成熟的统一法典化体系不同，中华人民共和国成立之日起就基本确立了总纲性通则与单行立法相结合的民事立法模式。而在我国开始探讨统一民法典制定之时，随着宪法统合性影响的深入，传统民事立法模式的内在张力也逐渐显现。在国内民法体系形成初期，民事单行法的设立在很大程度上参考通则规定，其宗旨、原则也与通则具有高度同构性。但随着宪法实施的推进，意思自由、私法自治理念的边界被逐步释明，立法者的目的也发生了迁移。“越来越多的民事特别法奉行与民法典所规定的不一致的原则，并且从传统的民法中独立出去。”[3]特别是在私主体实质不平等的法律关系中，民事单行法开始更多地直接从宪法中取得其宗旨要义、立法目的，在具体的调控手段上也超越单纯的私人交往规制。最终从民事单行法向民事特别法转变，并在性质上愈发贴近新兴的第三法域法。而实际上，第三法域中相当数量的规

---

1 李海平：“基本权利间接效力理论批判”，载《当代法学》2016年第4期，第49—57页。

2 尚有学者在探讨宪法的根本法属性时，强调其不仅具有规范意义，还具有现实意义，主要表现为宪法对政治的体现与导引，此非本书探讨之重点，不再展开论述。

3 张礼洪：“民法典的分解现象和中国民法典的制定”，载《法学》2006年第5期，第59页。

范正是从传统私法系统中脱胎而来的。

在立法内容方面，宪法通过对概括性条款的技术性设置，确保其精神原则对私法立法进行渗透，并易于为后续的司法所承接。此类技术设置包含两种范式，一种是通过弹性抽象的规定赋予条文扩展性外延，如原《中华人民共和国民法总则》（以下简称原《民法总则》）第109条规定的“（自然人的）人格尊严受法律保护”，结合第110条的开放性表述[1]，该“人格尊严”就包含了囊括民法条款罗列外其他人格权益的空间。另一种则是具有转介性质，指向其他法律部门，如我国原《合同法》第52条规定的合同无效的法定情形[2]。此时宪法又能通过自身对其他法律部门，尤其是公法法律部门的价值统合再次同民法接轨。民法中概括性条款的两种范式有时是相互结合发挥作用的。如在民事法律行为效力方面，原《民法总则》除了规定相应的民事行为能力与真实意思表示之外，还将遵守相关规范的强制性规定与公序良俗纳入条件之中。其中，前者属于具有转介性质的表述，后者则属于抽象概括的表述。前述民事立法中对宪法的尊重及考量空间应当为适用所继受，形成以司法机关为中心、对既有立法中概括条款的合宪性解释[3]，产生对立法内容理解的示范效应。而当适用时的解释即将超越预设的“客观法依据”可能涵盖的范围时，也就是说，将把“适用”转变为“创制”时，就必须复归于立法领域，以立法的完善填补规范的空缺，由此完成立法与适用两者的承接与循环。

（二）宪法在私法实施中存在的问题分析

目前，宪法在私法场域的实施主要表现为经由民事立法的实施，该种实施总体向好，但也存在一些这样那样的问题，主要表现为两个方面：

----

1 原《民法总则》第110条对具体人格权的罗列，除生命权、身体权、健康权、姓名权、肖像权、名誉权、荣誉权、隐私权、婚姻自主权外，尚有“等”字作为兜底，属于非穷尽式罗列。

2 原《合同法》第52条第（5）项规定：“有下列情形之一的，合同无效：……（五）违反法律、行政法规的强制性规定。”在实践中，该条款的应用相当频繁。如江苏省第一建筑安装集团股份有限公司与唐山市昌隆房地产开发有限公司建设工程施工合同纠纷案（2017最高法民终175号）中，双方所签合同因违反《中华人民共和国招标投标法》而无效；吴某与陕西广电网络传媒（集团）股份有限公司捆绑交易纠纷申请案（2016最高法民再98号）中，双方所签合同因违反《中华人民共和国反垄断法》而无效等。

3 王锴：“论宪法上的一般人格权及其对民法的影响”，载《中国法学》2017年第3期，第115—116页。

其一，民事立法在一定程度上受到“唯以宪法为纲”和“唯以自治为纲”观念的影响。所谓“唯以宪法为纲”[1]，是指片面强调宪法对民事立法的价值统合作用，对民法自身的逻辑自洽、体系完整没有给予足够的体认，对民法赖以维持自身存在的私法自治产生不甚妥当的压制性影响。所谓“唯以自治为纲”[2]，是指片面强调私法自治的绝对性，有意或者无意地淡化时代场景的变幻对其产生的冲刷，对宪法相较于民法的价值统合秉持消极抵制的立场，甚至绝对地排斥公权机关对民法场域的必要的干预和渗透。

前述立场在理论和实践层面造成的直接结果是：宪法与民法之间的衔接不畅、民事立法理论与实践之间的沟通乏力。笔者认为，前述两种立场均不甚妥当。就“唯以宪法为纲”论而言，其固然旨在维护宪法的权威、强调宪法相较于民法的价值统合作用，但是，它却忽略了民法自身的逻辑自洽和体系完整，对民法赖以维持自身存在之私法自治的正当性缺乏足够的体认。有学者根据历史上宪法之根本法地位、最高法效力尚未得到制度性确立时的场景，无限眷恋地指出，近代民法曾经发挥了当今宪法方才具有的功能，即“推动形成了以市民社会与其权利群为基础、目的、转轴，以政治国家及其公权力为服务手段、上层建筑的市民社会—政治国家间的理想关系”[3]。从历史的角度来看，该种说法无疑是事实。但是，不可忘记的是，随着宪法之根本法地位、最高法效力的制度性确认，前述曾经存在的事实已经一去不复返了。在新的时空背景下，民法已经蜕化了其先前曾经具有过的宪法功能，其功能逐渐转向为“发挥部门

---

1 有学者主张，“在现代社会，在与正式宪法的功能关系上，无论是民法典整体，还是其中的具体规范，都只能处于宪法实施法的功能定位上，依靠宪法进行价值印证、效力支持与合宪性引导。换言之，无论是民法典整体，还是其中的具体规范，均应围绕将基本权利等宪法上价值在民法技术范围内具体化为平等民事主体间的权利义务关系这一任务而展开规范设计与适用。”参见张力：“民法典‘现实宪法’功能的丧失与宪法实施法功能的展开”，载《法制与社会发展》2019年第1期，第118页。

2 该类观点可参见龙卫球：“民法依据的独特性——兼论民法与宪法的关系”，载《国家检察官学院学报》2016年第6期；赵万一：“从民法与宪法关系的视角谈我国民法典制订的基本理念和制度架构”，载《中国法学》2006年第1期。

3 张力：“民法典‘现实宪法’功能的丧失与宪法实施法功能的展开”，载《法制与社会发展》2019年第1期，第109页；胡峻：“‘根据宪法，制定本法’作为立法技术的运用”，载《法治研究》2009年第7期，第13页。

法意义上的具体实施正式宪法的相关要求”[1]。随着民法功能的结构性变迁，民法的性质定位在人们的思想观念层面也发生了重大变化。一些学者将其定位为宪法的实施细则，其作用被视作“具体化宪法的内涵”[2]。这种观点在宪法学者中表现得尤其明显。前述观点实际上是宪法“母法”说在民事立法实践中衍生出的一种变体，其本质是对民法“依据宪法”制定观点的一种机械化理解。该种观点在立法实践中有可能衍生出的风险是：抹杀宪法和民法之间存在的必要界限，破坏二者间原本存在的信任关系，在维护宪法权威、捍卫宪法尊严、实现宪法对民法的价值统合的旗帜下，不断侵蚀民法的逻辑自洽和体系完整。在该种观念的浸润下，为维护民法自身的独立地位而显现出来的对前述观点的抵制就被贴上了“背离宪法价值统合”的标签。由此延展开去，民法赖以维持自身存在所必需的私法自治就有可能在前述观点的强力冲刷下“被”有意无意地缺位了。反观民事立法实践，必须注意到的一个立法场景是：随着社会情势的结构性变化，传统民法典之外逐步出现了一些具有明显政策性色彩的民事特别法。与民法典相比，该类特别法与宪法之间在价值取向方面更具有内在的契合性。如此一来，外在于民法典而存在的民事特别法就越来越多地承载了宪法的精神，当其数量逐步增多并日趋发展成为一个相对独立的领域时，民法自身的规范体系就面临着被解构的风险。舍此而外，还必须注意到的问题是，在前述泛宪法论思想观念的影响下，如果将民法仅仅看作宪法的实施法，当司法实践中出现民法的适用难题时，宪法条文在民法场域的进入就成为理所当然，没有任何理念和制度上的限制，由此有可能衍生出的危机必然是司法权越权适用宪法或者续造法律。

就“唯以自治为纲”论而言，它一方面承认和接受宪法的根本法地位和最高法效力，另一方面却又试图维护民法相较于宪法的所谓超然地位，由此形成

----

1 张力：“民法典‘现实宪法’功能的丧失与宪法实施法功能的展开”，载《法制与社会发展》2019年第1期，第112页。近阶段，有学者对部门法立法相较于宪法的实施义务进行了分析，提出了反对意见。有法理学者认为，宪法与部门法的关联主要体现在两个方面：（1）部门法的合宪性审查；（2）部门法是宪法的具体化。如果在法理学上考察宪法的性质的话，它实际上由三个命题组成，即实在法命题、概念命题、价值命题。由此观之，宪法实际上是对法律环境的合理反映，而不是部门法的总则。如果宪法不是部门法的总则，宪法就无法要求部门法去实现将它具体化的任务。参见陈景辉：“宪法的性质：法律总则还是法律环境？——从宪法与部门法的关系出发”，载《中外法学》2021年第2期，第285页。对该学者的前述观点，笔者秉持不同的立场。限于本书主题及篇幅，此处不作置评。

2 郑贤君：“作为宪法实施法的民法——兼议龙卫球教授所谓的‘民法典制定的宪法陷阱’”，载《法学评论》2016年第1期，第6页。

一种民法相较于宪法的“形式实施”观点。所谓“形式实施”，是指民法中的“依据宪法”所彰显的仅仅是民事立法权之权力来源的正当性，但是在民法的具体内容方面，却过当强调自身的价值中立，片面追求民法规范体系的逻辑自洽、体系完整，忽略乃至有意无意地排斥宪法对它的价值统合。如此一来，民事立法就有可能在“依据宪法”的旗帜下，走上一条外在于宪法价值统合的独立发展道路，片面追求对所谓市民社会内部习惯的总结与凝练。殊不知，当今我们所处之时代背景已经完全不是往昔西方国家曾经存在过的那种政治国家、市民社会二元对立的社会架构，单一地强调民法自身的价值中立不仅无法赋予自身以往时代曾经有过的那种抗拒公权力侵害的功能，而且在没有宪法给予制度性支撑的场景下，实际上也无法从根本上获致自身所追求的私法自治。更有甚者，在没有宪法价值统合的场景下，民事立法有可能堕入立法恣意的泥坑，偏离以宪法为核心的社会主义法治发展轨道。

其二，具有宪法权利和民事权利双重属性的权利在民法保护方面呈现出不完全对应性，宪法价值无法在民事立法中得到顺畅的实现。宪法与民法交汇最为密切的领域集中表现在主体权利的保障方面。宪法权利中有些在民法中得到了确认，如财产权，但也有一些宪法权利却并未规定在民法中，如宗教信仰自由权、受教育权、选举权与被选举权等。从理论上来讲，宪法权利与民事权利的性质、功能、内容等迥然相异，宪法权利经由民法加以规定之后，其性质已然翻转为民事权利，其义务指向对象已然翻转为民事主体，不再是国家公权机关。宪法权利经由民事立法的渠道，在民法场域得到了制度性的确认和保护。但是，由于宪法和民法的性质、功能、调整对象及调整方式等不甚相同，并不是所有的宪法权利均通过民事立法加以确认和保护，有些宪法权利是经由诸公法部门加以确认和保护的，民法仅仅是确认和保护宪法权利的法律部门之一。但是，问题的症结在于：那些没有在民法中得到确认的宪法权利也有可能遭到民事主体的侵害，客观上有通过民法加以保护的必要，如受教育权（齐玉苓案）、选举权（王春立案）等。此类问题的解决无外乎两条路径：第一，法官在民事审判中直接适用宪法中的相关条款审理该案；第二，在民事立法中预设接驳宪法权利的管道，法官在民事审判中经由该类接驳管道，将宪法精神注入其中。前者在我国的司法实践中已经证明是不可行的，后者需要理论和实践层面的诸多积累和准备。在前述“唯以自治为纲”的立法思路下，过当强调民事立法相较于宪法的价值中立，排斥宪法对民法的价值统合，民法中缺乏衔接宪法的接驳管道，宪法对民法的价值统合没有来自民法制度层面的坚实支撑。如此一来，民法所追求的私法自治就在事实上蜕变成了私人自治。从理论上来讲，私法自治与私人自治的健康关系应当是，“私法为私人自治提供了法律的框架，私人自治只要不违反法律的框架就是有效的”[1]，其中宪法对基本权利的规范便构成私人自治所因循的法律框架的一部分。为了维持、稳固该框架，应当化非常规的私人自治为常规的私法自治，国内有学者提出借由基本权利条款塑造民事立法新内涵以便适用的路径。但该路径面临的现实问题是，法院实际运用宪法精神和具体基本权利条款的技术不足、权力受限。因此这种交流的设想只是一种理论上的假设。仅框架性、粗放性地提出在限度内展开规范理解活动，并不能从实际上解决个案中的权利保护问题，也难以达到部分宪法学者所期待的、精准而不越权的“非解释性的宪法适用”[2]。

笔者认为，产生前述问题的根源是：我国宪法与民法关系的发生历程与域外主要国家的情况不甚相同，学界诠释我国宪法与民法关系时，对此产生了理解上的混同。舍此而外，理论上对“实质性的序位秩序、价值体系”和内部互相调和的“意义整体”[3]缺乏足够关注，造成形式规范体系与实质秩序体系不能统一，宪法与民法“各扫门前雪”。从近代域外主要国家民法典的嬗变历史来看，民法的出现要远远早于宪法，肇始于经济与交易，其调整范围同政治二元分立的态势较为明确。长期预先存在的市民社会为民法提供的最大基石是，仅依靠合意的一致实现对行为的约束[4]。作为同属社会成员自行缔造的共同体，它的核心同政治国家共同体相异，并非经由契约或权利的让渡形成共同决策，而是经由权利的自由支配形成意定关系。这一规制逻辑内在的自治价值恰恰同现代宪法原理中对扩展性国家权力进行防范的需求暗合，因而客观上对脱离宗教钳制、塑造民族国家、限制权力擅断具有促进作用。在现代宪法尚未完全发展成熟的时期，具有替代发挥宪法功能的外观。这一点也常常成为“唯以自治为纲”的论据。但是，其中的理论断层是显而易见的。一方面，我国当前所处的时代环境已经同民法生成和逐步发展的世界历史环境大有不同。另一方面，我国民法的生成路径同域外其他国家存在较大差异，纵览我国民事立法的发展脉络，宪法并非一个反哺性的角色而是一个引领性

1 王锴：“宪法与民法的关系论纲”，载《中国法律评论》2019年第1期，第44页。

2 范进学：“非解释性宪法适用论”，载《苏州大学学报》（哲学社会科学版）2016年第5期，第74页。

3 郑贤君：“宪法虚伪主义与部门法批判”，载《中国法律评论》2016年第1期，第109页。

4 林来梵：《从宪法规范到规范宪法》，商务印书馆2017年版，第319页。

角色，民法的立法方向极大地受到宪法修改方向的影响，在发展早期确实具有强烈填补与细化宪法的色彩[1]。因此，移植域外的理论作为支撑难免出现嫁接排异现象，加之中华人民共和国成立后继受苏联的宪法根本法理念及维护意识形态需求、计划经济的传统，必然催生“唯以宪法为纲”论的反弹。而在这两种立场角力的过程中，制度平台供给与理论支持、宪法上回应的客观缺失又激化了相关矛盾。

第二节　宪法在公法、社会法中的实施路径及宪法在部门法中实施路径的完善

一、宪法在公法、社会法中的实施路径

（一）宪法在公法、社会法中实施路径的类型化分析

与私法相比，由于公法与宪法的性质具有贯通性、规制对象具有类同性，因此，经由公法的宪法实施似乎更为直接，公法与宪法之间的逻辑关联度在直观层面上也似乎更为密切一些。相较于以民法为核心的私法体系[2]，公法体系内部可以更加细化，从中可以析出不同的法律部门。宪法在公法领域诸部门法中的实施，既体现于这些部门法共有的公法属性中，也外现于各具体部门法特有的立法宗旨与原则之中。除公法之外，随着现代国家使命的转型与国家、社会边界的模糊，公法域与私法域不再像先前那般泾渭分明，一种兼具公法、私法双重属性的法，即社会法，出现了。如此一来，宪法在部门法中的实施问题又衍生出了宪法在社会法中的实施问题。与公法相比，社会法虽然在调整法律关系方面有公权力的参与，但其贯彻落实宪法的方式与传统公法对宪法的承接不甚一致。统合前述，笔者意图在本部分申明的立场是：宪法在部门法中的实施，不仅包括在私法中的实施，也包括在公法诸部门法以及社会法中的实施。宪法在公法诸部门法中的实施路径与其在社会法中的实施路径不甚相同。对该问题的考察，需要进行多层次的类型化分析，具体从以下两个方面展开：

----

1 关于该历史进程的详细论述，可参阅苏永钦：《民事立法与公私法的接轨》，北京大学出版社2005年版，第5—8页。

2 民法内部固然存有规制合同关系、婚姻家庭关系、人身关系等不同具体法律关系的单行法规，但是每一分编并不足以成为独立的法律部门。有关法律部门的划分方法，学界存在不同讨论，大致能够总结归纳为法所调整的社会关系的性质类型、受到这种社会关系性质影响的调整方法以及法律规范的独立成部、成典外观等，无论单一适用其中一种、还是综合适用多种标准，民法内部将再难细化为更加细致的法律部门。

首先，从“最大公约数”的整体视角来看，宪法通过对公法的概括影响规制公法的整体边界、引导公法的立法方向、框定公法立法的内容。同私法一样，公法也肩负着践行宪法承诺，贯彻实施宪法的责任。基于宪法的公法性质，宪法条文所蕴含的主要是“赋予国家公权力机关的一种公法义务”[1]，因此从宪法实施路径的角度来说，公法承接了宪法的直接委托。同时，宪法以其精神与内容形塑了不同部门公法的价值结构，平衡并调适部门公法的价值定位，使之实现相互搭配、有机融合，整体完成具体化宪法条款的使命。传统的公法“强调指向公民的规制、制约、控制、管理功能”[2]，这一功能实际上也是宪法实施的一种面向。规制功能是宪法实施早期的一项体现，是宪法价值取向的一种单向度、间接反映，它是保护公民基本权利的必要手段与制度结果。随着宪法的修改和宪法理论的发展，当代中国公法的整体价值取向逐渐向“增进法律对国家权力的制约功能”与“关注法律对于维护社会主体权利的基本功用”[3]两个互相结合的理路转变。在这一价值统合的前提下，各个部门公法立法目的与立法宗旨也融入了新的内容，如行政法部门从“管理法”到“调整、控权法”的演变、刑法部门从惩罚功能向惩罚、预防、教育等综合功能的演变等。

其次，在不同的部门公法中，宪法的实施在内容上有不同的分化，可以具体划分为三种样态：（1）确立公法内部具体法律部门的立法权限来源与范围。依我国的立法体系，由全国人大及其常委会制定的法律是法律部门的代表性规范，也即传统意义上的“部门法”。然而除此之外，法律部门内部还存在更低位阶的其他类型的法律规范，如行政法规、地方性法规等，它们同宪法与法律共同构成了有层次的公法规范体系。宪法通过对不同层次国家机关职权的规定，为部门法内部不同层次的立法活动与准立法活动提供授权，并主要从事项角度设定了立法的边界和价值趋向，确定法律部门规范形成的框架性空间。如《宪法》第95条第3款将自治机关的组织和工作排他地授权给法律规定，从而杜绝了更低位阶规范对其加以规定的可能性，属于一种纵向权力分配上的实施。而第40条则规定公民的通信自由与秘密受到限制的情形，仅包含国家安

1 韩春晖：《现代公法救济机制的整合——以统一公法学为研究进路》，北京大学出版社2009年版，第137页。

2 袁曙宏、宋功德：《统一公法学原论——公法学总论的一种模式（下卷）》，中国人民大学出版社2005年版，第283页。

3 公丕祥：“国家治理与公法发展：中国法治现代化的时代议题”，载《中国高校社会科学》2016年第1期，第82页。

全与追查刑事犯罪，且指定公安机关与检察机关依法办理。该条蕴含的实际含义是，将条文中国家机关所依之法限定于刑事及刑事诉讼法律部门，而出于一般行政管理需求限制公民通信自由与秘密的其他部门立法，就将具有违宪的嫌疑，这属于一种横向权限分配上的实施。（2）通过一般的原则性统合形成部门法的特殊原则。宪法的内容包括保护一国人民必要的基础诉求，确认并维持本国作为现代国家的客观事实、各种要素和必要机能，最后提供国家与人民自我发展的条件与空间。这些内容依据不同法律部门的关注基点不同，形成特殊化的部门法原则。如刑事法律部门从维护人民必要基础诉求角度产生了预防犯罪、维护社会公众及被告人基本权利的取向；从维持共同体角度产生了惩罚越轨、社会调控取向。在对诸种宪法价值的继承下，催生罪刑法定原则与诸如明确性、适应性等子原则。（3）内容上的直接具象化实施。宪法的纲领性与训示性使其中大部分条款在具体化为法律之前，难以产生现实的法律效果。宪法本身作为公法，其规制指向的关系是国家公权力机关彼此之间以及公权力机关同私人之间的关系，因此部门公法对其内容的具体化更为直接。

最后，宪法在社会法中的实施既存在同公法相通的路径，也具有一定特殊性。关于社会法与公、私法的法域关系，国内学界存在理论分化，主要有两种立场：（1）认为社会法域是一种新型法域，独立于传统的公法与私法的范围。其形成逻辑是在市民社会与政治国家的传统二元结构中，逐渐出现并壮大的团体社会的规则[1]；（2）认为社会法是公、私法交融的结果，它是原本相对分离的两方在碰撞交融中所形成重叠区域的统称[2]。而关于社会法的涵盖范畴、内容、类型等，尚存在进一步的争论。但无论其外延如何变迁，宪法在其中的实施存在相对稳定的应然范式，具体而言即：在规范来源方面，以《宪法》第33条第2款、第3款人权保障的平等权视角为基点展开；在权利主体方面，以社会弱势群体和需要国家帮助者为限；在义务主体方面则广泛包含了代表国家的公权力部门与代表社会的各类社会组织。宪法对社会法结构与内容的塑造，与传统公法部门中维护社会成员权利的价值原则具有相通性。但是，公法部门中限制权力的维度，在社会法中又有着不同的表现形式。传统公法部门中，宪法精神的传递逻辑是通过相对明确的授权与“法无规定不可为”的公法原理，单一地要求公权力恪守自身的边界，具有消极性。尽管近年来，公权力

1 郑少华：“社会法：团体社会之规则”，载《法学》2004年第5期，第9页。

2 余少祥：“社会法‘法域’定位的偏失与理性回归”，载《政法论坛》2015年第6期，第30—31页。

的积极作为义务逐渐进入理论与实践视野，立法义务、服务行政等概念兴起，但在权重方面依然是消极义务占据优势。然而在社会法中，公权力机关的义务往往以敦促公权力机关履行相关职责、提供必要帮助等积极形式展现，它主要“规定国家对各种社会关系的积极介入和干预”[1]，能够更加直观地反映宪法中人权保障理念在时代语境下的新一层内涵。

（二）宪法在公法、社会法中实施的问题分析

如前所述，理论上基于宪法和公法、社会法在性质上的类同性，宪法在公法与社会法中的实施相较于其在私法中的实施而言，面临的正当性与可行性质疑相对较小。然而在实践中，由于制度供给缺失、操作技术标准不统一等原因，宪法在公法中的实施路径尽管由来已久却依然保留着难以消解的沉疴。同时，作为新兴的法律部门，社会法内部存在诸多悬而未决的理论争议。如是种种，皆导向了宪法在公法、社会法中实施的阻碍，主要可从如下两个方面展开分析：

第一，宪法的统合存在宏观上原则性与微观上技术性的瑕疵，宪法与公法、社会法本应具有的良性互动在实践中却表现为部门法的单方面推进，作为实施源的宪法引领作用被削弱。这是宪法在公法、社会法中实施存在的主要瑕疵，具体表现为如下三个核心问题。

（1）作为部门法条文理解和发展根基之一的部门法原则缺乏宪法上的确认和管控。部门法原则相比于具体条款而言，具有更加明确的价值指向性与行文抽象性，是宪法接驳不同法律的重要渠道之一。在理解部门法原则时，既需要从正当性意义上寻求宪法的价值支撑，也需要从合理性意义上通过借鉴宪法条文的意义与内在精神来解释并发展自身的内涵。但是，宪法对于部分部门法重要原则规定与确认的缺失，造成其统合效果乏力。而此时若部门法在实施中偏转了其宗旨，就难以从上位法的层次对其进行纠偏。以刑法部门的罪刑法定原则为例[2]，《德国基本法》于司法一章第103条规定定罪科刑需要以行为之前的法律规定为限度，在宪法层面确认了罪刑法定原则，以便于刑法的具体展

1 郑贤君：“社会宪法与社会法——公私法融合之一箭双雕”，载《浙江学刊》2008年第2期，第27页。

2 有学者从宪法学的视角对罪刑法定原则进行了分析。该学者认为：“从宪法学角度来判断刑法规范的明确性是立体刑法学的一个重要课题。基于比较法的研究，根据一般刑法理论，阐析法律明确性原则是刑法规范的形式正当性标准之一；从立体刑法学的立场来看，该原则也是宪法上衡量刑法合宪性的重要基准。”翟国强：“我国合宪性审查制度的双重功能”，载《法学杂志》2021年第5期，第59页。

开。而在我国，这一原则虽然是建构整个刑事法律部门的最核心原则，却没有在宪法中获得基本确认。现行《宪法》中虽然存在与之关联的条款，却在事项与限定条件上具有片面性。《宪法》第37条第1款、第2款规定了公民的人身自由不受侵犯及其克减条件。但是，在限制人身自由的条件上规定了必须由法院决定或检察院批准、公安机关执行，事项上仅针对逮捕行为，只涵盖了罪刑法定内容的小部分。该缺漏有可能造成的后果是：刑法为维护社会秩序以威吓公民基本权利为手段，刑事立法滥用刑罚；刑事政策融入规范刑法时易于失当；立法机关裁量权缺乏外控[1]等问题。此外，在刑事司法解释中，罪刑法定原则的应然表述为，司法机关对刑法条文的解释应当限定于形式解释，不能超越文本意义的射程范围[2]。然而在实践中，刑事司法解释存在广泛的变相行使立法权之情状，如扩大原有罪名的犯罪主体要素、增加行为模式要素[3]，通过解释实质增设刑事罪名。如是种种，皆可能造成刑事法律部门的“过剩犯罪化”现象，对实现刑法谦抑主义的立场和贯彻宪法人权保障的价值均产生了阻碍。[4]

（2）宪法保留[5]的缺失使部门公法在国家机关结构、公民基本权利保障方面整体成为宪法的“全权代言人”，宪法在部门公法中的实施成为形式实施。在规范的保留方面，我国已存在“法律保留”的长足理论与实践经验，主要集中于“其他机构权力（主要是行政权）不得侵入”的要求，依“立法”与“执行”的层次，分化为宪法意义上的法律保留与行政法意义上的法律保留[6]。有学者指出，宪法意义上的法律保留应当保持绝对和具体，且在客观上虽会限制

---

1 张翔：“刑法体系的合宪性调控——以‘李斯特鸿沟’为视角”，载《法学研究》2016年第4期，第59—60页。

2 詹红星：“刑事司法解释的宪法审视”，载《政治与法律》2013年第4期，第60页。

3 如2000年最高人民法院通过司法解释将原本刑法规范中“伪造、倒卖伪造的有价票证罪”指向的行为扩大为包含变造和倒卖变造物的行为；2002年又将盗窃罪主体扩大至单位，科刑方式同单位犯罪类同。当时的刑法规范中均无上述规定。

4 关于刑事立法与宪法的关系，可以参阅姜涛：“在契约与功能之间：刑法体系的合宪性控制”，载《比较法研究》2018年第2期；姜涛：“刑事立法的宪法边界”，载《国家检察官学院学报》2019年第6期。

5 “如果宪法对于某些事项，加以明文规定，则人民与国家机关，皆须受宪法明文规定的直接限制，立法者也因此丧失法律的形成空间，而不得制定与宪法规定相左的法律规定。这种宪法的直接限制，由于来自于宪法的明文规定，无论是拘束人民或国家机关，都是合宪的，一般称其为‘宪法保留’原则。”参见徐育典：《宪法》，元照出版有限公司2011年版，第150页。

6 门中敬：“论宪法与行政法意义上的法律保留之区分——以我国行政保留理论的构建为取向”，载《法学杂志》2015年第12期，第27—28页。

其他类型权力，但本质须以限制立法权为目标。强调宪法的专有性，即某些事项除宪法外其他形式规范均无权创设规制。因此，当前宪法中对基本权利限制的概括性规制如目的指向要求、程序主体要求等，实质上并不构成真正的宪法保留[1]。在改革过程中，有一些超脱宪法框架的举措甚至不是通过法律，而是通过决定、决议的形式完成，即为此问题的实证表现。我国的宪法文本中没有明确的宪法保留事项，特别是基本权利的保障方面，造成的结果是普通法律被赋予了极大的空间和权力，且在形式上亦不会产生违宪问题[2]。

（3）宪法和部门公法在主次分明的前提下互相发展的互动结构异化，部门公法在某些场合实质上完成了解释宪法甚至修改宪法的工作。宪法和部门公法的健全互动方式应当是，宪法居于主导地位，赋予部门公法具体化抽象条文的任务，并划定不同部门公法所涉的价值与事务的边界。在宪法的框架内，部门公法又存在一定的自由形成空间。在此过程中，社会变迁的要素自下而上地注入该系统结构中，更具灵活性的部门法能够率先感应并予以反馈——在合宪性的空间内通过立法裁量实现对变更情势的囊括，在宪法词义的范围内实现对宪法条文意义的适当补正，这就是所谓的非解释性变迁。而当变迁程度超越部门法调整的权限范围时，就需要宪法通过规范程序进行解释或者修改。上述互动结构是一种“互文”[3]关系，但由于我国宪法解释程序的模糊、主体功能的客观限制，宪法解释实践面临诸种阻碍，部门法在互文关系中逐渐占据主动地位，甚至存在越权之嫌。例如，现行《刑法》第54条将剥夺政治权利解释为包括现行《宪法》第34条选举权与被选举权、第35条六项自由、担任国家机关职务权利等在内的一种惩罚，同宪法本身的规定有一定出入。宪法对于选举权与被选举权作出了“依照法律被剥夺政治权利的人除外”的但书，然而对于言论、出版、集会、结社、游行、示威则没有特别说明。该条款最初于1997年《刑法》中出现，虽然有学者提出该条款存在不当限制公民基本权利内涵的疑虑[4]，但至今依然保留。由此产生的学理上的问题是：《刑法》似乎以法律的形式，对宪法文本的内涵作出了解释，并且这种解释客观上限缩了宪法所保护

----

1 蒋清华：“基本权利宪法保留的规范与价值”，载《政治与法律》2011年第3期，第60—62页。

2 沈寿文：“宪法保留：对基本自由权利限制的限制原则”，载《北方法学》2010年第3期，第25—26页。

3 石佳友：《民法典与社会转型》，中国人民大学出版社2018年版，第195页。

4 莫纪宏：“从《宪法》在我国立法中的适用看我国现行《宪法》实施的状况”，载《法学杂志》2012年第12期，第6页。

的公民基本权利的范围，这无论是从程序上还是实质上看都是不合时宜的。

第二，法律部门的划分标准正在经历理论变革，是否保留传统划分格局存在争议，部分法律的性质存在疑虑（如铁路法、旅游法），宪法对公法诸部门法的规制方式显得有些模糊不清。当某部具体法律的性质游移在不同法律部门之间时，它如何具体承接宪法的实施就需要再行商榷。这种理论上的尴尬集中体现于新兴类型的法律之中。2011年《中国特色社会主义法律体系》白皮书虽然将我国法律体系的部门大致划分为宪法相关法、民商法、行政法、经济法、刑法、诉讼与非诉讼程序法几个类别，但由于没有明确其分类标准且仅属于一种现状描述而缺乏目的指向性，因此同理论上的划分方式以及不同法律部门的范围依然存在较大差异，这在学理上是一项颇具争议的话题，主要表现在社会法的范围、内容、属性等多方面的讨论中。《中国特色社会主义法律体系》白皮书将我国社会法的范围界定为包含劳动关系保障、社会保障、特殊弱势群体保障在内的规范体系。学界对此存在不同观点：（1）认为社会法指向的是那些传统公私法之外或交融而生之“第三法域”，社会法域和第三法域可以等同；（2）社会法仅仅是隶属于广泛第三法域的一部分，此外还存在其他类型的第三法域法[1]。但在该立场内部，关于社会法所指向的究竟是哪些第三法域法，依然存有不同见解。例如，有学者认为，社会法包含妇女、残疾人、老年人、消费者的权益保障法，保险、低保条例，义务教育、办学管理等相关教育法，以及与献血等公益事业相关的法[2]；也有学者认为，只有《中华人民共和国妇女权益保障法》（以下简称《妇女权益保障法》）、《中华人民共和国未成年人保护法》等具有明显弱势群体指向和社会保障扶助的规范才属于社会法，教育相关法等不在此列[3]。由此可见，社会法与相关法的界限实际上是非常容易混淆的。该种理论现状导向的结果是，不同观点下宪法的实施样态差异过大、面临不同的“瓶颈”。若主张社会法是第三法域的总和，则须解决的问题包括：第三法域同公私法的关系需要明确；第三法域内部数种法规彼此之间的关系与共性需要明确。如果第三法域或者社会法本身仅仅是公私交融的部分、抑或是传统公私法域不能容纳的“杂质”的堆砌，那么宪法对其的统合就是混乱无序、失去价值导向的。若主张社会法只是第三法域中的一个部分，则

1 郑尚元：“社会法的定位和未来”，载《中国法学》2003年第5期，第130页。

2 郑尚元：“社会法的存在与社会法理论探索”，载《法律科学》2003年第3期，第46页。

3 郑贤君：“社会宪法与社会法——公私法融合之一箭双雕”，载《浙江学刊》2008年第2期，第27页。

须解决的问题包括：社会法何以区别于其他非社会法规范，宪法在社会法中的实施如何兼顾公权力部门与社会私主体力量；其他“非社会法的第三法域法”，如部分学者主张独立自成部门的《中华人民共和国环境保护法》等如何实施宪法上述种种理论问题均处于学理储备不足但实证规范已然制定的状态，导致社会法立法技术粗放，许多条文有重复宪法之嫌，政策化表述较为频繁，同其他部门法之间衔接不畅。最终，宪法在社会法等新兴部门中表面上具有了实施、统合的形式外观，实质上隐含了诸多空缺断层。

二、宪法在部门法中实施路径的完善

当前，宪法在部门法中实施存在的诸种问题，是由法域分化时期划分标准的变迁冲突、作为顶点的宪法制度结构性不均衡以及部门法彼此之间衔接不顺畅所共同造成的。完善宪法在部门法中的实施路径，需针对上述问题，以部门立法为着眼基点，辐射执法、司法活动。

（一）明确法律部门划分的逻辑

目前，我国学界在有关法律部门的划分形式与逻辑方面存在理论困局，前文所指宪法规制方式不清而造成的部门法自专现象，其根源即是法律部门的划分正面临多重争议，主要包含：其一，中国特色社会主义法律体系下，坚持传统公私法的划分是否依然有意义；其二，新兴的部门法类型化逻辑是否能够明确，如何接受宪法原则的引导。针对上述两个层次的争议，笔者的基本立场是：

第一，继续保持公法法律部门与私法法律部门的划分具有理论意义和现实价值，当前急于将二者融合，形成公私法域不分前提下直接的小类划分，不利于宪法通过部门法加以实施。目前，公私法划分的必要性面临的主要质疑是：市民社会和政治国家的对立状态日益消解，两者之间的界限不再泾渭分明；同时我国的公私法划分本身就属于后期立法理论的有意框定而非早期的自然分化。因此在现代本土法治环境下，公法私法化与私法公法化频繁发生，秉持传统僵化的公私法划分视角无甚必要。笔者认为，首先，公私法划分的结构作为法律部门划分的第一层次，依然具有稳定性。从产生根源来看，传统纯粹的私法自治是建立在“完全竞争的市场经济”“民事主体平等性和角色互换性”“个人利益与社会利益的统一性”三大假设的基础之上的，但此三大假设早已被证明是难以完全实现的[1]，市民社会的维持必须以公权力的适度介入为

1 钟瑞栋：“‘私法公法化’的反思与超越——兼论公法与私法接轨的规范配置”，载《法商研究》2013年第4期，第117页。

前提。现代私法与公法的产生在实证意义上就已有互相掺杂的要素，因此公域和私域边界的部分交融，并不能成为断然否认二者相对区分的依据。从立法逻辑角度分析，公法和私法的区分是法律规范的内在逻辑。在法规范的范畴下，权力来源于规则的授予，这一规则在规范的意义上可以追溯至宪法，在事实与价值意义上可以追溯至构成共同体的人民。因此法对权力定义具有收缩性，亦即为遏制其天然的无限扩张性，从主体、程序、范围、边界等诸多方面均作出了严格的规制，且多为刚性规制，形成了“法无规定不可为”的规制范式。而权利则具有延展性，其或多或少具有天然属性，法规范对权利的主要功能是“确认并保护”而非“确定并授予”。权利可以相对灵活地取得、流动、约定与放弃，形成了“法无禁止即自由”的规制范式。在规制公权力参与的社会关系时，立法总是向前者趋同，反之则向后者趋同，因此“只要权力存在的地方，就有公法的身影”[1]。只要权力与权利的性质结构依然保持着非同一性，立法就依然受到两者内在逻辑的影响，产生公法与私法的分化。在部门法立法时，立法者只要采取如上规制思路，那么实质就依然遵循了公私法划分的基本架构，在形式上取消公私法的说法毫无意义。其次，公私法划分方式的存续与否将直接影响宪法的规制方式。从表面上看，这种划分似乎与宪法无涉，甚至有学者主张，宪法本身就是公私融合法的典范，是“诸法合一的法律规范”[2]。宪法依然可以以一种概括性涵盖诸多领域的根本性规范统合其下诸种规则。但实际上，宪法对不同法律部门的规制方式存在区别。一方面，宪法在公私法中的价值侧重和调整路径表现不同。在公法中，宪法的价值取向侧重表现为围绕权力展开规定，为平衡公共管理与公共服务需求授予权力，并赋予其适度优先的级别，如行政行为的公定力、司法裁判的既判力等。在私法中，宪法的价值取向则侧重表现为围绕权利展开规定，形式也多为任意性、非授权性规范。通过规定私主体之间广泛的意定空间，为权力设定一个相对需要更加审慎才可渗入的领域。如果随意混淆公私法的划界，反而会造成宪法对不同社会关系、对权力与权利的统合失去重点，而私人关系将更容易为公权力所介入，同宪法本身的原则背道而驰。因此，援用日本宪法学者美浓部达吉的经典阐述，“对于国家的一切定制法规，若不究明该规定为属于公法或私法，而即欲

1 王继军：“论公法私法的划分与区别”，载《山西大学学报》（哲学社会科学版）2006年第4期，第57页。

2 徐孟洲、徐阳光：“论公法私法融合与公私融合法——兼论《十一五规划纲要》中的公法私法融合现象”，载《法学杂志》2007年第1期，第55页。

明了其所生的效果和内容，盖不可能。公法和私法的区别，实可称为现代国法的基本原则”[1]，公私结构远未到解体之时。我们需要摒弃的是传统对立思维下的公私绝对二元论，正视公权力与私权利在部分场合的交融与合作。当前学界颇有上升之势的领域法学依然不适宜结构性取代部门法学。

第二，在坚持公私法划分前提下，厘定新兴部门法的角色定位，以疏通宪法同社会法之间的关系。广义上的社会法可被认定为通过对团体行为的一致约束，最终指向实现集体权益、促进个体权利的目的。广义上的社会法属于“公法和私法的融合，但这种融合不是简单的社会法中既有公法又有私法，而是社会通过一种公的手段实现了私的利益”[2]。狭义的社会法则专指保障由于年龄、性别、客观社会地位等因素处于弱势地位的社会群体的相关法律法规。在该意义上，我国的社会法应当仅包括劳动法相关法律，以及包括未成年人、妇女、老年人、残疾人在内的群体权益保障法。这些领域的新兴部门法接受宪法的规制，应当遵循如下逻辑：就狭义的社会法而言，其相对于其他第三法域法具有更加成熟的体系、较为明确的范围和更加集中的立法目标。宪法内容上有关提供国家与人民自我发展的条件与空间的要求，在传统部门法中更多地作为一种反射利益予以实现，如通过依法行政、刑事规范调控确保安全、健康和富有秩序的社会环境，以增加上述权利实现的可能性。而社会法是直接依托宪法的相关规定，广泛地将宪法要求转化为部门法上的具体义务，其指向的对象不仅包含代表国家的公权力机关，还包含代表社会的集体力量，在形式上目前主要表现为确认性规范。内容上则集中体现了《宪法》第33条“公民在法律面前一律平等”原则和第二章下不同基本权利相互结合的机会平等理念。在立法技术上，狭义的社会法规范尤其注重横向同其他部门法的贯通、纵向同具体细则的贯通。目前我国有关弱势群体保障的法规，多数在规范结构上具有概括性、宣示性和综合性的特点，对相关主体提出了较多非确定性的义务要求，期待执行中依据客观条件的最优化满足。这就需要通过行政法规、地方性法规、规章乃至规范性文件的制定将相关义务进一步具体化。并且，其中不免涉及诸多有关行政服务关系、民事婚姻家庭关系等传统公私法关系，需要向其他部门法广泛寻求规范支撑。否则，社会法将沦为宪法条款的扩写，宪法也不能在社会法中获得真正实施的效果。

---

1 ［日］美浓部达吉：《公法与私法》，黄冯明译，中国政法大学出版社2003年版，第3页。

2 沈建峰：“社会法、第三法域与现代社会法——从基尔克、辛茨海默、拉德布鲁赫到《社会法典》”，载《华东政法大学学报》2019年第4期，第44页。

第三法域的其他法律，应当广泛地包含环境法、教育法、经济法等。这些法律，首先形式意义上应当在总则中列明“根据宪法，制定本法”，在指明立法权来源与依据的同时，外观上确立其实施宪法的功能，避免新兴第三法域的相关法律不自觉地成为传统公私法领域强势法律部门的“附属法”或“衍生法”。在整体的第三法域中，宪法的价值取向是对权力与类权力的社会力量综合展开规定，框定“集体利公行动”的规范内容[1]。因此笔者并不赞同简单地将经济法归入作为纯粹私法的民法或民商法，或者将环境法、教育法等归入作为纯粹公法的行政法这样的类型化方式。其次，在实质意义上，其内容的主要来源应当包含两个主要方面，一是宪法的直接规定，如总纲中的政策性规定、关于公民社会经济文化权利的规定，如有关社会主义市场经济体制的要求、有关公民接受教育的要求、有关自由进行科学文化活动的要求等；二是由宪法规范与宪法原则所凝练的宪法内在精神，如结合《宪法》第26条改善生活环境和生态环境的规定与第33条尊重和保障人权的规定，衍生出宪法保障以人类整体发展为核心的关乎和平、安全、环境等要素的第三代人权的内在取向，为第三法域的立法提供内容导向。这一点虽然同狭义的社会法具有同构性，但非狭义社会法的其他第三法域法并不必然承担通过倾斜保护以尽可能向群体提供均等机会的职能。

（二）确保宪法和部门法及部门法体系之间的衔接沟通

完善宪法在部门法中的实施路径必须厘清法律部门的划分逻辑，但仅此尚不足行，以此为基点，必须进而探究宪法和部门法之间、部门法彼此之间的衔接路径，这是确保宪法在部门法中贯彻实施的落脚点所在。其中，前者是确保宪法在部门法立法中实施的关键。

从宪法端点考察宪法和部门法之间衔接的问题时，须先行挖掘宪法制度结构性失衡的节点，解决立法实施结构同宪法结构之间的脱节。其中，解决宪法制度不均衡主要应从如下两个方面进行：

第一，加入并充实宪法保留的内容。由于缺乏足够的宪法保留，公、私法各自体系内具有更长历史积淀、更完善内容积累的“典型部门法”易于成为实质上的国家治理第一梯队规则。由此在宪法之部门立法实施层面有可能衍生出的后果是：部门法基于对自身立法目的、治理效率的追求，不断地侵蚀和挤压宪法的规范空间。要想避免前述现象的滋生和蔓延，必须在宪法中框定必要的宪法保留制度，以求既能够给部门法立法预留出足够的空间，同时也尽量避免

---

1 赵红梅：“第三法域社会法理论之再勃兴”，载《中外法学》2009年第3期，第437页。

或者适度压制部门法立法的恣意和过度膨胀。从依宪治国的角度来说，这应当是其所追求之“多数决的安全阀”与“有限政府”的题中应有之义。前述立场在实践层面的先例在其他国家其实已然存在，主要表现样态则包括：从标准上，由宪法排他性规定限制基本权利的条件和限度，法律无法对此进行变更；从内容上，列举不能作出限制的负面清单。在我国，虽然宪法文本没有作出明文保留的规定，但是在默示惯例的角度，宪法实际上存在着绝对保留领域。例如，有关国家建构的基础制度的事项，仅能由宪法进行规定，且无法通过宪法上的授权将此权力移交于法律。有关我国国体、政体的规定，我国基本政治和经济制度的性质的规定等事项均属于此类。我国《宪法》第51条为限制基本权利提供了间接、概括的条件，即维护“国家的、社会的、集体的利益和其他公民的合法的自由和权利”的需要，但并未形成严格的保留，使部门法各自立法裁量的空间偏大。在此基础上，可比照行政法意义上的法律保留，审慎地扩展宪法相对保留的领域，将立法限定于在宪法授权的基础上进行。有关不得限制及克减的公民基本权利，在宪法没有先行规制的情形下，法律不得径行作出创制性规定。其变更应当通过修宪方式，在法律需要先行作出规定，或部分地区需要先行试点时，须由全国人民代表大会发布具有明确授权表示的规范性文件。

第二，对于特别重要的部门法原则，如有上升为宪法层面的必要，应当通过宪法文本予以确认。在目前的学界研究中，产生“载入宪法”呼声的部门法原则集中于公法中，主要包含行政法中的行政公开原则，刑法中的罪刑法定原则以及刑事诉讼法中的无罪推定原则。但是，如果不加思辨地将部门法原则统统纳入宪法规范甚至宪法原则的范畴，将导致宪法的内容过于繁冗，规制事项失去其根本性。因此，对主要的部门法原则作为宪法内容的考察，本质是考察由该原则发展出的相关制度是否具备足够的宪法基础。具体而言，应当从如下角度进行确认：其一，该部门法原则是否能够通过宪法文本相对直接、完整地推导得出。一些部门法原则虽然未在宪法文本中明文规定，但是却能通过宪法条款直接延伸出，便无须增添新的条款予以总结、重复。反之，如果该部门法原则仅能通过宪法条款推引出其一部分内涵，那么完整意义上的该原则就只能依托于立法权约束司法权、行政权，而难以调控立法权的活跃。其二，该部门法原则是否同宪法文本中的其他条款具有明确的逻辑关系。如罪刑法定原则，既能够成为《宪法》第33条人权保障概括性规定的内涵子项，也同时能够从中演绎出《宪法》第37条人身自由不受侵犯的具体要求。舍此而外，由于定罪量刑可能涉及多项基本权利的克减与限制，其所指向的法益保障要求类同于第二章多数基本权利的概括综合，同既存宪法条款之间具有高度相容性。如果经过上述筛查，认为某一部门法原则确有必要通过宪法条款进一步夯实稳固，应当及时通过修宪程序予以补强。笔者认为，依据前述确认规则，刑法中的罪刑法定原则、刑事诉讼法中的无罪推定原则应当考虑提升为宪法原则。承载民法之私法自治精神的契约自由、物权法定、平等原则等也应当考虑提升为宪法原则，以此为社会主义制度下宪法与民法关系的协调提供宪法基础。

需特别注意的是，宪法制度结构性不均衡问题的直接解决策略是从宪法本身入手，以宪法文本的调适为基础手段。但是，不能过当地通过宪法修改的方式解决前述问题，其原因在于，过于频繁的宪法修改将损害宪法作为根本法应有的稳定性。与此同时，宪法解释与合宪性审查制度在我国尚处于建构初期，存在立法回应不足、程序不完备、性质难以界定、易于同其他既存机制混同等诸多问题。因此，从实践的角度来看，前述设想难以在短期内通过规范的制度性变迁方式实现。相关宪法制度固然亟须完善，必要时应当选取过渡性手段。在宪法修改、宪法解释、合宪性审查难以立即进行的情况下，可以考虑通过有权机关的合宪性解释、全国人大在基本法律与非基本法律制定过程中的授权与立法解释等既有制度填补相关空缺。在当前制度安排下，立法过程中的合宪性控制是相对稳妥的路径。它在主体、权限、目的、效力方面区别于事前的合宪性审查，而是隶属于立法权行使环节。相较于程序规定、制度供给尚且不全面的宪法监督，合宪性控制似乎具有更加成熟的运作经验。它能够在部门立法尚未颁布实施前，最大限度消解其中可能存在的大部分形式合宪性与实质合宪性问题。依据我国既有的立法实践，直接与宪法关联的控制样态主要体现于宪法作为立法依据的补充和具体条款的增减、修改。在法律草案的讨论过程中，立法机关对前文问题的探讨，将间接地反映宪法进入立法的尺度。如在公法和私法中，“依据宪法”的添加与其法域精神如何兼容、私法是否有必要拒斥依据性条款；宪法中相关内容依其重要性与抽象程度，是否有必要在部门立法中再行重述；部门立法如何具体展开宪法原则等。上述种种，虽不直接涉及某部规范合宪与否的判断，却也将逐渐成为立法活动中法律草案形成、审议阶段对宪法实施应然程度的趋向性标准。

除了着眼于以宪法为中心的纵向辐射体系之外，宪法立法实施内部结构混乱造成的横向衔接体系同样需要加以完善。相较于宪法与部门法之间的衔接来说，部门法之间的衔接是完善宪法立法实施的重要补充。部门法彼此之间的对接主要表现为两个层次：公法与私法乃至社会法的跨法域衔接、同一法域内部不同具体部门法的衔接。就同一法域内不同具体部门法的衔接，其问题相对零散、琐碎。但在调整方式上，基本能够通过部门法自身的法律适用纠纷技术性解决路径缓和、通过司法权在适当范围内的能动解释补足以及通过立法权的自我平衡与修正解决，大多无须上升至宪法层面。因此问题应当聚焦于前者，即跨法域的衔接厘清。

跨法域的衔接主要集中于公法和私法两大传统部门的贯通。这一贯通主要表现为以下几个维度：其一，内涵精神上的渗透，即公法中出现了具有传统私法意义的内容、受到了传统私法精神的影响，私法中渗入了具有传统公法特征的价值取向。例如，公法中逐渐出现协商性、互动性的规制方式；私法中对于实质具备更强大力量的社会团体提出了与公权力主体近似的要求。其二，规制模式的镜鉴，即后发的公法部门可能会从民法中汲取相应的概念与制度。例如，在民事主体概念的基础上衍生出了行政主体，在民法诚实信用原则的基础上衍生出了行政法中的信赖保护原则，在民事合同的基础上衍生出了行政协议的概念等，诸如此类。其三，制度技术上的接续，即某些私法法律关系的成立、变更、消灭须以特定公法法律关系为基础或者受到公法规范的影响。例如，原《合同法》第52条第5项规定，民事合同违反法律、行政法规的强制性规定的，无效。上述层次的贯通是公法与私法发展中不可回避的互动方式，在具体展开时，一则，应当认可两者贯通渗透的必然性，并削减不同体系之间制度衔接的空缺。当私法内容不断充实、细化，产生新的关系类型后，公法的规制若不能及时跟进，则可能在解释、认定方面产生分歧，最终导致权利救济方面的不周延，反之亦然。二则，应当充分发挥宪法的整合和垂直控制功能，通过合宪性控制的逻辑确保私法与公法的相互渗透不超过必要限度，并引导新兴社会法的发展。三则，具体技术上应当从范围、事项角度控制公私法互相渗透的界限，确保各自体系的相对完整、独立。概括来说，公法对私法的渗透应当遵循特定目的原则，如维护平等、保障秩序、实现公共用途等[1]。而私法对公法的渗透也需要限定在自治理念、契约精神、诚信原则、法律关系平等理念、纠纷调控与权利救济思路、程序正义等特定领域和事项，且在程度上需为适当渗入而非结构性替代[2]。从直观层面来看，公法与私法之间的衔接似乎并不直接涉及宪法在部门法中的实施，但实际情况并非如此。其原因在于：一方面，公法与私法之间的衔接对于确保法律体系的一体化发展非常重要；另一方面，公法与私法之间的衔接本身其实也是在宪法的价值统合下实现的。

---

1 郭明瑞、于宏伟：“论公法与私法的划分及其对我国民法的启示”，载《环球法律评论》2006年第4期，第429—430页。

2 张淑芳：“私法渗入公法的必然与边界”，载《中国法学》2019年第4期，第99—105页。

总体而言，在宪法同部门法的交互日益复杂、部门法自身不断推出新领域与新理论的背景下，既不能以宪法条款机械、同一地规制部门法，也不能过分放任部门法的“自由生长”、自给自足。在公私法的传统分野依然具有现实意义的今天，须以宏观的结构性视角归纳宪法在不同法域部门法中的实施，注重整体宪法秩序下不同法律部门个别化的立法任务。

第三章

我国宪法的司法实施及完善

所谓宪法的司法实施，是指司法性质的机构依据宪法作出的司法行为。笔者认为，宪法实施与宪法监督是一种平行的关系，宪法监督本身并不是宪法实施的形式[1]。因此，此处所说宪法的司法实施仅限于法院依据宪法审理民事、刑事、行政案件，即宪法的司法适用，并不包括司法机关行使违宪审查权的情形。与宪法的司法适用相比，宪法的司法实施与其内涵相同，但其视角更为开阔一些，是从相较于宪法实施的其他两条路径，即立法实施、行政实施着眼的。相比之下，宪法的司法适用则显得视角狭窄了些，更多的是从宪法在司法审判中的适用这一微观视角着眼的。

第一节　我国宪法司法实施的历史发展与路径选择

一、我国宪法司法实施的历史发展脉络与学理反思

（一）我国宪法司法实施的历史发展脉络

宪法能否在司法审判中适用，各部宪法中均未作出明确规定。最高人民法院在不同时期所作司法解释对此有所涉及，具体包括：

1. 1955年《最高人民法院关于在刑事判决中不宜援引宪法作论罪科刑的依据的复函》[2]

1955年7月30日，最高人民法院在其所作《最高人民法院关于在刑事判决中不宜援引宪法作论罪科刑的依据的复函》中指出：

---

1 围绕宪法实施与宪法监督之间的关系，学界的理解不甚相同。有的学者认为，宪法监督是宪法实施的重要形式。参见许崇德、郑贤君：“‘宪法司法化’是宪法学的理论误区”，载《法学家》2001年第6期，第60页；蔡定剑：“宪法实施的概念与施行之道”，载《中国法学》2004年第1期，第22页。也有学者认为，宪法监督不是宪法实施的形式。参见马岭：“‘违宪审查’相关概念之分析”，载《法学杂志》2006年第3期，第108页。

2 1955年7月30日，最高人民法院研字第11298号对新疆省高级人民法院作出复函，现已失效。

新疆省高级人民法院：

你院（55）刑二字第336号报告收悉。中华人民共和国宪法是我国国家的根本法，也是一切法律的“母法”。刘少奇委员长在关于中华人民共和国宪法草案的报告中指出：“它在我们国家生活的最重要的问题上，规定了什么样的事是合法的，或者是法定必须执行的，又规定了什么样的事是非法的，必须禁止的。”对刑事方面，它并不规定如何论罪科刑的问题。据此，我们同意你院的意见，在刑事判决中，宪法不宜引为论罪科刑的依据。

2. 1986年《最高人民法院关于人民法院制作法律文书应如何引用法律规范性文件的批复》[1]

江苏省高级人民法院：

你院苏法民（1986）11号请示收悉。关于人民法院制作法律文书应如何引用法律规范性文件的问题，经研究，答复如下：根据宪法、地方各级人民代表大会和地方各级人民政府组织法的有关规定：国家立法权由全国人民代表大会及其常务委员会行使；国务院有权根据宪法和法律制定行政法规；各省、直辖市人民代表大会及其常务委员会，在不与宪法、法律、行政法规相抵触的前提下，可以制定地方性法规；民族自治地方的人民代表大会有权依照当地民族的政治、经济和文化特点，制定自治条例和单行条例。因此，人民法院在依法审理民事和经济纠纷案件制作法律文书时，对于全国人民代表大会及其常务委员会制定的法律，国务院制订的行政法规，均可引用。各省、直辖市人民代表大会及其常务委员会制定的与宪法、法律和行政法规不相抵触的地方性法规，民族自治地方的人民代表大会依照当地政治、经济和文化特点制定的自治条例和单行条例，人民法院在依法审理当事人双方属于本行政区域内的民事和经济纠纷案件制作法律文书时，也可引用。国务院各部委发布的命令、指示和规章，各县、市人民代表大会通过和发布的决定、决议，地方各级人民政府发布

1 1986年10月28日法（研）复〔1986〕31号。2012年11月19日，最高人民法院审判委员会第1560次会议审议通过《最高人民法院关于废止1980年1月1日至1997年6月30日期间发布的部分司法解释和司法解释性质文件（第九批）的决定》，将包括该批复在内的一些司法解释和司法解释性质文件废止，自2013年1月18日起施行。该决定指出：为适应形势发展变化，保证国家法律统一正确适用，根据有关法律规定和审判实际需要，最高人民法院会同有关部门，对1980年1月1日至1997年6月30日期间发布的司法解释和司法解释性质文件进行了集中清理。现决定废止1980年1月1日至1997年6月30日期间发布的429件司法解释和司法解释性质文件。废止的司法解释和司法解释性质文件从本决定施行之日起不再适用，但过去依据下列司法解释和司法解释性质文件对有关案件作出的判决、裁定仍然有效。

的决定、命令和规章，凡与宪法、法律、行政法规不相抵触的，可在办案时参照执行，但不要引用。最高人民法院提出的贯彻执行各种法律的意见以及批复等，应当贯彻执行，但也不宜直接引用。

依据最高人民法院在前述批复中秉持的立场，人民法院制作法律文书时引用的法律规范包括法律、行政法规、地方性法规、自治条例、单行条例，但不包括宪法。

3. 1988年《最高人民法院关于雇工合同“工伤概不负责”是否有效的批复》[1]

1988年10月14日，最高人民法院在其所作《最高人民法院关于雇工合同“工伤概不负责”是否有效的批复》中指出：

天津市高级人民法院：

你院〔1987〕第60号请示报告收悉。据报告称，你市塘沽区张学珍、徐广秋开办新村青年服务站，于一九八五年六月招雇张国胜（男，21岁）为临时工，招工登记表中注明“工伤概不负责”。次年十一月十七日，该站在天津碱厂拆除旧厂房时，因房梁折落，造成张国胜左踝关节挫伤，引起局部组织感染坏死，导致因脓毒性败血症而死亡。张国胜生前为治伤用去医疗费14 151.15元。为此，张国胜的父母张连起、焦容兰向雇主张学珍等索赔，张等则以“工伤概不负责”为由拒绝承担民事责任。张连起、焦容兰遂向法院起诉。

经研究认为，对劳动者实行劳动保护，在我国宪法中已有明文规定，这是劳动者所享有的权利。张学珍、徐广秋身为雇主，对雇员理应依法给予劳动保护，但他们却在招工登记表中注明“工伤概不负责”。这种行为既不符合宪法和有关法律的规定，也严重违反了社会主义公德，应属于无效的民事行为。至于该行为被确认无效后的法律后果和赔偿等问题，请你院根据民法通则等法律的有关规定，并结合本案具体情况妥善处理。

依据该批复，宪法关于公民享有劳动权的规定似乎可以作为确认该类协议无效的依据。

---

1 1988年10月14日〔88〕民他字第1号。2012年11月19日，最高人民法院审判委员会第1560次会议审议通过《最高人民法院关于废止1980年1月1日至1997年6月30日期间发布的部分司法解释和司法解释性质文件（第九批）的决定》，将包括该批复在内的一些司法解释和司法解释性质文件废止，自2013年1月18日起施行。

4. 2001年《最高人民法院关于以侵犯姓名权的手段侵犯宪法保护的公民受教育的基本权利是否应承担民事责任的批复》[1]

2001年6月28日，最高人民法院审判委员会第1183次会议审议通过《最高人民法院关于以侵犯姓名权的手段侵犯宪法保护的公民受教育的基本权利是否应承担民事责任的批复》，自2001年8月13日起施行。最高人民法院在该批复中指出：

> 山东省高级人民法院：
>
> 你院〔1999〕鲁民终字第258号《关于齐玉苓与陈晓琪、陈克政、山东省济宁市商业学校、山东省滕州市第八中学、山东省滕州市教育委员会姓名权纠纷一案的请示》收悉。经研究，我们认为，根据本案事实，陈晓琪等以侵犯姓名权的手段，侵犯了齐玉苓依据宪法规定所享有的受教育的基本权利，并造成了具体的损害后果，应承担相应的民事责任。

依据该批复，宪法关于公民享有受教育权的规定可以作为被告承担民事责任的依据。

5. 2008年，最高人民法院向全国各级法院发布的通知（内部文件）

最高人民法院在该通知中指出，裁判文书不得引用宪法。

6. 2009年《最高人民法院关于裁判文书引用法律、法规等规范性法律文件的规定》[2]

2009年7月13日，最高人民法院审判委员会第1470次会议审议通过《最高人民法院关于裁判文书引用法律、法规等规范性法律文件的规定》，自2009年11月4日起施行。该规定的主要内容包括：

> **第一条** 人民法院的裁判文书应当依法引用相关法律、法规等规范性法律文件作为裁判依据。引用时应当准确完整写明规范性法律文件的名称、条款序号，需要引用具体条文的，应当整条（款、项）引用。

---

1 2001年6月28日，最高人民法院审判委员会第1183次会议审议通过。法释〔2001〕25号。2008年12月8日，最高人民法院审判委员会第1457次会议审议通过《最高人民法院关于废止2007年底以前发布的有关司法解释（第七批）的决定》，将该批复废止，自2008年12月24日起施行。最高人民法院在该决定中指出：为进一步加强民事审判工作，依法保护当事人的合法权益，根据有关法律规定和审判实际需要，决定废止2007年底以前发布的27件司法解释（第七批）。废止的司法解释从公布之日起不再适用，但过去适用下列司法解释对有关案件作出的判决、裁定仍然有效。

2 法释〔2009〕14号。

第二条 并列引用多个规范性法律文件的，引用顺序如下：法律及法律解释、行政法规、地方性法规、自治条例或者单行条例、司法解释。同时引用两部以上法律的，应当先引用基本法律，后引用其他法律。引用包括实体法和程序法的，先引用实体法，后引用程序法。

第三条 刑事裁判文书应当引用法律、法律解释或者司法解释。刑事附带民事诉讼裁判文书引用规范性法律文件，同时适用本规定第四条规定。

第四条 民事裁判文书应当引用法律、法律解释或者司法解释。对于应当适用的行政法规、地方性法规或者自治条例和单行条例，可以直接引用。

第五条 行政裁判文书应当引用法律、法律解释、行政法规或者司法解释。对于应当适用的地方性法规、自治条例和单行条例、国务院或者国务院授权的部门公布的行政法规解释或者行政规章，可以直接引用。

第六条 对于本规定第三条、第四条、第五条规定之外的规范性文件，根据审理案件的需要，经审查认定为合法有效的，可以作为裁判说理的依据。

第七条 人民法院制作裁判文书确需引用的规范性法律文件之间存在冲突，根据立法法等有关法律规定无法选择适用的，应当依法提请有决定权的机关做出裁决，不得自行在裁判文书中认定相关规范性法律文件的效力。

第八条 本院以前发布的司法解释与本规定不一致的，以本规定为准。

依据前述规定，最高人民法院在审理民事、刑事、行政案件时引用的法律规范不包括宪法。

7. 2016年《人民法院民事裁判文书制作规范》[1]

2016年2月22日，最高人民法院审判委员会第1679次会议审议通过《最高人民法院关于印发〈人民法院民事裁判文书制作规范〉〈民事诉讼文书样式〉的通知》。通知指出，前述两个文件已经由最高人民法院审判委员会审议通过，将自2016年8月1日起施行，要求各省、自治区、直辖市高级人民法院，解放军军事法院，新疆维吾尔自治区高级人民法院生产建设兵团分院认真遵照执行。《人民法院民事裁判文书制作规范》在其第三部分“正文”之（七）“裁判依据”第四部分中指出：

“裁判文书不得引用宪法和各级人民法院关于审判工作的指导性文件、会议纪要、各审判业务庭的答复意见以及人民法院与有关部门联合下发的文件作为裁判依据，但其体现的原则和精神可以在说理部分予以阐述。”

---

1 法〔2016〕221号。

（二）对我国宪法司法实施脉络的学理反思

综观我国宪法司法实施的历史发展脉络，可以看出：最高人民法院对宪法司法实施秉持的立场并不是一以贯之的，总体上呈现出否定—模糊—肯定—否定—变通的发展轨迹。在1988年《最高人民法院关于雇工合同“工伤概不负责”是否有效的批复》作出之前，最高人民法院对宪法司法实施秉持否定的立场，具体表现在：（1）1955年，最高人民法院在其所作《最高人民法院关于在刑事判决中不宜援引宪法作论罪科刑的依据的复函》中指出：“在刑事判决中，宪法不宜引为论罪科刑的依据。”该立场得以确立的法理依据是：宪法是国家的根本大法，是其他一切法律的“母法”，它规定的是国家生活中最重要的问题，并不规定定罪科刑的问题。当然，该复函并没有彻底排斥宪法在司法审判中的适用，在民事审判、行政审判中适用宪法似乎并不违反该复函的要求。而且，该复函只是排斥将宪法作为定罪科刑的依据，并未彻底排斥宪法在刑事诉讼中的适用。尽管如此，该复函所确立的排斥宪法作为定罪科刑依据的立场似乎也比较直观地表明了最高人民法院在宪法司法实施问题上的基本立场。（2）1986年，最高人民法院在其所作《最高人民法院关于人民法院制作法律文书应如何引用法律规范性文件的批复》中，对人民法院在裁判文书中可以引用的法律规范作了具体的罗列，其中并不包括宪法。这也就是说，人民法院在依法审理民事和经济纠纷案件制作法律文书时，可以引用法律、行政法规、地方性法规、自治条例、单行条例，可以参照规章，但不能引用宪法。至于不能引用宪法作为审判依据的原因是什么，该批复中并未言及。

1988年《最高人民法院关于雇工合同“工伤概不负责”是否有效的批复》作出之后，最高人民法院在宪法司法实施问题上的立场显得有些模糊，具体表现在：（1）最高人民法院对于宪法司法实施总体上依然秉持否定的立场。1955年《最高人民法院关于在刑事判决中不宜援引宪法作论罪科刑的依据的复函》继续适用，宪法在刑事审判中依然不能作为定罪科刑的依据。1989年《中华人民共和国行政诉讼法》（以下简称《行政诉讼法》）第52条规定，人民法院审理行政案件，以法律和行政法规、地方性法规为依据。地方性法规适用于本行政区域内发生的行政案件。人民法院审理民族自治地方的行政案件，并以该民族自治地方的自治条例和单行条例为依据。第53条规定，人民法院审理行政案件，参照国务院部、委根据法律和国务院的行政法规、决定、命令制定、发布的规章以及省、自治区、直辖市和省、自治区的人民政府所在地的市和经国务院批准的较大的市的人民政府根据法律和国务院的行政法规制定、发布的规章。人民法院认为地方人民政府制定、发布的规章与国务院部、委制定、发布的规章不一致的，以及国务院部、委制定、发布的规章之间不一致的，由最高人民法院送请国务院作出解释或者裁决。依据《行政诉讼法》（1989）的前述规定，宪法在行政诉讼中不能作为法院审判的依据或者参照。（2）最高人民法院在民事审判中对宪法司法实施问题的立场开始出现松动。1988年，最高人民法院在其所作《最高人民法院关于雇工合同“工伤概不负责”是否有效的批复》中首次直接引用《宪法》第42条中关于劳动保护的规定[1]作为认定“工伤概不负责”合同无效的依据。但是，该批复在认定合同无效时不仅援引了宪法，还援引了“有关法律”，甚至还并列援引“违反社会主义公德”，因而无法判断宪法是否可以单独作为认定合同无效的依据。从该批复的相关字面表述[2]来看，违反宪法中的相关规定，可以作为认定合同无效的原因之一。但是，该行为被确认无效后的法律后果和赔偿等问题，应当依据原《中华人民共和国民法通则》（以下简称原《民法通则》）。与最高人民法院在此前1955年复函及1986年批复中所秉持的立场相比，其在前述1988年批复中对宪法司法实施问题所秉持的立场尽管依然有些模糊，但似乎出现了松动。2001年最高人民法院针对齐玉苓案件作出批复，最高人民法院开始肯定宪法在司法审判，特别是民事审判中的适用。最高人民法院在其所作批复中指出：陈晓琪等以侵犯姓名权的手段，侵犯了齐玉苓依据宪法规定所享有的受教育的基本权利，并造成了具体的损害后果，应承担相应的民事责任。依据该规定，宪法中的受教育权成为认定陈晓琪等构成侵权民事责任的依据，宪法由此开始进入司法审判。尽管该批复所指向的是民事审判，并不涉及刑事审判、行政审判中宪法的适用问题，而且，该批复也不足以导致宪法在民事审判中泛化适用的效果，但是，我们从中可以窥察出最高人民法院在宪法司法实施问题上的立场转化。

2008年，最高人民法院向全国各级法院发布内部通知，明确指出，裁判文书中不得引用宪法。2008年12月8日，最高人民法院审判委员会第1457次会议审议通过《最高人民法院关于废止2007年底以前发布的有关司法解释（第七批）的决定》，将2001年《最高人民法院关于以侵犯姓名权的手段侵犯宪法

---

1 1982年《宪法》第42条第1款、第2款规定：“中华人民共和国公民有劳动的权利和义务。国家通过各种途径，创造劳动就业条件，加强劳动保护，改善劳动条件，并在发展生产的基础上，提高劳动报酬和福利待遇。”

2 该批复指出，“这种行为既不符合宪法和有关法律的规定，也严重违反了社会主义公德，应属于无效的民事行为。至于该行为被确认无效后的法律后果和赔偿等问题，请你院根据民法通则等法律的有关规定，并结合本案具体情况妥善处理。”

保护的公民受教育的基本权利是否应承担民事责任的批复》[1]废止。2009年7月13日，最高人民法院审判委员会第1470次会议审议通过《最高人民法院关于裁判文书引用法律、法规等规范性法律文件的规定》，自2009年11月4日起施行。依据该规定，法院在裁判文书中引用的法律规范不包括宪法。如是这些，标志着最高人民法院对宪法司法实施问题的立场重新转向否定立场。最高人民法院针对齐玉苓案作出批复之后，学界对其质疑之声不绝于耳。有学者指出，宪法司法化实际上是宪政的“特洛伊木马”[2]。其原因是：齐玉苓案以及该案所关联的最高人民法院所作的批复仅仅涉及司法判断问题，与违宪审查意义上的司法审查没有任何关系。但是，在该案所引发的争论中，司法审查问题显然已经和宪法司法化的问题纠缠在一起了。如此一来，宪法司法化就经由司法判断意义上的宪法司法化概念将关涉国家权力分配的违宪审查制度偷运了进来，由此将不可避免地对我国的人大制度产生冲击。另有学者撰文指出，宪法适用应遵循宪法本身规定的路径。主要立场是：我国宪法适用主要应该走最高国家权力机关立法适用和监督适用的路径。宪法适用“司法化”的路径背离现行宪法，行不通。现行宪法从来没有任何规定由司法机关作为裁判依据合法地适用过。如果一定要说我国有“宪法司法化”的案例，那也只能作为个别法院违宪违法的证据，不应成为其他法院效法的榜样。一些法律、法学界人士对“宪法司法化”的渲染是非理性的。应当以现行宪法为基础确立理性的宪法适用观念。鼓励“宪法司法化”不仅无助于促进宪法适用，还会妨碍我国宪法适用体制的完善和宪法适用效能的提升。法院审理案件援引宪法与“宪法司法化”没有必然联系，而法院审理案件未援引宪法也并不表明其行为一定不具有“宪法司法化”性质。对于法院援引宪法应根据不同情况区别对待。消解“宪法司法化”的关键在于强化宪法立法适用，落实宪法监督适用[3]。笔者认为，2001年最高人民法院针对齐玉苓案所作批复不甚妥当，理由是：（1）最高人民法院无权就宪法的司法适用问题进行解释。1981年6月10日，第五届全国人大常委会第十九次会议审议通过《全国人民代表大会常务委员会关于加强法律解释工作的决议》。该决议规定，“凡关于法律、法令条文本身需要进一步明确界限或作补充规定的，由全国人民代表大会常务委员会进行解释或用法令加以规

1 法释〔2001〕25号。

2 强世功：“宪法司法化的悖论——兼论法学家在推动宪政中的困境”，载《中国社会科学》2003年第2期，第21页。

3 童之伟：“宪法适用应依循宪法本身规定的路径”，载《中国法学》2008年第6期，第22页。

定。”“凡属于法院审判工作中具体应用法律、法令的问题，由最高人民法院进行解释。凡属于检察院检察工作中具体应用法律、法令的问题，由最高人民检察院进行解释。最高人民法院和最高人民检察院的解释如果有原则性的分歧，报请全国人民代表大会常务委员会解释或决定。”依据前述规定，最高人民法院无权就宪法在司法审判中的适用问题进行解释。（2）受教育权属于宪法权利，与民事权利迥然相异。作为宪法权利，受教育权指向的义务主体是国家公权机关，而民事权利指向的义务主体却是作为民事主体的公民、法人或者其他组织。通过司法解释将受教育权适用于民事审判，实际上混淆了宪法权利与民事权利之间必要的界限，事实上矮化了宪法权利。舍此而外，作为宪法权利，受教育权的一个重要含义是要求作为义务主体的国家公权机关创造条件，促成该种权利在内容上的实现。但是，如果将该种内涵适用于民事场域，要求民事主体承担该种责任的话，将有损于民事主体之间地位的平等。如果淡化这种意蕴的话，则适用于民事审判的受教育权将空有其名，而无其实，背离了受教育权的原初意蕴。

2016年，最高人民法院在其印发的《人民法院民事裁判文书制作规范》中指出，民事裁判不得引用宪法作为裁判依据，但是，法院可以在说理部分对宪法的原则和精神进行阐释。如此一来，最高人民法院对宪法司法实施的立场似乎又转向了变通。基于行文的逻辑安排，笔者拟在下文应然性路径分析中再行阐释。

二、我国宪法司法实施的应然性分析及路径选择

（一）我国宪法司法实施的应然性分析

诚如前文所述，宪法实施包括三种路径，即立法实施、行政实施、司法实施。基于我国实行的是人大主导的政治体制，立法实施在宪法实施中居于主导地位，行政实施、司法实施显得较为萎靡。从目前我国宪法实施的现实状况来看，行政实施、司法实施似乎根本不成为宪法实施的一种实际路径，它们仅仅是一种理论上的假想路径。行政实施之所以不能在宪法实施方面发挥实际的作用，固然有我国政治体制架构方面的原因，但和行政机关自身特有的行为法则也有着直接的关系。行政机关或者法律法规授权的组织在行使行政公权时，固然不能侵损公民为宪法所保护的基本权利，以此来确保宪法的实施。但是，仅此尚不足行，它们还必须采取切实有效的措施，来促成宪法内容在行政管理中的转化，否则，宪法的行政实施就无法真正实现。但是，这显然已经超出了行政实施的范围。一方面，在本书的视角下，行政立法属于宪法之立法实施的范畴，不属于宪法行政实施的范围。另一方面，行

政执法的依据是法律、法规、规章，不可能包括宪法。因此，行政实施实际上很难在宪法实施方面发挥实际的作用。相比之下，宪法的司法实施却并非如此。尽管从我国宪法司法实施的现实状况来看，同样不尽如人意，但是，从应然的角度来看，司法实施却应当在宪法实施方面发挥积极的作用。其原因在于：

其一，立法实施是当下我国宪法实施的主要路径，但是，法律规范本身固有的缺陷及民主多数决规则衍生的立法不作为决定了宪法无法完全通过立法具体化。对于法律规范本身固有的缺陷，凯尔森、哈特、拉伦茨等法学家都曾经做过精辟的论述。哈特从自然语言的开放结构和人类认知的局限性两个角度对法律规范自身的缺陷性进行了剖析，主要有两个重要观点：（1）“任何选择用来传递行为标准的工具——判例或立法，无论它们怎样顺利地适用于大多数普通案件，都会在某一点上发生适用上的问题，将表现出不确定性；它们将具有人们称之为空缺结构的特征。”“就立法而言，我们把空缺结构作为人类语言的一般特征提出来了；边界上的不确定性是在有关事实问题的任何传递形式中使用一般分类词语都需付出的代价。像英语这样的自然语言如此使用时就不可避免地成为空缺结构。”（2）我们不应当抱有这样的观念：“一个规则应详尽无遗，以使它是否适用于特定案件总是预先已经确定，在实际适用中从不发生在自由选项中作出新选择的问题。……我们试图用不给官员留下特殊情况下的自由裁量权的一般标准，去清晰地、预先地调解某些行为领域，都会遇到两种不利条件，这是人类、也是立法所不能摆脱的困境。其一是我们对事实的相对无知；其二是我们对目的的相对模糊。……人类立法者根本不可能有关于未来可能产生的各种情况的所有结合方式的知识。这种预测未来的能力的缺乏又引起关于目的的相对模糊性。”[1]前者是从自然语言的开放结构角度剖析的，属于事实层面的分析。其主要立场是：由于自然语言文字本身具有一定的开放性，受其表现手段的限制，由语言文字组合而成的法律存在空缺结构，难以完全包容社会现实。后者是从人类认知的局限性角度剖析的，属于评价层面的分析。其主要立场是：立法者的认识能力存在局限性，不可能预见到未来发生的所有情况。再加之，社会生活存在确定性和适当性两种相互排斥的价值诉求，立法者不可能将所有情形均纳入立法。如此一来，宪法中的许多内容就无法经由立法实现具体化，从而出现所谓的开放结构。对此，一些学者将其

1 ［英］哈特：《法律的概念》，张文显、郑成良、杜景义等译，中国大百科全书出版社1996年版，第127—128页。

称为“法律漏洞”[1]（法律“违反计划”的不圆满性）或者法律的未完成性[2]。德国学者阿列克西认为，法律规则具有局限性，具体表现为：（1）法律语言的模糊性；（2）规范之间有可能发生冲突；（3）可能存在这样的事实，即有些案件需要法律上的调整，但却没有任何事先有效的规范适合用于调整；（4）在特定案件中，所作出的裁判有可能背离规范的条文原义。[3]总体来看，尽管不同学者的研究视角不甚相同，甚至各自的观点在外观上似乎迥然相异（如哈特和德沃金的观点），但实际上均认为法律规范存在自身难以克服的缺陷。现代法治实践表明，实在法中的法律漏洞是客观存在的，由此反映出的宪法实施层面的现实问题便是：立法实施是我国宪法实施的主要路径，但是，由于立法本身存在的诸种缺漏，它无法将宪法中的内容完全具体化。舍此而外，还必须看到，除却因为哈特所说自然语言的开放结构、人类认识的局限性以及其他诸种法律规范的局限性所导致的法律漏洞之外，担负践行宪法承诺使命的立法由于自身运行机制等方面的原因有可能出现立法不作为，这不仅进一步催生法律漏洞，而且使其实施宪法的使命无从实现。所谓立法不作为，通常是指立法机关对其所负有的宪法委托义务的违反。产生立法不作为的原因主要包括：（1）多数决规则使立法机关在实施宪法方面具有一定的不确定性。立法是宪法实施的重要路径，但是，作为民主代议机关的议会是按照多数决规则行使职权的，这不仅意味着立法通过的不确定性，而且意味着压制少数人权利的现实可能性，从而也就意味着立法缺位存在的可能性。（2）我国立法体制的

----

1 ［德］卡尔·拉伦茨：《法学方法论》，陈爱娥译，商务印书馆2003年版，第250页。所谓法律漏洞，是指法律对其规整范围中的特定案件类型缺乏适当的规则。法律漏洞不同于法律的沉默，只有当法律在特定领域中追求某种多少圆满的规整时，才有提及漏洞的可能。强调法律漏洞概念与追求广泛的、整体法秩序的法典化密切相关。只有在所牵涉的问题本身需要并且能被法律规整时，才有法律漏洞可言。

2 季涛：“论疑难案件的界定标准”，载《浙江社会科学》2004年第5期，第57页。法律的未完成性是相较于法律的完成性来说的。对此，可以从两个角度来审视：（1）从纯粹实证主义的角度来看，立法者按照法律自身规定的方式和程序作出即为完成，反之，则属于未完成。至于规定立法权配置、立法程序的法律本身是否完善，以及由此制定出来的法律在形式与内容上是否完善，与法律的完成与否无关；（2）从法律是否完善的角度来看，如果制定完成的法律在内容上是完善的，则属于法律的完成，反之，则属于法律的未完成。法律的未完成性可以分为三类：（1）规范形式上的未完成性；（2）规范内容上的未完成性；（3）规范形式和内容的双重未完成性。

3 ［德］罗伯特·阿列克西：《法律论证理论》，舒国滢译，中国法制出版社2002年版，第2页。

政策导向性比较明显。

其二，宪法的司法实施有助于解决法律规范本身的固有缺陷及立法缺位等现象围绕宪法的司法实施，即宪法能否作为法院审理各类案件的依据问题，学界的理解不甚一致，主要有三种观点：其一，肯定说。该观点认为，宪法可以作为法院审理案件的裁判依据。主要理由是：（1）作为国家审判机关的最高人民法院，由全国人大产生，并对其负责，受其监督，它只能执行全国人大制定的法律，无权拒绝适用。由最高人民法院规定法院系统审理案件时不适用宪法，有违议行合一原则，涉嫌越权[1]；（2）宪法中的内容并未完全通过刑法、民法、行政法等部门法实现具体化，如果法院在司法审判中不能适用宪法，将造成宪法中那些尚未被立法具体化的条款虚置[2]；（3）宪法规范作为法院审理案件的依据，不仅在理论上是成立的，而且已经为当代各国的宪法实践所首肯。从各国的宪法实践来看，宪法不仅调整着国家与公民之间的关系，也调整着公民与公民之间的私人关系。在有些社会主义国家（如朝鲜），没有民法，直接用宪法规范处理民事案件。[3]（4）在法院判决书中引用宪法条款，既能强调宪法在审判活动中的指导作用，也是针对具体问题对公民进行宪法教育的必要形式[4]。其二，否定说。该观点认为，宪法不能成为审理案件的直接依据[5]。主要理由是：（1）1955年《最高人民法院关于在刑事判决中不宜引用宪法作论罪科刑的依据的复函》、1986年《最高人民法院关于人民法院制作法律文书应如何引用法律规范性文件的批复》均将宪法排除在可以引用的范围之外。而且，宪法中规定了原则性的东西，未明确规定定罪量刑的问题。（2）与其他类型的法律规范相比，宪法规范较为原则、抽象，在细密程度、可操作性上不如一般的法律规范。对于某行为是否违法及其违法性程度，宪法规范难以提供具体的认定标准。法院在审理民事、行政、刑事案件中，依据宪法来解决当事人之间的具体纠纷或者追究刑事被告的法律责任，是行不通的。（3）纯粹只

1 王叔文：《宪法是治国安邦的总章程》，群众出版社1987年版，第18页。

2 李曙光、苗连营："宪法应成为法院判案的直接依据"，载《理论信息报》1989年5月22日，第203期。

3 李曙光、苗连营："宪法应成为法院判案的直接依据"，载《理论信息报》1989年5月22日，第203期。

4 王文彤："我国在监督宪法实施方面存在的问题"，载《河北法学》1991年第2期。

5 徐秀义主编：《法律咨询大全》，河北人民出版社1987年版，第1—2页；另可参见胡锦光："中国宪法的司法适用性探讨"，载《中国人民大学学报》1997年第5期，第60页。此处关于否定说理由的罗列中，第1个理由见徐秀义主编图书；其他5个理由主要参考胡锦光前述文章。

有宪法但没有具体行为规范的社会是不存在的。在现代非法治社会，宪法之外有政策或者宗教教义教规，它们事实上起着法治社会法律规范的作用，法院审理案件时依据政策或者宗教教义教规即可，没有必要依据宪法；在法治社会，如果宪法中的相关内容缺乏部门法的支撑，说明暂时没有提供法律保障的必要性，没有必要直接依据宪法进行审判。（4）宪法规范较为抽象、原则，通常没有设定法律规范中那样的行为模式、法律后果等具体的行为规范，如果法院直接依据宪法审理具体案件的话，必然造成法院依据自身的价值判断解释宪法、审理案件，这与法院在我国政治体制架构中所处的地位及权限范围不符。（5）我国公民宪法意识不强的原因不在于法院是否可以直接依据宪法审理具体案件，而在于宪法作为国家根本法的功能是否得到了应有的发挥。（6）我国现行《宪法》第131条规定："人民法院依照法律规定独立行使审判权，不受行政机关、社会团体和个人的干涉。"《中华人民共和国法院组织法》（以下简称《法院组织法》）第4条规定："人民法院依照法律规定独立行使审判权，不受行政机关、社会团体和个人的干涉。"《中华人民共和国刑事诉讼法》、《中华人民共和国民事诉讼法》（以下简称《民事诉讼法》）、《行政诉讼法》中均有类似规定。依据前述规定，宪法并不是法院审理案件的直接依据。其三，折中说。该观点认为，不能引用宪法作为"论罪科刑"的依据，并不等于人民法院的司法活动都不能适用宪法。从法理上说，刑法与其他部门法不同，它不是以调整对象而是以调整方法划分的部门。刑法是其他部门法的保护法，包括宪法在内的其他部门法所调整的社会关系，也都同时需要借助于刑法的保护和调整。当侵害宪法关系的严重违法行为，需要适用刑罚加以制裁时，必须表现为刑事法律规范的形式，因此，在"论罪科刑"时也就不存在引用宪法条文的必要。但民事、经济、行政等法律的适用不同于刑法。它们都是根据调整社会关系的不同划分的法律部门。宪法作为国家的根本法，它所规定的内容对于这些部门法所调整的社会关系具有指导意义。这就决定了人民法院在审理具体的民事、经济和行政等案件时，有同时适用宪法条文的可能性和必要性。[1]

笔者认为，宪法应当作为法院审理案件的依据，主要理由是：（1）宪法在司法审判中的适用有助于解决法律漏洞。立法是宪法实施的重要形式，但立法具有与生俱来且自身无法克服的局限，法律原则的适用固然可以在一定程度上矫正法律规范的局限性，但是，由于法律原则的抽象性、概括性，必然会衍

----

1 费善诚："论宪法的适用性"，载《法学家》1996年第3期，第24页。

生出法官输出自我价值理念的可能，从而侵损司法裁判的正当性。宪法在司法审判中的适用可以在较大程度上减缓这种尴尬，既正视和接受了法律原则在司法审判中适用的必要性，也避免了法官运用自我价值理念裁判案件的风险，更为关键的是，将法院的自由裁量纳入了宪法的价值涵摄范围之内，确保了国家法律体系的统一和完整。（2）宪法在司法审判中的适用能够缓解立法不作为对宪法之正当性的冲击。立法是宪法实施的重要形式，但是，立法是民主代议机关经由民主多数决程序制定出来的。议会在制定法律的时候，由于主客观方面因素的限制，践行宪法承诺的立法并不见得能够与宪法同步颁行，宪法与践行其承诺的立法之间必然会存在一个时间差，这种时间差有时甚至会显得比较漫长。如此一来，宪法的正当性必然会受到一定程度的侵蚀。如果法院在司法审判中能够在法律缺位的时候，审时度势，适用宪法解决纠纷，必然能够减缓因为立法不作为给宪法之正当性带来的冲击和挑战。（3）宪法在司法审判中的适用能够弱化部门法之间的潜在冲突，确保部门法之间的衔接顺畅和国家法制体系的统一。立法是宪法实施的重要形式，但实施宪法的立法本身是一个复杂的体系。它们的调整对象、调整方式各不相同，各自贯彻实施宪法的形式也不甚一致。从我国的法制实践来看，部门法立法往往过当地强调自身调整对象及调整方式的特殊性，漠视法律部门之间的衔接与协调，由此造成了不同部门法之间的衔接障碍。如果在司法审判中适用宪法的话，就可以将宪法的价值理念注入部门法规范之中，强化部门法之间的衔接与协调，减缓过当强调部门法自身特殊性而诱发的破坏国家法制体系统一的风险。（4）宪法在部门法中的适用能够彰显宪法之法的色彩，对立法产生适度的传导性压力，避免立法在实施宪法过程中的过当恣意。立法是宪法实施的重要形式，但是，宪法仅仅是指向于立法机关的一种指导方针，很难对其产生刚性的压制作用，立法在实施宪法的时间、内容、方式等方面具有空前开阔的裁量空间，由此不可避免地会产生立法的恣意。如果该种恣意过当，必然有违宪法的初衷；反之，如果绝对排斥该种恣意，必然会导致对民主的过当压制。因此，在正视和承认立法自由裁量之正当性的同时，允许宪法进入司法审判，由法官在具体个案中审时度势，将宪法的精神注入其中，既在个案中践行了宪法先期所作的承诺，避免了立法缺位给宪法正当性带来的侵蚀，也在个案中彰显了宪法之法的色彩，并由此形成对立法的一种传导性压力，弱化了立法在实施宪法过程中的过当恣意。

（二）我国宪法司法实施的路径选择

我国宪法司法实施的可能路径有三条：

其一，宪法在司法审判中的直接适用。法院在“齐玉苓诉陈晓琪案”中采取的就是该种方式。该案中，陈晓琪冒名顶替齐玉苓上学的行为败露后，齐玉苓向山东省枣庄市中级人民法院起诉。一审判决作出后，齐玉苓又向山东省高级人民法院提起上诉。由于案发时我国尚未制定《中华人民共和国教育法》和原《侵权责任法》，加之原《民法通则》中对此没有作出明确规定，对于陈晓琪侵害齐玉苓为宪法所保护的受教育权是否应当承担民事责任问题，山东省高级人民法院把握不准，遂向最高人民法院提请解释。2001年6月28日，最高人民法院在其所作《最高人民法院关于以侵犯姓名权的手段侵犯宪法保护的公民受教育的基本权利是否应承担民事责任的批复》指出：“陈晓琪等以侵犯姓名权的手段，侵犯了齐玉苓依据宪法规定所享有的受教育的基本权利，并造成了具体的损害后果，应承担相应的民事责任”。随后，山东省高级人民法院依据《宪法》第46条、援引该批复作出裁判，判决被上诉人就侵害他人受教育权的行为承担民事赔偿责任。该案是法院直接依据宪法审理案件的典型案例。该案裁决作出之后，学界围绕法院能否直接依据宪法审理案件产生了争议，主要有两种观点：1.肯定说。该观点认为宪法可以作为法院裁判的直接依据，主要理由是：（1）宪法是国家的根本法，具有最高的法律效力。法律效力的一个重要表现就是司法效力。如果宪法没有司法效力，不可以作为法院的裁判依据，就无所谓法律效力，更谈不上最高法律效力。（2）宪法固然具有原则性、纲领性，但宪法也有其实在内容，有些内容是具有可诉性的。宪法的实体内容主要包括两大部分，一部分是关于公民权利义务方面的内容，另一部分是关于国家机关权限的划分和行使方面的内容。前者在实践中容易产生纠纷和诉讼，应当作为法院的裁判依据。后者主要依靠内部协调或纪检部门矫正。（3）宪法的原则性、概括性不足以成为排斥宪法司法适用的障碍。事实上，宪法中那些原则性、概括性的内容是可以进入诉讼的，它们可以弥补一般法律基于法律规范自身的局限性而存在的漏洞。（4）一般立法不可以代替宪法。宪法的许多规定固然需要其他法律加以具体化、明确化，但是，一般立法是不可以代替宪法的。宪法调整的社会关系与具体法律不甚相同，宪法规定的许多内容是一般法律无法包容的，例如，公民权利和国家权力之间的关系、有关国家机关之间以及中央国家机关和地方国家机关之间的职权划分等都是一般立法无法替代的。（5）宪法进入诉讼是最终实现法治的关键点所在，是能否真正实行法治的试金石，是政治体制改革的关键，对社会稳定、对国家的长治久安具有特别重要的意义。把宪法问题排斥在诉讼之外，是严重违反法治精神的做法。[1]2.否定说。该观点反对将宪法作为司法审判的依据，主要理由包括：（1）宪法本质上是公法，它应当更多地关注权力的合理构建和正当运用，不应当过多介入公民个人财产自由方面的事情，后者属于民商法调整的空间范围。对于我国公民所享有的没有在部门法中具体化的基本权利没有必要寻求司法救济，因为目前的宪法体制并没有给这种司法救济留下多少法律空间，而且，司法权是由人运用的，在目前的司法体制下，无须对司法权投射过多光环。在当下中国，过多关注宪法的司法适用问题反而会消解宪法本身原本应当具有的神圣性和根本性[2]。（2）《宪法》第131条规定，人民法院审理案件的依据仅限于法律。现行《宪法》第131条规定："人民法院依照法律规定独立行使审判权，不受行政机关、社会团体和个人的干涉。"该条中的"法律"仅限于全国人大及其常委会制定的法律，不包括宪法，这是由我国单一制的国家结构形式所决定的，同时也是维护国家法制统一的需要[3]。（3）历史的经验特别是西方法治国家的情况表明，一个国家的宪法能否发挥作用，以及该国能否实现民主宪制，与普通法院能否适用宪法没有必然联系。像美国这样由普通法院适用宪法的仅仅是一部分国家，法国、德国等国家都没有实行由普通法院适用宪法的体制，但这丝毫不影响这些国家的宪法发挥积极作用，丝毫没有影响这些国家成为真正的民主宪制国家。中国的宪法要得到切实有效的实施，也并非必须由人民法院来适用它[4]。（4）基本权利的直接效力并不是指法院在判决中直接援用作为裁判民事或者刑事案件的依据，公民基本权利的直接效力是约束国家的，是否定性的，要求立法机关、行政机关不得制定侵犯公民基本权利的法律、法规。宪法进入诉讼领域并不意味着可以直接引用宪法条款作为普通法律纠纷的裁判依据。宪法进入诉讼领域是宪法实施的客观要求，是保障宪法确立的原则和宪法价值体系的完整性不受损害的要求。宪法进入诉讼需要区别对待：如果国家机关或者带有公共权力属性的组织和团体侵犯了公民宪法上的权利，则宪法条文是可以直接引用的，其目的是对其进行合宪性审查；反之，如果是普通公民侵犯了公民一项宪法规定的权利，则法院不可以直

1 王振民："我国宪法可否进入诉讼"，载《法商研究》1999年第5期，第34—36页。

2 秦前红："关于'宪法司法化第一案'的几点法理思考"，载《法商研究》2002年第1期，第18页。

3 刘松山："人民法院的审判依据为什么不能是宪法——兼论我国宪法适用的特点和前景"，载《法学》2009年第2期，第31页。

4 刘松山："人民法院的审判依据为什么不能是宪法——兼论我国宪法适用的特点和前景"，载《法学》2009年第2期，第37页。

接引用宪法条文作为裁判的依据。否则，法院就超越了立法机关的权限，构成违宪。[1]（5）我国宪法适用主要应该走最高国家权力机关立法适用和监督适用的路径。宪法适用“司法化”的路径背离现行宪法，行不通。现行宪法从来没有任何规定曾由司法机关作为裁判依据合法地适用过。鼓励“宪法司法化”不仅无助于促进宪法适用，还会妨碍我国宪法适用体制的完善和宪法适用效能的提升。[2]

其二，合宪性解释。合宪性解释不是一个中国本土学术范畴，它是一个舶来品。一般认为，合宪性解释最早是美国宪法回避原则的分支。在美国，最早对合宪性解释进行系统性论述的是1936年Ashwander v. TVA案中Brandeis法官发表的反对意见。该案中，Brandeis法官在指出司法权对国会立法的效力提出质疑的功能必须严格受限后，明确表明如下立场：“当国会立法的效力面临质疑时，即使其中存在严重的合宪性怀疑，法院应当遵循的首要原则仍是确定是否存在其他合理解释以避免违宪判断。”[3]后来，德国结合美国司法判例中提出的学说并结合自身法治实践逐步将合宪性解释发展为一项独立原则。随着司法审判实践中合宪性解释技术的发展，韩国、日本等国家相继借鉴并逐渐将其发展为一种颇具特色的延伸理论。2008年，最高人民法院废止“齐玉苓案批复”之后，国内一些学者提出将合宪性解释作为宪法司法实施的路径。学者们希望能够通过合宪性解释来达到解释宪法，进而达到适用宪法的目的。目前，国内学界围绕合宪性解释内涵的理解不甚相同，主要有以下四种观点：（1）认为合宪性解释是以符合宪法条文、精神、原则的方式对法律规范进行解释。该观点强调将宪法的内涵精神作为解释法律的标准，“保证通过解释得出的结论与宪法的规范含义相一致”[4]。（2）认为合宪性解释是在法律规范存在两种以上的解释可能时，选择最贴近于宪法的解释结果。我国台湾地区有学者秉持该种见解，认为“当同时存有数个法律解释之可能性时，仅择能导致合宪结果之解释。易言之，解释法律一般可使用文义、目的、体系、历史及综合解释等方式，只要由任何一种方式能够找出立法者符合宪法之依据，即可排除由其他方式可能推导出的违宪结果，因此明显的是一种偏惠于立法

---

1 许崇德、郑贤君：“‘宪法司法化’是宪法学的理论误区”，载《法学家》2001年第6期，第63页、第64页。

2 童之伟：“宪法适用应依循宪法本身规定的路径”，载《中国法学》2008年第6期，第22页。

3 Ashwander v. Tennessee Valley Authority（TVA）. http：// next.westlaw.com.

4 时延安：“刑法规范的合宪性解释”，载《国家检察官学院学报》2015年第1期，第70页。

者的解释方式。”[1]国内也有学者根据侧重的不同提出选择符合部门法基本原则、选择符合基本权利要求的解释结论等更加细化的理论，例如，有刑法学者提出：“依据合宪性解释，刑法条文若有多重意义同时存在时，则应选择与宪法的规定和精神相符的意义，以及合宪保障人民的基本权利与自由意旨，作为法条的标准意义。”[2]（3）认为合宪性解释是一种注重法律位阶的解释方法。该观点秉持广义的视角，认为宪法是整个法律体系的基石，是所有规范合法性的源泉，因此依据宪法及位阶较高的法律规范解释位阶较低的法律规范[3]属于合宪性解释。（4）认为合宪性解释可以从两个不同的角度加以审视。一种是从违宪审查的视角，另外一种是从个案审理的视角。违宪审查层面的合宪性解释是指违宪审查机关在审查法律规范的合宪性问题时，尽量“避免对法律的违宪宣告”[4]；个案具体审理中的合宪性解释是指通过某种解释技术，将宪法所弘扬的价值观念内化于对条文的理解中，将宪法精神纳入普通的法律规范体系，与第一种观点具有一致性。由于对合宪性解释内涵的理解不甚一致，学界对合宪性解释的性质也存在不同的认识，主要有四种观点：（1）法律解释说。该观点认为，在司法系统面临具体争议中确定系争规范的法律含义的情形下，“宪法规范本身的含义是清楚而明确的，不存在理解上的分歧”[5]，合宪性解释的直接指向对象是普通的法律条文。至于合宪性解释究竟属于哪种法律解释，学界的理解又有不同，有的学者（如德国学者魏德士、我国台湾地区学者王泽鉴）认为合宪性解释属于体系解释，有的学者（如德国学者耶赛克）认为合宪性解释属于目的解释，还有学者（如德国学者拉伦茨）认为合宪性解释是一种独立的、与其他解释方法（如目的解释、文义解释、历史解释、体系解释等）相平行的法律解释方法。（2）综合解释说。该观点认为，合宪性解释是一种主要面向法律的解释方法，但基于宪法的高度抽象性和概括性，在解释中不可避免地需要对其内涵和意旨进行澄清，进而在宪法和法律之间不断发生目光的流转。因此，合宪性解释既是一种法律解释手段，也是一种宪法解释手

1 刘练君：“何谓合宪性解释：性质、正当性、限制及运用”，载《西南政法大学学报》2010年第14期，第55页。

2 苏永生：“刑法合宪性解释的意义重构与关系重建——一个罪刑法定主义的理论逻辑”，载《现代法学》2015年第3期，第137页。

3 杨仁寿：《法学方法论》，中国政法大学出版社1999年版，第71页。

4 张翔：“两种宪法案件——从合宪性解释看宪法对司法的可能影响”，载《中国法学》2008年第3期，第112页。

5 谢维雁：“论宪法适用的几种情形”，载《浙江学刊》2014第6期，第158页。

段。（3）原则标准说。该观点反对将合宪性解释作为一种解释方法，认为它是一种在复数法律解释结果中的指引标准和优先规则，是一种解释技术意义上的标准。由于它意在保全法律条文的稳定性，尽可能避免违宪层面上的效力质疑，因此是一种审查手段意义上的标准。（4）区别审视说。该观点认为，对合宪性解释的性质不能一概而论，由于它具有违宪审查和司法审判两个面向，因此，对其性质的定位应当结合其活跃的具体层面加以界定。对于合宪性解释能否作为我国宪法司法实施的路径，学界的理解不甚一致，主要有两种立场：（1）肯定立场。该观点认为，合宪性解释是"当下我国宪法影响司法的唯一可能性"[1]，是"第三种宪法司法化形式"，是"现行体制下我国宪法司法化的最佳路径"[2]。该观点的主要理由是：根据现行《宪法》第5条和《法官法》第3条的规定，法院和法官有实施宪法的职责；合宪性解释体现了宪法规范对法律解释的影响力，法院适用法律、解释法律的过程中必然涉及合宪性解释；[3]合宪性解释注重寻求"法律合宪"的结论，这与我国法院没有违宪审查权的现实处境是符合的，因而不会突破我国宪法体制；宪法规范在合宪性解释的过程中被注入法律规范，在客观上可以缓和中国宪法难以实施的尴尬处境。[4]（2）否定立场。该观点反对将合宪性解释作为宪法司法实施的路径，主要理由包括：合宪性解释本质上是一种单纯的法律解释方法，宪法在合宪性解释中所起到的作用仅仅是帮助确定法律规范的含义，在合宪性解释中并不涉及宪法适用的问题，无法担当起实施宪法的责任[5]，通过合宪性解释推动宪法实施是舍本逐末的做法[6]；合宪性解释本质上是依据宪法解释法律，这必然涉及宪法适用的问题。但是，依据现行《宪法》第67条的规定，拥有宪法解释权的主体是全国人大常委会，如果法院行使合宪性解释权，将与宪法的前述规定相冲突。因此，

---

1 张翔："两种宪法案件——从合宪性解释看宪法对司法的可能影响"，载《中国法学》2008年第3期，第111页。

2 上官丕亮："当下中国宪法司法化的路径与方法"，载《现代法学》2008年第2期，第3页。

3 上官丕亮："当下中国宪法司法化的路径与方法"，载《现代法学》2008年第2期，第3页。

4 黄明涛："两种'宪法解释'的概念分野与合宪性解释的可能性"，载《中国法学》2014年第6期，第285页。

5 谢维雁："论合宪性解释不是宪法的司法适用方式"，载《中国法学》2009年第6期，第168页。

6 姚国建："另辟蹊径还是舍本逐末？——也论合宪性解释对宪法实施的意义"，载《法哲学与法社会学论丛》2009年第1期，第222页。

合宪性解释方法在我国没有适用空间[1]；我国司法权具有较强的被动性，整体处于弱势地位，加之基层人民法院和中级人民法院的审判任务较重，事实上很难承担高难度的合宪性解释工作。舍此而外，法官主动适用宪法还会面临一定的政治风险，缺乏进行合宪性解释的动力。[2]

其三，非解释性适用。所谓非解释性适用，是指法院仅在裁判文书的裁判理由部分援引宪法，但不对相关宪法条款进行任何解释的适用方式[3]。有学者对我国法院在裁判文书中引用宪法的做法进行了分析，认为司法裁判中法院引用宪法的方式及引用宪法的作用均不甚一致。就法院在裁判文书中引用宪法的方式来说，主要包括：（1）在司法裁判文书主文中引用宪法（将宪法规定作为裁判依据）；（2）在司法裁判理由中援引宪法规定；（3）在裁判事实部分援引宪法规定[4]。就法院在裁判文书中引用宪法的作用来看，主要包括：（1）作为双方当事人主张权利的依据；（2）作为法院裁判书的说理部分；（3）作为法院作出裁判的依据[5]。我国学界对法院能否将宪法作为裁判依据争议比较大，对法院能否适用宪法作为裁判理由并未展开广泛的争论，对该问题的专门研究相对比较少。目前，国内学界对非解释性适用能否作为我国宪法司法实施的路径的理解不甚一致，主要有两种观点：（1）肯定说。该观点的主要理由是：非解释性适用不会涉及对宪法规范的解释，[6]相较于合宪性解释，更合乎我国宪制架构；非解释性适用对作为司法裁判依据之法律规范的正当性的补充阐明，[7]可以增强当事人对法院判决的可接受度，这对于提高我国司法裁判中法律适用的合理性与科学性是有益的；非解释性适用方法可以通过在司法活动中引用宪法强化宪法与部门法之间的联系，进一步完善部门法法理和原

----

1 刘练军：“何谓合宪性解释：性质、正当性、限制及运用”，载《西南政法大学学报》2010年第4期，第62页。

2 夏引业：“合宪性解释是宪法司法适用的一条蹊径吗——合宪性解释及其相关概念的梳理与辨析”，载《政治与法律》2015年第8期，第113页。

3 范进学：“非解释性宪法适用论”，载《苏州大学学报》（哲学社会科学版）2016年第5期，第75页。

4 余军：《中国宪法司法适用之实证研究》，中国政法大学出版社2017年版，第11页。

5 王禹：《中国宪法司法化：案例评析》，北京大学出版社2005年版，第7页。

6 范进学：“非解释性宪法适用论”，载《苏州大学学报》（哲学社会科学版）2016年第5期，第78页。

7 莫纪宏：“宪法在司法审判中的适用性研究”，载《北方法学》2007年第3期，第38页。

则。[1]（2）否定说。该观点的主要理由是：宪法在司法审判中发挥作用的路径应当是法律推理和法律解释，不应当是被符号化地作为法律渊源而引用[2]，运用非解释性适用方法的裁判文书仅仅一般性地或笼统地提及宪法，[3]宪法的引用对于理解作为裁判依据的法律没有任何意义[4]；当普通法律足以作为裁判依据且不存在理解歧义的情况下，没有必要引用宪法[5]，而且，是否非解释性适用宪法，案件裁判结果实际上都不会有什么实质性变化[6]。

第二节　我国宪法司法实施的应然路径及制度化设计

一、我国宪法司法实施的应然路径

（一）宪法在司法审判中的直接适用、非解释性适用均不是宪法司法实施的应然路径

宪法在司法审判中的直接适用主要表现为两种形式：其一，法院直接依据宪法审理案件。从我国的司法审判实践来看，各地法院对直接依据宪法审理案件的立场不甚一致，且最高人民法院的立场也显得不甚连贯。在1998年“王春立等诉北京民族饭店案”中，王春立等16人向北京市西城区人民法院起诉，诉称其（曾经）受雇的北京民族饭店没有通知他们这些应在原单位选举的员工参加选举，也没有发给他们选民证，致使他们未能参加选举。他们认为北京民族饭店侵犯其选举权，要求判令被告依法承担法律责任，并赔偿经济损失200万元。西城区人民法院经审查认为，原告王春立等16人关于被告北京民族饭店对其未能参加选举承担赔偿经济损失的请求依法不属于法院受案范围，不予受理。王春立等其中的15人不服一审裁定，向北京市第一中级人民法院提起上诉，请求撤销原裁定、受理该案。法院经审查认为原审法院不予受理的裁定

1 谢宇：“宪法司法化理论与制度生命力的重塑——齐玉苓案批复废止10周年的反思”，载《政治与法律》2018年第7期，第69页。

2 强世功：“谁来解释宪法？——从宪法文本看我国的二元违宪审查体制”，载《中外法学》2003年第5期，第532页。

3 童之伟：“宪法适用如何走出‘司法化’的歧路”，载《政治与法律》2009年第1期，第28页。

4 胡锦光：“论我国法院适用宪法的空间”，载《政法论丛》2019年第4期，第12页。

5 上官丕亮：“运用宪法的法理内涵与司法实践”，载《政法论丛》2019年第4期，第45页。

6 邢斌文：“法院援用宪法的经验研究能为我们带来什么”，载《浙江学刊》2019年第3期，第89页。

正确，驳回上诉，维持原裁定。2001年，最高人民法院根据山东省高级人民法院的请示，作出《最高人民法院关于以侵犯姓名权的手段侵犯宪法保护的公民受教育的基本权利是否应承担民事责任的批复》（法释〔2001〕25号）。该批复指出：陈晓琪等以侵犯姓名权的手段，侵犯了齐玉苓依据宪法规定所享有的受教育的基本权利，并造成了具体的损害后果，应承担相应的民事责任。山东省高级人民法院依据《宪法》第46条和最高人民法院所作的前述批复作出判决，对枣庄市中级人民法院的一审判决予以部分维持、部分撤销，各被上诉人对该侵权行为所造成的后果承担赔偿责任。对比法院在“王春立等诉北京民族饭店案”和“齐玉苓诉陈晓琪案”中所作的裁决，可以发现：法院对宪法在司法审判中直接适用的立场是不一致的。在前案中，法院的立场是不予受理，不适用宪法；在后案中，法院不仅受理了案件，而且直接依据宪法审结了案件。从司法审判实践来看，法院依据宪法审理案件的判例不时出现。例如，在怀安县左卫镇冀家庄村民委员会与李某土地承包合同纠纷案[1]中，法院直接依据宪法条款认定该合同有效；在黄某诉李某买卖合同纠纷案[2]中，法院直接依据宪法条款认定合同无效。[3]2008年，最高人民法院废止了其在2001年所作的“齐玉苓案批复”，这标志着法院直接依据宪法审理案件做法的破产。笔者认为，当相关法律中没有规定时，法院可以依据宪法审理案件。但是，法院不可以直接依据宪法审理案件，该种做法不能作为宪法司法实施的路径，主要理由是：（1）法院直接依据宪法审理案件将背离我国宪法确立的宪法解释制度。依据现行宪法，有权解释宪法的主体仅限于全国人大常委会，包括最高人民法院在内的其他任何国家机关均未被赋予解释宪法的权力。但是，直接依据宪法审理案件必然涉及对宪法条款的解释，这与我国目前的宪法解释体制是存在冲突的。国内一些学者反对宪法直接在司法审判中适用的一个重要原因就在于此[4]。也有学者认为，尽管现行宪法并未明确赋予法院宪法解释权，但不能由此认为宪法解释权专属于全国人大常委会[5]。从直观上来看，该学者的观点

1 河北省怀安县人民法院（2014）安商初字第175号判决。

2 江西省抚州市临川区人民法院（2014）临民初字第1379号判决。

3 余军：《中国宪法司法适用之实证研究》，中国政法大学出版社2017年版，第155页。

4 童之伟教授指出，我国宪法解释的职权专属于全国人大常委会，而法院直接适用宪法的职权应当与宪法解释权关联在一起，因此法院不能直接适用宪法。参见童之伟：“宪法适用应依循宪法本身规定的路径”，载《中国法学》2008年第6期，第25页。

5 黄卉：“合宪性解释及其理论检讨”，载《中国法学》2014年第1期，第295—302页。

似乎是成立的。例如，现行宪法并未赋予国务院直属机构、地方人民政府制定规章的权力，但是，依据《立法法》、《中华人民共和国地方各级人民代表大会和地方各级人民政府组织法》（以下简称《地方组织法》）等相关法律的规定，它们也获得了制定规章的权力。但是，我们能否由此认为它们的立法权是违反宪法的呢？显然不能。既然如此，由此拓展开来，具体到法院的宪法解释权问题上，尽管宪法中没有明确赋予，但也不能因此认为法院就绝对没有宪法解释权。笔者认为这种理解是错误的，其原因在于：宪法解释权不同于立法权和法律解释权，它是关于宪法自身的权力，必须由宪法加以规定，不能经由宪法之外的法律或者法律性决定加以规定。既然现行宪法中没有明确赋予法院宪法解释权，就应当认为，宪法解释权专属于全国人大常委会，法院没有宪法解释权。进而言之，既然法院没有宪法解释权，而法院直接适用宪法又是和宪法解释关联在一起的，因此，法院就不可以直接依据宪法审理案件，宪法的直接适用不能作为宪法司法实施的路径。（2）法院直接依据宪法审理案件将导致我国司法审判秩序的混乱。我国是大陆法系国家，不存在英美法系国家的先例拘束制度，上级法院先前所作的裁判并不是下级法院审理类同案件的依据。如果各级法院均有权直接依据宪法审理案件，由此导致的结果必然是：各级法院依据自身对宪法的理解进行所谓自我价值理念的输出，从表面上来看，它们依据的都是宪法，但这种宪法在不同的法院却呈现出不同的面相，作为国家根本法的宪法的内涵和外延呈现出高度的不确定性。如此一来，国家的司法审判秩序就被破坏了。（3）法院直接依据宪法审理案件，将导致国家法律制度体系的混乱。宪法就其地位而言，是国家的根本法、最高法，其他法律是依据宪法制定的。宪法中所规定的基本权利与一般法律权利的范围、内容等不甚相同。宪法就其性质而言，是公法，是规范和约束国家公权力的法，宪法的义务主体是国家公权机关，一般的公民、法人和其他组织不是违宪主体。如果法院在司法审判中直接依据宪法裁判，将在事实上抹杀宪法权利与法律权利的界限，不仅没有提升宪法的地位，反而矮化了宪法，曲解了宪法中所规定的基本权利的原初内涵。在齐玉苓案中，法院直接依据宪法中所规定的受教育权审理了民事侵权案件，试问：宪法中所规定的受教育权的内涵是什么？其指向的义务主体是什么？适用于民事审判中的受教育权还是宪法中所规定的受教育权吗？似乎不是！不知不觉中，宪法中所规定的受教育权的原初意涵似乎已经被置换了，宪法与法律之间原本应有的界限被抹杀了，由此必然导致国家法律秩序的混乱。

其二，法院依据宪法和法律审理案件。与前述法院直接依据宪法审理案件的方式相比，法院依据宪法和法律审理案件方式的特点在于：法院审理案件时，法律中原本就有关于该类案件的法律规范，直接依据相关法律规范审理即可。但是，法院审理该类案件时，却并没有仅仅依据该类法律规范，而是同时依据宪法和法律规范审理该类案件。这种方式也属于法院直接依据宪法审理案件的方式，但是，宪法并不是审理该类案件的唯一依据。有学者对司法实践中法院经由该种方式审理案件的情况进行了统计分析，归纳总结出一些形式上的特点，具体包括：有的法院将《宪法》与原《合同法》并用，有的法院将《宪法》与原《继承法》并用，有的法院将《宪法》与《中华人民共和国土地管理法》（以下简称《土地管理法》）并用，有的法院将《宪法》与原《合同法》、《土地管理法》、原《民法通则》并用，有的法院将《宪法》与原《物权法》、《土地管理法》、原《合同法》并用，有的将《宪法》与《民事诉讼法》并用，有的法院将《宪法》与《中华人民共和国村民委员会组织法》并用，有的法院将《宪法》与《中华人民共和国人口与计划生育法》、《河南省人口与计划生育条例》、《民事诉讼法》并用，有的法院将《宪法》与《中华人民共和国全国人民代表大会和地方各级人民代表大会选举法》（以下简称《选举法》）并用，有的法院将《宪法》与原《侵权责任法》并用，有的法院将《宪法》与原《民法通则》、原《侵权责任法》及其司法解释并用，有的法院将《宪法》与《妇女权益保障法》并用，有的法院将《宪法》与《中华人民共和国老年人权益保障法》、原《婚姻法》并用，有的法院将《宪法》与原《民法通则》、《民事诉讼法》并用。[1]例如，在“龙某诉中州建筑公司、姜某、永胜县交通局损害赔偿纠纷案”中，云南省永胜县人民法院认为，被告中州建筑公司是经国家批准有资格承包建设工程的企业，在用人时应当承担宪法[2]和劳动法[3]规定的提供劳动保护，对劳动者进行劳动就业训练等义务。中州建筑公司通过签订《建设工程承包合同》，向被告交通局承包了过境线工程。作为该工程的直接承包者和劳动法规定的用人单位，中州建筑公司在将工程转交给被告姜某具体负责施工后，没有履行宪法和劳动法规定的前述义务，也未对姜某的工作情况进行监督和管理，中州建筑公司应当承担民事责任。被告中州建筑公司与被告姜某签订的内部承包合同中所作的约定（“如发生一切大小工伤事故，应由姜某负全部责任”）把只有企业才能承担的风险转给实力有限

1 余军：《中国宪法司法适用之实证研究》，中国政法大学出版社2017年版。

2 现行《宪法》第42条第4款规定：“国家对就业前的公民进行必要的劳动就业训练。”

3 《劳动法》第4条规定，用人单位应当依法建立和完善规章制度，保障劳动者享有劳动权利和履行劳动义务。

的自然人承担，损害了劳动者的合法权益，违反了宪法和劳动法中的相关规定，是无效约定，不受法律保护。在该案中，宪法和劳动法成为法院审理案件的直接并行依据。再如，在“刘某诉铁道部第20工程局二处第8工程公司、罗某工伤赔偿案”中，四川省眉山县人民法院认为，被告罗某作为工程承包人和雇主，依法对民工的劳动保护承担责任。被告第8工程公司在与被告罗某签订的承包合同中约定，“施工中一切发生伤、亡、残事故，由罗某负责”，该约定把只有企业方才能够承担的风险推给了能力有限的自然人承担，损害了劳动者的合法权益，违反了我国《宪法》第42条第2[1]款和《劳动法》第3条[2]、第4条[3]的规定。笔者认为，法院在司法审判中依据宪法和相关法律规范审理案件的做法是不妥当的，主要理由是：（1）依据宪法审理案件必须秉持穷尽法律救济的原则，否则会侵蚀我国的人民代表大会制度。人民代表大会制度是我国的根本政治制度，全国人大及其常委会制定的法律是宪法实施的最为重要的方式。法院在特定场景下“依据”宪法审理案件固然有其存在的正当性，但适用宪法的前提应当是穷尽法律救济。只有在没有法律救济渠道的前提下，方才可以进而采取较为妥当的方式适用宪法审理案件。如果既定的法律规范中已经有相应的规定，法院却并行适用宪法和法律规范，这不仅没有必要，反而会造成宪法对法律规范的不应有的压制，进而侵蚀人大的立法权。（2）并行依据宪法和法律审理案件会造成宪法与法律的混同使用，抹杀二者之间的应有界限。宪法与法律在性质、地位、功能方面均不甚相同，二者之间的调整对象、调整方式也迥然相异。如果仅仅根据字面表述的相似性就将二者强行关联在一起作为审理案件的依据，必然会造成二者的混同使用，这不仅无助于提高宪法的权威，反而会矮化宪法的地位、曲解宪法的作用。（3）并行依据宪法和法律审理案件会造成对宪法的形式化适用。宪法的司法实施是实质性的，不是形式意义上的。在并行适用宪法和法律规范的场景下，由于法律规范中已然作出了明确具体的规定，完全可以独立作为审理案件的依据，因此，与法律规范并行适用的宪法实际上仅仅是一种形式，并不存在真正意义上的宪法适用，这和宪法

1 现行《宪法》第42条第2款规定：“国家通过各种途径，创造劳动就业条件，加强劳动保护，改善劳动条件，并在发展生产的基础上，提高劳动报酬和福利待遇。”

2 《劳动法》第3条第1款规定：“劳动者享有平等就业和选择职业的权利、取得劳动报酬的权利、休息休假的权利、获得劳动安全卫生保护的权利、接受职业技能培训的权利、享受社会保险和福利的权利、提请劳动争议处理的权利以及法律规定的其他劳动权利。”

3 《劳动法》第4条规定：“用人单位应当依法建立和完善规章制度，保障劳动者享有劳动权利和履行劳动义务。”

司法实施的本意显然是不一致的。

一些学者所说之非解释性适用宪法的方式与法院直接依据宪法审理案件的方式不甚相同，但不适合将其作为我国未来宪法司法实施的路径加以探讨，主要理由是：（1）非解释性适用宪法不是一种独立的宪法司法实施的方式。有学者对王禹编著的《中国宪法司法化：案例评析》中所编选的33个案例进行了分析，认为其中27个案例均属于非解释性适用宪法的判例，具体分为四种类型：三段论之大前提型、直接依据型、以宪法原则解释法律型和法律漏洞补充型[1]。笔者认为，该学者所总结的四种所谓非解释性宪法适用方式要么属于直接依据宪法审理案件的方式[2]，要么属于合宪性解释[3]，该种方式本身并不成为一种独立的、与前述所说直接依据宪法审理案件或者合宪性解释相平行的宪法司法实施方式。（2）非解释性适用宪法的方式是和直接依据宪法审理案件、合宪性解释两种方式交织在一起的，内蕴于其中的有些所谓非解释性适用宪法的方式可以作为未来我国宪法司法实施的路径加以探讨，但有些所谓非解释性适用宪法的方式实际上就是前述所说直接依据宪法审理案件之两种方式中的一部分，不适合作为我国宪法司法实施的路径。

（二）合宪性解释是我国宪法司法实施的应然路径

与直接依据宪法审理案件的方式相比，合宪性解释更为可取，它是我国宪法司法实施的应然路径，主要理由是：（1）宪法在司法审判中不适宜采取直接适用的方式，更适宜采取间接适用的方式。宪法是国家的根本大法，其指向的义务主体主要是国家公权机关，既包括立法机关、行政机关，也包括司法机关。宪法相较于司法机关的效力主要表现为基本权利对法院的效力，具体表现为两种情形：其一，法院在审理普通民事、行政、刑事案件的时候，其对法律的解释不得违反宪法的基本权利条款，不得与基本权利条款相抵触。其二，基本权利对法院有直接的拘束力。除对包括法院在内的国家公权机关的效力之外，基本权利的效力还可以表现为对国家公权机关之外的第三者的效力，即所谓的宪法第三者效力。宪法在司法审判中的适用主要是就宪法第三者效力而言的，说到底，就是法院在审理民事、行政、刑事案件的时候，能否依据宪法审理的问题。笔者认为，宪法固然是国家的根本大法，但它本质上是法律，它应

----

1 范进学："非解释性宪法适用论"，载《苏州大学学报》（哲学社会科学版）2016年第5期，第79页。

2 如直接依据型、法律漏洞补充型。

3 以宪法原则解释法律型。

当在司法审判中得到适用，但是，宪法在司法审判中的适用应当是间接的，不能是直接的，原因是：其一，法院依据宪法审理各类案件时，必须秉持穷尽法律救济原则。也就是说，只有在没有法律对此作出规定，通过法律救济的方式无法实现权利的保障时，方才可以适用宪法审理。其二，依据宪法审理案件时必然涉及对宪法的解释问题，而我国法院是不可能获得宪法解释权的，它们只能依据宪法的原则和精神去解读相关法律规范，并且通过对相关法律规范的合宪性解释来审理案件。（2）全国人大常委会拥有宪法最终解释权，但没有专属宪法解释权。现行宪法第67条第（1）项规定，全国人大常委会有权解释宪法。对此，有学者认为，“宪法解释权按照我国宪法第六十七条的规定是明确而专属地授予全国人民代表大会常务委员会的。”[1]该学者所作前述论断时显然采用了法学方法论上被称为“反面推论”的续造方法并兼顾了体系解释视角。但是，“反面推论”并不是对宪法条文进行文义解释的唯一方法。诚如德国学者普珀所言，“在面对那些法律并未对此设有明文规定的事实时，有‘类似推论’和‘反面推论’这两种古典的论证形式”[2]，而且，这两种推论形式所推导出的结果正好相反。既然如此，通过“反面推论”的论证方式对《宪法》第67条第（1）项进行文义解释所推导出的全国人大常委会拥有专属宪法解释权的结论并不能完全令人信服。从历史解释的视角来看，尽管我们可以从“我国采取立法机关解释宪法的制度”或者“我国实行的是立法机关解释制”的角度推导出全国人大常委会专享宪法解释权的结论，但是，该种结论同样不能令人完全信服。一方面，这是因为我国没有制作正式“立法说明”的传统，所谓历史解释往往是依赖类似回忆录这样的法学方法论上不甚过硬的资源。另一方面，也是因为历史解释相较于文义解释、目的解释、体系解释并没有适用上的绝对优先性。如果其他法学解释方法推导出的结论能够支撑历史解释的结论的话，似乎还有存在的可能性。反之，则无法完全令人信服。从体系解释的视角来看，对宪法解释权行使主体的考察不仅应当看到现行宪法中关于全国人大及其常委会以及其他中央国家机关职权的规定，而且应当看到现行《宪法》第5条第4款[3]的规定。前述学者之所以认为宪法解释权“明确而专属地属于全

---

1 张翔：“两种宪法案件——从合宪性解释看宪法对司法的可能影响”，载《中国法学》2008年第3期，第111页。

2 ［德］英格博格·普珀：《法学思维小课堂——法律人的6堂思维训练课》，蔡圣伟译，北京大学出版社2011年版，第87页以下。

3 现行《宪法》第5条第4款规定：“一切国家机关和武装力量、各政党和各社会团体、各企业事业组织都必须遵守宪法和法律。一切违反宪法和法律的行为，必须予以追究。”

国人大常委会”，一方面是因为他秉持了文义解释方法之“反面推论”的论证范式，另一方面是因为他秉持了体系解释的视角，在分析《宪法》第67条第（1）项时，同时参考了现行宪法中关于其他中央国家机关职权的规定。该种解释方式似乎是综合性的，但是，其实该种综合性是不全面的，仅仅考虑到了文义解释方法中的“反面推论”，而没有考虑到“类似推论”；仅仅考虑到了宪法中关于其他中央国家机关职权的规定，而没有考虑到现行《宪法》第5条的规定。因此，该学者所秉持之“全国人大常委会拥有专属宪法解释权”的立场就无法完全令人信服。笔者更倾向于认为，全国人大常委会所拥有的仅仅是最终性宪法解释权，而不是专属性宪法解释权。（3）现行宪法并未禁止法院适用宪法。现行《宪法》第131条和第136条规定，“人民法院依照法律规定独立行使审判权”，“人民检察院依照法律规定独立行使检察权”。对此，有学者认为，前述规定中，其中“依照法律规定”6个字，实际上已经严格圈定了这两个国家机关的职权范围，具体说来就是有权适用法律，但无权适用宪法。要理解这一点，关键是要了解“依照法律规定”6个字中，“法律”二字是狭义的，不包括宪法在内，对此，我们以人民法院为例，简单考察一下就会明了。首先，现行宪法全文，都是在严格区分宪法与法律两个概念的基础上作出各项规定的。作为我国的根本法，我国宪法没有、也绝对不可能使用即使在民间和人们口头上也很少使用的所谓广义法律概念。其次，《人民法院组织法》第4条对我国法院的具体授权基本上是重申了《宪法》第131条的相应部分，即“人民法院依照法律规定独立行使审判权，不受行政机关、社会团体和个人的干涉”。这也印证了《宪法》第131条中“依照法律”中的“法律”二字是狭义的、不包括宪法在内。另外，普通法院不能直接适用宪法，不仅是社会主义法制史和现代中国法制史的传统，也是大多数欧洲国家的传统和制度现实，我国宪法和法律不可能罔顾这些基本情况，作出让法院适用宪法这类势必严重损害人大制度本身的安排。[1]该学者在解释宪法第131条、第136条时秉持的基本立场是：现行宪法禁止法院适用宪法。对此，笔者秉持相反的立场，理由是：该学者所秉持的立场是经由多种解释方法推导出来的，但是，他所采取的宪法解释方法是存在问题的。首先，该学者采取了文义解释方法中“反面推论”的论证范式，但是，诚如前述，“反面推论”仅仅是文义解释方法中的一种，并不是全部，除此之外，还有其他论证方式，如“类似推论”方法，而且，这两种推论方式所推导出来的结论是相反的。既然如此，为何该学者没有

1 童之伟：“宪法适用应依循宪法本身规定的路径”，载《中国法学》2008年第6期，第24页。

采取“类似推论”的方式加以论证呢？如果采取该学者所秉持的论证范式，法院审理案件的依据仅限于法律，那么，行政法规、地方性法规是否属于法院审理案件的依据呢？显然是。既然如此，为什么宪法中没有规定的行政法规、地方性法规可以是法院审理案件的依据，而宪法不能是呢？原因是什么？对此恐怕很难作出完全周延的解释。其次，该学者采取了历史解释方法，但是，如前所说，历史解释方法中的依据往往是不太可靠的，就前述立场所秉持的历史依据而言，是社会主义法制史和现代中国法制史的传统，这可以用来作为论证前述立场的历史依据吗？其三，该学者采用了体系解释方法，但是，他所采取的体系解释方法是不完全的，没有注意到原本应该注意到的《宪法》第5条第4款的规定，由此推导出的结论恐怕就无法完全令人信服了。统合前述，笔者认为，该学者所秉持的不完全的文义解释、体系解释以及依据不甚靠谱的历史解释无法完全支撑其推导出的立场，既然如此，对法院是否有权适用宪法问题的解读似乎就需要进一步从其他角度进行解读。有学者提出，比起历史和系统解释，目的解释显得相对容易：首先，《宪法》第67条第（1）项规定全国人大常委会有权“解释宪法”，其目的显然是服务于宪法实施的，所以如果其确切含义需要在“专属解释权”和“最高解释权”之间作选择，那么应当看哪一种理解更能实现实施宪法的目的；其次，《宪法》第5条第4款给出了全面实施宪法的指令，其中……包含了人民法院进行合宪性解释这一有效促进宪法实施的内容，第67条第（1）项没有正当理由不会构成阻却；最后，从现有的司法理论和实践经验看，现阶段司法机关作出违宪裁判的数量远远超过全国人大常委会目前的工作能力，所以即便立法者的“主观意志”支持从《宪法》第67条第（1）项解释出专属解释权，但它无法抵抗透过目的解释获得的法律的“客观意志”，也即它不能妨碍司法机关进行合宪性解释以尽到第5条第4款规定的“遵守宪法”的义务，这便意味着，人民法院有权解释宪法。[1]综上，笔者认为，现行宪法并未禁止法院适用宪法，法院经由合宪性解释的方式实施宪法具有制度上的可能性。（4）合宪性解释本质上既不是完全意义上的宪法解释，也不是纯粹的法律解释，而是一种具有宪法解释性质的法律解释。人民代表大会制度是我国的根本政治制度，该种制度是在我国长期的政治实践中形成的，实践证明也是适应中国国情的。在人民代表大会制度下，拥有宪法最终解释权的主体只能是全国人大常委会，现行宪法尽管在制度层面并未绝对排斥法院的宪法解释权，但是，从我国的司法实践来看，法院直接行使宪法解释权不

----

1 黄卉：“合宪性解释及其理论检讨”，载《中国法学》2014年第1期，第300页。

太现实。从直观层面来看，合宪性解释似乎涉及对宪法的解释，但是，合宪性解释的对象并不是宪法，而是作为审判依据的法律，合宪性解释是根据宪法的原则和精神对作为审判依据的法律进行解释，它固然与宪法之间存在一定的逻辑关联，但它本质上并不是完全意义上的宪法解释，而是法律解释，说到底，是一种法律解释方法。既然如此，由法院拥有并行使合宪性解释权不仅不违反现行《宪法》第67条关于宪法解释权主体的规定，而且是因应我国司法审判实践的、对我国宪法解释制度的一种合乎逻辑的演绎。进而言之，既然合宪性解释是依据宪法的原则和精神解释法律，并且通过对法律的合宪性解释来审理案件，那么，宪法在司法审判中的适用就是间接的，而不是直接的，这与前述宪法在司法审判中不宜直接适用的要求是完全吻合的。（5）合宪性解释有助于维护以宪法为核心的社会主义法制体系的统一。现行《宪法》第5条第2款规定："国家维护社会主义法制的统一和尊严。"全国人大及其常委会制定的法律必须根据宪法制定，国务院制定的行政法规、地方人大及其常委会制定的地方性法规、部委制定的规章必须根据法律、行政法规制定，地方政府规章必须根据法律、法规制定，前述这些法律、法规、规章都是直接或者间接根据宪法制定出来的，包括法院在内的国家公权机关必须维护中国特色社会主义法律体系的统一和尊严。由于调整对象、调整方式以及价值诉求的不同，部门法之间有时会存在这样或那样的冲突，难以实现有机的衔接，进而影响中国特色社会主义法律体系的统一和完整，包括法院在内的国家公权机关必须对此作出较为妥当的处理和解决，以维护国家法律体系的统一。合宪性解释就是解决前述问题的重要手段。经由合宪性解释，法院可以对法律规范作出合乎宪法原则、宪法精神的解释，将它们统合在宪法所框定的法律秩序范围之内，以此维护中国特色社会主义法律体系的统一和尊严，这不仅是法院践行宪法要求的一种方式，也是维护自身存在正当性的基础。在大陆法系国家，法秩序统一说一直被认为是合宪性解释得以存在的正当性基础。该学说认为，位阶较低的规范在解释时必须符合位阶较高的规范，只有这样才能保证法律体系的统一性和整体性，而合宪性解释能够实现这一目标。通过合宪性解释，不同效力等级的法律规范都以宪法为价值取向，这样就可以疏导法体系中出现的规范之间的矛盾和冲突。诚如凯尔森所言："如果这个法律有效力，那么，它之所以有效力只是因为它符合宪法；如果它与宪法有抵触，它就不可能是有效力的。一个法律有效力的唯一理由就是它曾在宪法所规定的方式下创立。"[1]此言可谓深刻！就

----

1 ［奥］凯尔森：《法与国家的一般理论》，沈宗灵译，商务印书馆2013年版，第75页。

此而论，合宪性解释应当是未来我国宪法司法实施的路径。

二、我国宪法司法实施之应然路径面临的理论和现实问题及解决思路

（一）我国宪法司法实施之应然路径面临的理论和现实问题

宪法的司法实施具有应然性，合宪性解释是我国宪法司法实施的应然路径，与宪法在司法审判中的直接适用相比，合宪性解释显然具有诸多方面的优势，但是，该种实施路径在理论和现实层面也面临许多问题，主要表现在：（1）合宪性解释有可能会影响对法律合宪性问题的客观判断。合宪性解释是法院依据宪法原则、宪法精神对法律进行诠释和说明，以此来维护中国特色社会主义法律体系的统一和完整。当法律规范存在多种解释可能时，法院从中择出符合宪法原则和精神的解释。简言之，就是对法律进行合宪性推定。该种方法固然有助于维护人民民主，有助于维护和实现宪法对法律的价值统合。但是，该种解释方法有可能会将原本违反宪法的法律规范解释为合宪，这就不仅掩盖了法律规范体系之间的矛盾和冲突，而且以粉饰太平的方式阻却了原本应有的对违宪法律的客观判断，在事实上造成，或者催化了立法机关在具体化宪法规定时的恣意妄为，最终走向了维护以宪法为核心的中国特色社会主义法律体系的反面。针对合宪性解释有可能存在的前述风险，西方国家在法治实践中逐渐形成了一些矫正机制，例如，联邦德国宪法法院在承认合宪性解释存在正当性的同时，设置了合宪性解释的界限，以违宪判断作为对合宪性解释的补充和配套制度。但是，由于我国实行的宪制制度与德国不甚相同，法院不可能拥有最终的宪法解释权，它固然可以在司法审判的时候对法律进行合宪性解释，但不可能拥有并行使合宪性审查权来对法律的合宪性问题进行审查判断，以此作为对法院进行合宪性解释的一种补充和矫正措施不太现实。（2）缺乏确保合宪性解释本身合宪的配套机制。合宪性解释是法院依据宪法原则、宪法精神对法律进行解释，该种解释有可能是合宪的，也有可能是违宪的。法院进行合宪性解释时如果超越了被解释法律的文义、扭曲了被解释法律的原初意图，就脱离了作为其解释对象的法律规范的基本框架，这相当于法院假借合宪性解释之名创制了新的立法，是一种越权的行为。为了避免法院经由合宪性解释侵蚀立法者的原初意图，法院审理案件时进行合宪性解释必须受到一定的限制。联邦德国宪法法院在司法审判中确立了合宪性解释的界限，具体包括：第一，合宪性解释必须符合被解释规范的文义；第二，合宪性解释不得触及立法的基础决定，不得歪曲立法

的内在目的和立法者的明确的原意。[1]前述界限得以确立的前提是：作为被解释对象的法律规范的含义是清楚的；作为被解释对象的法律的立法目的和立法者的基础决定是容易识别和确定的。但是，从法治实践来看，情形往往并非如此，前述界限在实践操作层面显得较为模糊，不具有可操作性。如此一来，对合宪性解释本身是否合宪的判断就显得比较困难。舍此而外，由于我国实行的宪制制度与联邦德国等西方国家不甚相同，法院无权对合宪性解释本身作出合宪性与否的审查判断，而且，即便是行使合宪性审查权的全国人大及其常委会也无法对法院在审理具体案件时所作的合宪性解释进行审查判断，因此，法院所作的合宪性解释本身的合宪性也就无法确保。（3）合宪性解释有可能导致司法权对立法权的过当干预。合宪性解释的一项重要技术规则是："在数种可能的法律解释中应该优先选择与宪法内容相符者"[2]。也就是说，如果对作为被解释对象的法律存在多种解释，应当从中选择不违反宪法或者最符合宪法原则和理念的一种解释。该种技术规则得以确立的原因是：立法机关及其立法是通过民主程序产生的，其意志具有民主正当性，除非司法机关运用合宪性解释的方法仍然无法推导出符合宪法的解释，否则，司法机关必须遵循立法的规定。这是维护宪制民主制度的要求，也是为了防止妨害符合社会经济发展需求的"具有活力的立法"[3]，维持司法自身存在的正当性基础。但是，从法治实践来看，法院经由合宪性解释自觉不自觉地拓展自身权力的现象是现实存在的，这必然会导致司法权对立法权的过当干涉，影响合宪性解释本身得以存在的正当性基础。例如，德国宪法法院在2004年一个关于"洗钱罪"的案件裁决中指出[4]，根据《德国基本法》第12条第1款对职业自由的规定，应当对《德国刑法典》第261条第2款第（1）项的条款作限缩性解释：只有当辩护律师在接受报酬时已知该笔资金来源于洗钱行为，才满足洗钱罪的构成要件。该解释实际上已经超越了该条款的字面含义。而且，宪法法院还在判决中指出，《德国基本法》第261条第5款规定的"辩护律师只要主观上有'轻率过失'就符合构成要件"不宜继续适用。（4）法院在司法审判中所作的合宪性解释曲解

----

1 ［德］克劳斯·施莱希、斯特凡·科里奥特：《德国联邦宪法法院：地位、程序与裁判》，刘飞译，法律出版社2007年版，第449页。

2 苏永钦："合宪性解释原则——从功能法上考量其运作界限与效力问题"，载苏永钦：《合宪性控制的理论与实际》，月旦出版公司1994年版，第84页。

3 陈新民：《法治国家论》，学林文化事业有限公司2001年版，第270页。

4 BVerfGE 110，226.

宪法条款的文义。合宪性解释是法院依据宪法来解释法律，如果法官错误地理解了宪法文本的原初内涵，由此对法律所作的所谓合宪性解释不仅会影响法律规范的正确适用，而且会损害合宪性解释得以存在的价值。例如，在“陈某故意伤害案”中，法官针对辩护人提出的本案中被害人有过错的辩护意见指出：“婚姻恋爱自由是宪法赋予每个公民的基本权利，不受任何人的非法干涉……不能以此作为对原审被告人宽宥的事由。”[1]这里，法官援引宪法中规定的所谓“婚姻恋爱自由”作为量刑时的说理依据，意图对刑法中的相关条款进行合宪性解释。但是，此处法官所援引之“婚姻恋爱自由”并不是现行宪法明文规定的基本权利，就其性质而言，似乎应当归入“未列举宪法权利”的范畴。该类权利固然也可以归入基本权利的范畴，但是，其性质和范围的框定是要经过严格的程序的。如果不加思索地将宪法外的所有权利，甚至权益一概纳入基本权利的范围，将会造成对国家公权力的过当的压制，最终使宪法权利丧失其原本应有的价值。在该案中，即便承认法院有权对宪法外的权利进行挖掘，我们也无法认可其所宣称的“婚姻恋爱自由”的宪法权利性质，因为法官在确认该权利的时候，没有进行任何前期的挖掘程序，缺乏必要的解释和论证，甚至没有援引宪法条文作为支撑该权利的依据。既然如此，以这种根本不存在的所谓宪法权利来解释刑法中的相关规定，就不仅不会达到实施宪法的效果，反而会衍生出依据法官自我价值理念审判案件的现象，从根本上背离合宪性解释制度得以存在的目的。类似的案例在司法审判中不时出现。例如，在“濮阳睿源中小学生培训中心诉胡某竞业限制纠纷案”中，法院对现行《宪法》第42条关于公民劳动权的规定进行了文义解释，认为竞业限制是对公民劳动权期限的剥夺，约定竞业限制条款的同时必须约定经济补偿，否则合同无效。[2]从直观上来看，法院的意图似乎是依据现行《宪法》第42条的规定对原《合同法》中的相关条款进行解释，以此达到实施宪法的效果。但是，值得注意的是，此处法院所援引之《宪法》第42条规定的劳动权的性质是社会权，不是自由权。该种权利固然也有消极防御的功能，但它更为重要的功能是正向请求权功能。也就是说，国家公权机关应当采取切实有效的措施来促成该种权利的实现。此处法院将其生拉硬扯过来，实际上是一种权利的误用。本案中法官所宣称的“劳动权”，实际上是作为消极权利的“工作自由”，[3]该权利属于自由权的一种，

----

1 广西壮族自治区梧州市中级人民法院刑事裁定书（2016）桂04刑终28号。

2 濮阳市华龙区人民法院民事判决书（2013）华法民初字第3799号。

3 余军：《中国宪法司法适用之实证研究》，中国政法大学出版社2017年版，第114页。

但我国宪法中并未明文规定该种权利。司法审判中，法官如果要从劳动权中挖掘出工作自由权，必须经过对劳动权内涵的合乎逻辑的论证和解释。但是，该案中法官却武断地直接将劳动权等同于工作自由，这就曲解了劳动权的本意，混淆了基本权利的不同类型，进而造成对法律规范内容的错误解读。（5）法院在司法审判中所作的合宪性解释中适用宪法的方法不甚妥当。宪法的性质属于公法，是规范国家公权力运行的法。基本权利指向的义务主体是国家公权机关，不是一般的民事主体，不能将其混同为民事权利。从我国司法审判的实践来看，法院在其所作的合宪性解释中，不时出现对其性质的误判误用。例如，在“刘某诉紫阳县公安局行政处罚案”中，法院对现行《宪法》第39条关于“公民的住宅不受侵犯”的规定进行了文义解释，认为刘某不仅违反了现行《宪法》第39条，也违反了《中华人民共和国治安管理处罚法》（以下简称《治安管理处罚法》）（2012）中的相关规定。[1]这里，作为基本权利的住宅权被强行拖入对公民行为的防范之中，偏离了其对国家公权机关的目标指向。如此这般，必然会造成违宪主体的泛化。必须强调，宪法是限制国家权力、保障公民权利的公法，宪法调整的是国家与公民之间、国家机构之间的关系，宪法司法实施的目的是运用宪法更好地保护公民权利，而不是约束限制公民的行为，更不是让公民成为违宪的主体。[2]本案中，法院通过论证刘某违反现行《宪法》第39条来证明公安机关行政处罚合法性的做法显然是错误的。舍此而外，还必须注意的问题是，法官在司法审判中进行合宪性解释的前提是，相关法律中对所涉问题没有明确的规定，或者不同的法律对所涉问题的规定不甚相同。只有在这种场景下，法院才可以进行合宪性解释。但是，实践中法院在存在明确的法律规范依据的场景下，有时也会对相关法律规范进行合宪性解释，这不仅没有必要，而且也容易衍生出法官以自身对宪法精神的解读来取代既定法律规定的情形，造成对人民民主制度的侵蚀。例如，在前述“濮阳睿源中小学生培训中心诉胡某竞业限制纠纷案”中，《中华人民共和国劳动合同法》（2012）第23条中已经明确规定了竞业限制条款的约定规则，依据该规定足以解决所涉纠纷。但是，法官却将《宪法》第42条与其关联在一起，进行所谓的合宪性解释，这就完全没有必要了。再如，在前述“刘某诉紫阳县公安局行政处罚案”中，《治安管理处罚法》（2012）第40条关于“非法侵入他人住宅”的规定已经足以作为判断行政行为违法性的依据，但是，法官却援引《宪

----

1 陕西省安康市中级人民法院行政判决书（2015）安中行终字第00024号。

2 蔡定剑：“中国宪法实施的私法化之路”，载《中国社会科学》2004年第2期，第64页。

法》第39条的规定并对其进行合宪性解释，这就不仅没有任何必要，而且会衍生出其他的风险。（6）将合宪性解释与直接依据宪法审理案件、非解释性宪法适用方式混同使用。诚如前述，宪法司法实施的路径有三条：直接依据宪法审理案件；非解释性宪法适用；合宪性解释。其中，直接依据宪法审理案件的方式存在诸种缺陷，理论上和实践上均行不通，目前已经被废弃；学界对非解释性宪法适用方式的阐释有些含混不清，它与直接依据宪法审理案件、合宪性解释之间的界限不甚清晰，实践中其实是交织在一起的，不成为一种独立的宪法司法实施的路径，自然也不适合作为我国宪法司法实施的路径。从应然的角度来说，合宪性解释是我国宪法司法实施的唯一可选路径，实践中也已经有了这方面的尝试。但是，从法院的司法审判实践来看，法院在对法律的合宪性解释中，对宪法原则、精神及规范的诠释过于简单化，解释技术粗疏，说理过程过于简洁，不足以充分说明宪法的内涵、外延及其和相关法律规范之间的内在逻辑关联，以至于一些法院在运用合宪性解释方式适用宪法时，呈现出明显的“非解释性”特征，要么对所援引的宪法规范不作任何解释，要么仅仅简单陈列或者转述宪法条款的内容，对其内涵、外延尤其是和相关法律规范之间的逻辑关联缺乏必要的诠释说明，这就在事实上蜕变成前述所说的直接依据宪法审理案件中的一种形式——同时依据宪法和法律规范审理案件，而不是真正意义上的合宪性解释，这种做法是错误的，也不能成为我国宪法司法实施的路径。例如，在前述“濮阳睿源中小学生培训中心诉胡某竞业限制纠纷案”中，法官依据宪法中的“劳动权”来解释相关民事法律规范的时候，既没有对从中挖掘出的工作自由权进行合乎逻辑的解释和说明，也没有对其与合同法规范之间的内在逻辑关联进行令人信服的诠释，只是生拉硬扯地将其与民事法律规范关联在一起，武断地适用于民事关系之中，这就完全混同于前述那种直接依据宪法审理案件的方式了。

（二）解决我国宪法司法实施路径面临问题的总体思路

宪法在司法审判中应当得到适用，我国宪法司法适用的路径应当是合宪性解释。但是，合宪性解释在司法审判中的适用存在诸多理论和现实层面的问题，对此必须采取较为妥当的措施加以解决。笔者认为，解决我国司法审判中合宪性解释面临的问题可以从如下几个方面进行：（1）建立合宪性解释与宪法解释的衔接联动机制。合宪性解释是我国宪法司法实施的应然路径，但是，由于对法律的合宪性解释必然涉及对宪法条文之内涵、外延及其与作为案件审理依据的法律之间逻辑关系的合理诠释，而操作合宪性解释的主体（法院）没有抽象的宪法解释权，因此，在正视合宪性解释作为宪法司法实施路径之正当性的前提下，必须采取切实可行的措施，建立合宪性解释与宪法解释之间的衔接联动机制。有学者提出，合宪性解释和宪法解释衔接机制的构建可以参考我国香港特别行政区终审法院向全国人大常委会提请释法的模式。[1]笔者认为，该观点具有参考价值。《中华人民共和国香港特别行政区基本法》（以下简称《香港基本法》第158条规定，“本法的解释权属于全国人民代表大会常务委员会”，“全国人民代表大会常务委员会授权香港特别行政区法院在审理案件时对本法关于香港特别行政区自治范围内的条款自行解释”，“香港特别行政区法院在审理案件时对本法的其他条款也可解释。但如香港特别行政区法院在审理案件时需要对本法关于中央人民政府管理的事务或中央和香港特别行政区关系的条款进行解释，而该条款的解释又影响到案件的判决，在对该案件作出不可上诉的终局判决前，应由香港特别行政区终审法院请全国人民代表大会常务委员会对有关条款作出解释。如全国人民代表大会常务委员会作出解释，香港特别行政区法院在引用该条款时，应以全国人民代表大会常务委员会的解释为准。但在此以前作出的判决不受影响。”从法理上来讲，内地法院在司法审判中对法律进行合宪性解释不同于香港特别行政区法院对《香港基本法》的解释，但是，《香港基本法》第158条确立的“授权+提请”模式可以参考。具体可以这样处理：全国人大常委会制定宪法解释程序法，明确规定：“宪法的解释权属于全国人大常委会。全国人大常委会授权最高人民法院和地方各级人民法院在司法审判中依据宪法对作为案件审理依据的法律进行合宪性解释，但该解释仅具有个案效力。最高人民法院和地方各级人民法院在审理案件时对作为案件审理依据的法律中的相关条款以及与之存在逻辑关联的宪法中的相关条款均可解释。但如果法院在审理案件时需要对宪法中的相关条款进行解释，而该条款的解释又影响到案件的判决，在对案件作出不可上诉的终局判决前，应由最高人民法院提请全国人大常委会对宪法相关条款进行解释。如全国人大常委会作出解释，法院在引用该条款时，应以全国人大常委会的解释为准。但在此以前作出的判决不受影响。”作为合宪性解释与宪法解释的衔接联动机制，该机制的构建应当注意五个问题：其一，明确全国人大常委会的宪法最终解释权；其二，明确最高人民法院和地方各级人民法院合宪性解释权的被授权性质；其三，明确法院合宪性解释的对象及条件；其四，明确最高人民法院提请全国人大常委会对宪法相关条款进行解释的条件和程序；其五，全国人大常

1 谢宇：“宪法司法化理论与制度生命力的重塑——齐玉苓案批复废止10周年的反思”，载《政治与法律》2018年第7期，第74页。

委会根据最高人民法院的提请解释宪法时，应当征询最高人民法院的意见。（2）构建法院进行合宪性解释的条件、界限及原则。其一，合宪性解释的启动条件。只有当作为案件审判依据的法律规范的内涵、外延不甚清楚，或者不同法律规范之间存在冲突且无法解决的时候，方可以进行合宪性解释。如果法律规范的含义清楚、明确，不同法律规范之间尽管存在冲突但可以通过法律适用规则加以解决，则不必要对其进行合宪性解释。此外，由于不同法律部门的调整对象、调整方式及价值取向不尽相同，合宪性解释的启动除符合前述一般条件之外，还必须符合相关部门法自身的适用条件。就行政法和刑法而言，由于它们在性质上和宪法一样，均属于公法，在价值取向上比较接近，不存在结构性的差异，因此，合宪性解释在行政案件、刑事案件中的启动，只要满足前述一般条件就可以了，不需要另行设置其他特殊的适用条件。[1]与之相比，民法则完全不同，其调整对象、调整方式、性质及价值取向均不同于宪法，合宪性解释在民事案件中的启动，除满足前述一般条件之外，还必须满足其他一些特殊的条件，如必须涉及国家权力事实、社会权力事实或者公共利益事实等。[2]其二，合宪性解释的界限。该界限可以从两个方面进行构筑。首先，合宪性解释应当在作为案件审理依据的法律规范的文义限度内进行，且不得抵触其立法原意、偏离立法目的。合宪性解释作为一种法律解释的技术规则，无论是作为“单纯的解释规则”，还是作为“冲突规则”，都必须在被解释法律规范的文义限度之内进行，并力求避免对立法原意和立法目的的曲解。否则，一旦超越了前述界限，法官所作的合宪性解释就成为拉伦茨所言的“超越法律的法的续造”[3]，其本质已经不是对法律漏洞的填补，而蜕变成了一种法律创制，势必造成司法权对立法权的分享和过当侵袭。舍此而外，合宪性解释作为一种法律解释方法，还必须符合部门法的一般原理。例如，刑法中的“罪刑法定”“罪刑相适应”“无罪推定”原则，行政法中的“行政合法性”“行政合理性”原则，民法中的“诚实信用”“意思自治”原则等。也就是说，法院进行合宪性解释的时候，对相关法律的解释不得违背该部门法的基本原则，否则，不仅扰乱部门法的价值秩序和适用原理，而且违背宪法保障基本权利的功能指向。其三，合宪性解释的原则。该类原则具体包括：A.必要性原则。所谓必要性原则，是指如果宪法中的相关规定已经转化为具体立法，且其内涵、外

1 李海平：“民法合宪性解释的事实条件”，载《法学研究》2019年第3期，第20页。

2 李海平：“民法合宪性解释的事实条件”，载《法学研究》2019年第3期，第22页。

3 ［德］卡尔·拉伦茨：《法学方法论》，陈爱娥译，商务印书馆2003年版，286页。

延均较为清爽，可以直接作为案件的审理依据，就没有必要进行合宪性解释。否则，就会“架空”立法机关的立法，[1]在司法审判中滥用宪法。B.充分地论证说理原则。合宪性解释的目的是通过对相关宪法条款的内涵、外延、内蕴于其中的宪法精神以及其与作为案件审理依据的法律之间的逻辑关联的分析论证，诠释法律规范的真正内涵。如果在没有经过充分分析论证的前提下直接进行所谓的合宪性解释，不仅会导致对宪法条款的误用，而且会堕入直接依据宪法审理案件的泥坑，这种做法前面已经做过分析，是不可以作为宪法司法实施的路径的。C.注重援引宪法条款的明确性、规范性原则。从我国的司法审判实践来看，在法院进行合宪性解释的案件中，法院援引宪法的方式形式多样，有的不标明所援引宪法的具体条款，有的将宪法和其他法律并列援引，有的不明确所援引宪法条款的具体内容，有的甚至仅仅简单地以“宪法”二字代之，适用宪法条款的方式较为混乱。有些案件中，尽管法院指明了其所援引宪法条款的具体内容，但是，忽视宪法权利的性质、抹杀宪法权利与法律权利之间的界限，造成了宪法权利的误用。立基于此，最高人民法院应当制定统一的操作规范，将法院进行合宪性解释时援引宪法的具体方式框定下来。（3）建构需进行合宪性解释的法律规范的类型，确立合宪性解释中关联性宪法规范的识别判断标准及步骤。合宪性解释是依据宪法对作为案件审判依据的法律规范进行解释，其关键点包括：需要解释的、作为案件审判依据的法律规范；与被解释法律规范有内在逻辑关联的宪法规范。为了避免审判实践中合宪性解释方面有可能出现的问题，最高人民法院应当制定相关指导文件，对前述两个节点问题进行框架性规范。就需要解释的、作为案件审判依据的法律规范而言，应当限定为三种类型：A.内涵、外延具有模糊性的法律规则。该类规则的内涵、外延不甚清楚，容易引发理解上的歧义，存在复数解释的可能性，为维持法院司法裁决的正当性，有必要依据宪法对其进行解释。B.漏洞规则、空白规则。前者是指作为案件审判依据的法律中有相关规定，但语义不甚完整，不足以作为审判案件的完整依据；后者是指作为案件审判依据的法律中没有作出相关规定，存在立法的盲区，无法为所审理的案件提供审判依据。前述两种情形下，法院均缺乏，或者缺乏完整的审理案件的明确法律依据，需要依据宪法对其进行解释，以塑造该解释的客观性。C.冲突规则。该类规则是指作为案件审判依据的法律规则有多个，但彼此间存在冲突和矛盾，且该种冲突和矛盾无法通过既定的法律规范冲突解决规则得到解决，需要依据宪法价值对该类规则间的冲突进

----

1 余军：《中国宪法司法适用之实证研究》，中国政法大学出版社2017年版，第236页。

行合乎逻辑的诠释，以从中选择出符合宪法价值诉求的规则。除前述三种类型的法律规范之外，最高人民法院应当在指导文件中明确将不良规则排除出需要进行合宪性解释的对象范围。所谓不良规则，是指内涵、外延均清楚，但内容不良、存在潜在违宪风险的法律规范。对该类规则，不应当进行合宪性解释。法院审理案件时发现之后，应当逐级上报至最高人民法院，由最高人民法院报请全国人大常委会审查判断。有学者认为，宪法规范能否适用的唯一标准应当是“规范性”[1]，除宪法序言中对我国历史与现状的确认以及对革命和建设成果的总结部分不宜进行司法适用之外，其余部分均应该得到司法适用。笔者认为，法院进行合宪性解释时并不是直接依据宪法审判案件，而是依据宪法对作为案件审理依据的法律规范进行解释，宪法总体上均可以作为合宪性解释的依据。对此，最高人民法院在指导文件中应当予以明确。至于个案中合宪性解释的宪法规范依据，最高人民法院应通过指导文件确立查找宪法依据的步骤，具体包括：A.确定被解释对象和宪法规范之间的联结点；B.确定个案事实和宪法规范之间的联结点；C.厘清宪法规范的含义，确定宪法权利的义务主体，厘清宪法权利和法律权利之间的含义、性质、功能差别。

---

1 饶龙飞：“宪法可以选择适用吗——与张千帆教授商榷”，载《政治与法律》2014年第10期，第95—105页。

第四章

我国宪法实施的**其他路径**

按照前文第一章中笔者所阐释的解读宪法实施与宪法监督问题的思路，对宪法实施路径的解读应当秉持的基本立场是：区分宪法实施与宪法监督、区分宪法实施与法律实施，采用规范宪法学的研究模式和功能主义的研究视角。依据前述立场，对宪法实施路径的梳理主要是从国家公权机关实施宪法的角度着眼的。由此观之，立法实施、司法实施、行政实施、全国人大所作宪法实施性决定均属于宪法实施的路径。国家主席、监察委员会、中央军委固然也是实施宪法的国家公权机关，但是，按照功能主义的研究视角，该种实施主要属于宪法的间接实施，即法律实施的范畴。因此，本章在第三章对宪法的立法实施、司法实施进行分析的基础上，进而展开对宪法实施其他路径的分析，具体包括全国人大及其常委会所做宪法实施性决定和宪法的行政实施两个方面。

第一节　全国人大及其常委会所作宪法实施性决定

一、全国人大及其常委会的职权范围及行使方式

依据现行宪法（2018年修正）第62条、第63条、第69条、第92条、第94条、第126条的规定，全国人大的职权范围包括：（1）宪法修改权和宪法监督权[1]；（2）制定和修改基本法律权[2]；（3）中央国家机关组织权[3]；（4）国家重大事项决定权[4]；（5）最高监督权[5]；（6）其他职权[6]。依据现行宪法第67条的规定，全国人大常委会的职权范围包括：（1）宪法解释权和宪法

1 现行《宪法》第62条第（1）项、第（2）项。

2 现行《宪法》第62条第（1）项、第（2）项。

3 现行《宪法》第62条第（4）项到第（9）项，第63条。

4 现行《宪法》第62条第（10）项、第（11）项、第（13）项到第（15）项。

5 现行《宪法》第62条第（13）项；第69条；第92条；第94条；第126条。

6 现行《宪法》第62条第（16）项。

监督权[1]；（2）立法权和法律解释权[2]；（3）国家重大问题的决定权[3]；（4）人事任免权[4]；（5）监督权[5]。基于前文第一章所阐释的分析思路，全国人大及其常委会所拥有的前述职权与宪法实施的关联度不甚相同。就全国人大拥有的职权而言，宪法修改属于宪法实施的方式，不是宪法实施的路径，该种权力与宪法实施无关；宪法监督与宪法实施是一对平行范畴，不属于宪法实施路径的范畴，该种权力也与宪法实施无关；制定和修改基本法律是立法行为，属于宪法的立法实施范畴。最高监督权既包括宪法监督，也包括法律监督，其中，宪法监督不属于宪法实施的范畴，而法律监督本质上却属于宪法实施的范畴。

除前述职权之外，中央国家机关组织权、国家重大事项决定权与宪法实施之间存在逻辑上的关联，客观上有可能属于宪法实施的路径。就全国人大常委会拥有的职权而言，宪法解释属于宪法实施的方式，不是宪法实施的路径；宪法监督是与宪法实施平行的范畴，宪法实施是其监督对象，其本身不是宪法实施的路径；立法和法律解释是立法行为，是宪法的立法实施范畴；监督权与宪法监督在逻辑上存在一定的关联性，既有宪法监督，又有法律监督，前者是与宪法实施相平行的范畴，宪法实施是其监督对象；后者本质上属于宪法实施的范畴，法律监督的方式是宪法实施的路径。与前述情形相比，全国人大常委会拥有的国家重大问题的决定权、人事任免权与宪法实施之间存在逻辑上的关联，客观上有可能属于宪法实施路径的范畴。综前所述，全国人大及其常委会拥有的前述职权中，中央国家机关组织权、人事任免权、国家重大问题决定权、监督权等与宪法实施之间存在逻辑关联，但是，这种权力本身显然不可能是宪法实施的路径，该种职权的内容、行使方式才是宪法实施路径的范畴。如此一来，问题显然就转变为：前述诸种与宪法实施存在逻辑关联的权力的内容及行使方式是什么？

全国人大拥有的中央国家机关组织权主要体现在全国人大对中央国家机关的人事选举权和罢免权上，具体职权主要依据现行《宪法》第62条第（4）至

1 现行《宪法》第67条第（1）项。

2 现行《宪法》第67条第（2）项、第（3）项、第（4）项。

3 现行《宪法》第67条第（5）项、第（14）项到第（21）项。

4 现行《宪法》第67条第（9）项到第（13）项。

5 现行《宪法》第67条第（6）项到第（8）项。

（8）项以及《宪法》第63条的规定[1]；全国人大拥有的国家重大问题决定权主要体现为现行《宪法》第62条第（10）项到第（15）项[2]的规定；全国人大拥有的最高监督权是指全国人大有权监督由它产生的其他国家机关的工作，这些国家机关都要向全国人大负责，并报告工作。该种监督权具体可以分为规范监督和工作监督两类。规范监督是对规范性法律文件的审查，主要指全国人大有权改变或撤销全国人大常委会不适当的决定。工作监督包括全国人大听取并通过全国人大常委会的工作报告，听取、建议修改和通过国务院的工作报告，听取最高人民法院、最高人民检察院的工作报告；中央军委主席也要向全国人大负责。

全国人大常委会拥有的人事任免权主要体现在现行《宪法》第67条第（9）项到第（13）项，具体职权可以分为两类：其一，全国人大闭会期间，全国人大常委会拥有的人事任免权[3]；其二，全国人大常委会固有的人事任免权[4]。全国人大常委会拥有的国家重大问题决定权主要体现在现行《宪法》第67条第（5）项、第（14）项到第（21）项，具体职权可以分为两类：其一，

----

1 该类职权的主要内容包括：（1）选举中华人民共和国主席、副主席；（2）根据中华人民共和国主席的提名，决定国务院总理的人选；根据国务院总理的提名，决定国务院副总理、国务委员、各部部长、各委员会主任、审计长、秘书长的人选；（3）选举中央军事委员会主席；根据中央军事委员会主席的提名，决定中央军事委员会其他组成人员的人选；（4）选举国家监察委员会主任；（5）选举最高人民法院院长；（6）选举最高人民检察院检察长；（7）罢免下列人员：中华人民共和国主席、副主席；国务院总理、副总理、国务委员、各部部长、各委员会主任、审计长、秘书长；中央军事委员会主席和中央军事委员会其他组成人员；国家监察委员会主任；最高人民法院院长；最高人民检察院检察长。

2 该类职权的主要内容包括：（1）审查和批准国民经济和社会发展计划和计划执行情况的报告；（2）审查和批准国家的预算和预算执行情况的报告；（3）改变或者撤销全国人民代表大会常务委员会不适当的决定；（4）批准省、自治区和直辖市的建置；（5）决定特别行政区的设立及其制度；（6）决定战争和和平的问题。

3 该类职权主要包括：（1）在全国人民代表大会闭会期间，根据国务院总理的提名，决定部长、委员会主任、审计长、秘书长的人选；（2）在全国人民代表大会闭会期间，根据中央军事委员会主席的提名，决定中央军事委员会其他组成人员的人选。

4 该类职权主要包括：（1）根据国家监察委员会主任的提请，任免国家监察委员会副主任、委员；（2）根据最高人民法院院长的提请，任免最高人民法院副院长、审判员、审判委员会委员和军事法院院长；（3）根据最高人民检察院检察长的提请，任免最高人民检察院副检察长、检察员、检察委员会委员和军事检察院检察长，并且批准省、自治区、直辖市的人民检察院检察长的任免。

全国人大闭会期间，全国人大常委会对国家重大问题的决定权[1]；其二，宪法直接赋予全国人大常委会的重大问题决定权[2]。全国人大常委会拥有的监督权既包括宪法监督，也包括法律监督。其中，法律监督属于宪法实施层面的范畴，该类监督权具体分为两种类型：其一，法律监督权[3]。其二，国家机关工作监督权[4]。

现行《宪法》对全国人大及其常委会的职权作了规定，但是，对于宪法所列各项职权行使的方式却并未作出明确规定。从我国的宪制实践来看，决议、决定是全国人大及其常委会行使职权的重要表现形式。但是，二者的内涵及彼此间的界限是什么、法律效力是什么，学界的理解不甚一致，所作解释似乎也无法有效区分二者之间的界限。例如，有学者指出，决议“泛指国家机关、政党、社会团体等经一定会议讨论通过、要求贯彻执行、表示会议共同意见的文件”；决定“泛指国家机关、政党、社会团体、企事业组织等讨论重大问题和行动并作出安排而形成的文件”。[5]依据前述解释，区分决议与决定的标准包括两个，分别是：（1）是否由会议通过；（2）“表述会议共同意见”的是决议，“讨论重大问题和行动并作出安排”的是决定。但是，从实践来看，依据前述标准，根本无法区分决议和决定，其原因在于：决议也好，决定也好，都是会议通过的；表述会议共同意见的过程和讨论重大问题和行动并作出安排的过程实际上是一样的，没有什么实质性的差别。再如，有学者指出，决议“泛指政党、国家机关、社会团体等经一定会议讨论通过，要求贯彻执行的具有指令性、法规性的文件”，“其内容一般包括作出决议的缘由和根据，所决议之

---

1 该类职权主要包括：（1）在全国人民代表大会闭会期间，审查和批准国民经济和社会发展计划、国家预算在执行过程中所必须作的部分调整方案；（2）在全国人民代表大会闭会期间，如果遇到国家遭受武装侵犯或者必须履行国际共同防止侵略的条约的情况，决定战争状态的宣布。

2 该类职权主要包括：（1）决定驻外全权代表的任免；（2）决定同外国缔结的条约和重要协定的批准和废除；（3）规定军人和外交人员的衔级制度和其他专门衔级制度；（4）规定和决定授予国家的勋章和荣誉称号；（5）决定特赦；（6）决定全国总动员或者局部动员；（7）决定全国或者个别省、自治区、直辖市进入紧急状态。

3 该类职权包括：（1）撤销国务院制定的同法律相抵触的行政法规、决定和命令；（2）撤销省、自治区、直辖市国家权力机关制定的同法律和行政法规相抵触的地方性法规和决议。

4 该类职权包括：全国人大常委会对其他由全国人大产生的中央国家机关都有权进行监督，如对国务院及其各部委、最高人民法院、最高人民检察院提出书面质询案。

5 刘政、边森龄、程湘清主编：《人民代表大会制度辞典》，中国检察出版社1992年版，第56页。

事项及执行中的要求”；决定“泛指政党、国家机关、社会团体等为解决重要问题、布置重要行动而下达的，要求下级机关、部门或人员贯彻执行的具有约束性的文件”。仔细琢磨一下可以发现，该种表达方式本质上和前种表达方式其实是一样的，同样无法清楚厘清决议和决定之间的界限。有鉴于此，笔者将前述全国人大及其常委会职权中与宪法实施有关的内容统称为宪法实施性决定，不作进一步的分解。目前，国内学界对全国人大及其常委会决定权范围的理解不甚一致，总体上有四种诠释方法，分别是：（1）照本宣科式的诠释方式。该种诠释方式解释决定时仅仅是介绍性地复述宪法和法律的相关条文，不从学理上进行归纳或者诠释。（2）举例式的诠释方式。该种诠释方式的特点是：基于对事实经验的总结，列举出属于人大决定权对象范围的重大事项。（3）扩大化的诠释方式。该种诠释方式的特点是：将全国人大及其常委会的各项职权都视为决定权的具体表现形式。（4）限缩性的诠释方式。该种诠释方式的特点是：将全国人大及其常委会的决定权限定在“有关法律问题的决定”方面。（5）双重属性的诠释方式。该种解释方式的特点在于：认为全国人大及其常委会的决定权既具有独立性，又具有附带性。所谓独立性，就是认为全国人大及其常委会的决定权是一种与立法权、监督权、任免权平行的权力；所谓附带性，是指全国人大及其常委会的决定权与它们拥有的其他职权是关联在一起的，是监督权、任免权、立法权行使的方式。[1]笔者倾向于采信前述第五种立场。因此，对前述全国人大及其常委会职权中与宪法实施相关的内容的解读，除将立法纳入宪法的立法实施路径之外，将中央国家机关组织权、人事任免权、国家重大问题决定权、监督权等的行使一概纳入宪法实施性决定的范畴，作为全国人大及其常委会实施宪法的其他路径。

二、全国人大及其常委会所作宪法实施性决定

全国人大常委会所作宪法实施性决定包括两种类型：（1）有关法律的决定；（2）与法律无关的决定。前述全国人大及其常委会职权中与宪法实施有关的内容中，全国人大及其常委会所作关涉中央国家机关组织权行使的决定、人事任免权行使的决定均属于与法律无关的决定；全国人大及其常委会所作关涉国家重大问题的决定、行使法律监督权的决定均属于有关法律的决定。从实践中来看，前述两种宪法实施性决定中，与法律有关的决定居多，主要有五种类

---

1 孙莹：“论人大重大事项决定权的双重属性”，载《政治与法律》2019年第2期，第25页。

型，分别是：（1）关于国家机构设置和调整的决定[1]；（2）关于调整某类社会关系的决定[2]；（3）关于人民代表大会工作和会议相关事项的决定[3]；（4）关于设立或者调整完善某类制度的决定[4]；（5）关于授权事项的决定[5]。

诚如前述，全国人大及其常委会所作宪法实施性决定既是一项与立法权、监督权、人事任免权相平行的权力，也是一项独立的权力。就前者而言，它表现为全国人大及其常委会行使立法权、监督权、人事权的一种方式；就后者而言，它表现为全国人大常委会针对国家重大问题作出决断的权力。因此，全国人大及其常委会所作与法律相关的决定在内容上应当与前述立法权、监督权或者国家重大问题相关。但是，从上文所列全国人大及其常委会作出的与法律有关的决定的内容来看，不仅与立法权、监督权的行使无关，而且和国家重大问题似乎也没有什么关系。必须看到，全国人大及其常委会所拥有的国家重大问题决定权在《宪法》第62条、第67条中是有明确内容指向的，上文所列各类与法律有关的决定并不涉及现行《宪法》第62条第（10）项到第（15）项、第67条第（5）项、第（14）项到第（21）项所列国家重大问题。那么，全国

----

1 例如，2013年3月14日《第十二届全国人民代表大会第一次会议关于国务院机构改革和职能转变方案的决定》；2014年8月31日《全国人民代表大会常务委员会关于在北京、上海、广州设立知识产权法院的决定》。

2 例如，2005年2月28日第十届全国人大常委会审议通过的《全国人民代表大会常务委员会关于司法鉴定管理问题的决定》；2012年12月28日第十一届全国人大常委会第三十次会议审议通过的《全国人民代表大会常务委员会关于加强网络信息保护的决定》。

3 例如，1997年3月14日第八届全国人民代表大会第五次会议审议通过的《第八届全国人民代表大会第五次会议关于第九届全国人民代表大会代表名额和选举问题的决定》；1999年12月25日第九届全国人大常委会第十三次会议审议通过的《全国人民代表大会常务委员会关于加强中央预算审查监督的决定》。

4 例如，2001年8月31日第九届全国人大常委会第二十三次会议审议通过的《全国人民代表大会常务委员会关于设立全民国防教育日的决定》；2013年12月28日第十二届全国人大常委会第六次会议审议通过的《全国人民代表大会常务委员会关于调整完善生育政策的决议》；2015年7月1日第十二届全国人大常委会第十五次会议审议通过、2018年2月24日第十二届全国人大常委会第三十三次会议修订的《全国人民代表大会常务委员会关于实行宪法宣誓制度的决定》。

5 例如，2006年10月31日第十届全国人大常委会第24次会议审议通过的《全国人民代表大会常务委员会关于授权香港特别行政区对深圳湾口岸港方口岸区实施管辖的决定》；2015年4月24日第十二届全国人大常委会第十四次会议审议通过的《全国人民代表大会常务委员会关于授权在部分地区开展人民陪审员制度改革试点工作的决定》；2017年4月27日第十二届全国人民代表大会常务委员会第二十七次会议审议通过的《全国人民代表大会常务委员会关于延长人民陪审员制度改革试点期限的决定》。

人大及其常委会所作前述五种类型的与法律有关的决定在宪法上的依据究竟是什么呢？从现行《宪法》文本的内容来看，作为其职权行使依据的只有可能是《宪法》第62条第（16）项所规定的“应当由最高国家权力机关行使的其他职权”以及《宪法》第67条第（22）项所规定的“全国人民代表大会授予的其他职权”。前述两个条款学理上往往将其称为概括职权条款。从实证的角度来看，该种概括职权条款为全国人大及其常委会所作前述与法律有关的决定提供了宪法依据，塑造了其赖以存在的正当性依据。但是，问题的症结在于：该概括职权条款的内涵究竟是什么呢？《宪法》第62条第（16）项关于全国人大所拥有之概括职权的表述是：“应当由最高国家权力机关行使的其他职权”，但是，究竟什么职权是“应当由最高国家权力机关行使的其他职权”呢？是否可以将其理解为：除《宪法》第62条所列第（1）项到第（15）项职权之外的其他职权统统属于该条所说之“应当由最高国家权力机关行使的职权”呢？果如是，全国人大不就可以行使任何它想要行使的权力了吗？如此一来，现行《宪法》第62条第（1）项到第（15）项明文罗列全国人大所拥有的各项职权还有什么实际意义呢？与全国人大所拥有的概括职权相比，全国人大常委会所拥有的概括职权略有限制，该种限制表现为《宪法》第67条第（22）项所说“全国人大授予”。依据该规定，全国人大常委会如果要行使概括职权，必须有全国人大常委会的先期授权，否则，不可以行使该种权力。对现行《宪法》第62条和第67条进行联结分析，可以发现：全国人大及其常委会的职权既有共性，也有区别。因此，全国人大常委会所拥有的概括职权既包括宪法第62条第（1）项到第（15）项中赋予全国人大且单一属于全国人大行使的职权，也包括宪法第62条第（16）项赋予全国人大的概括职权。有鉴于此，对全国人大及其常委会概括职权的理解实际上主要取决于对全国人大概括职权的厘定。如果全国人大的概括职权是指《宪法》第62条第（1）项到第（15）项所列职权之外的其他所有职权的话，那么，经全国人大授权，全国人大常委会也可以行使该类权力。但是，问题的症结在于：全国人大的概括职权是否可以作前述理解呢？笔者认为，这和对全国人大宪法地位的理解有关。

关于全国人大的宪法地位，学界主要存在两种观点，即主权机关论和最高国家权力机关论。[1]主权机关论者认为，全国人大是代表人民行使国家权力的

---

1 除了主权机关论和最高国家机关论之外，还有一种观点认为，现行《宪法》第58条规定全国人大行使国家立法权，全国人大是国家立法机关。参见周叶中主编：《宪法》，高等教育出版社、北京大学出版社2000年版，第309页；胡锦光、韩大元主编：《中国宪法》，法律出版社2007年版，第373页。

主权机关，统一行使国家的一切权力，全国人大的立法权本质上是人民授予的、不受任何实定法限制的规则形成权，既包括制定宪法的权力，亦包括制定民事、刑事等法律的权力，属于一国的根本性权力。[1]该种观点最早在《物权法》草案的合宪性之争中由民法学者梁慧星教授公开提出。[2]梁慧星教授认为，“人民代表大会不是依赖于任何法律规定而产生的”；“人民代表大会所享有的立法权，不是来自于宪法的‘授权’。全国人民代表大会一经成立，就拥有全部国家权力，包括制定宪法的权力”。“在人民代表大会体制之下，全国人民代表大会拥有包括‘立法权’在内的全部国家权力，包括制定宪法的权力。全国人民代表大会制度的实质在于，一切国家权力归全国人民代表大会，国务院的行政权和人民法院的司法权、人民检察院的检察权，均来自全国人民代表大会的授权。这与三权分立体制是根本不同的。”[3]除主权机关论之外，关涉全国人大宪法地位的另外一种观点是最高国家权力机关论。该种观点认为全国人大的宪法地位是最高国家权力机关。对此，学界并无异议。但是，学界对全国人大所拥有的“最高国家权力”是否具有主权意义上的终极性和最高性认识不甚一致，主要有两种观点：

其一，从全国人大之“最高国家权力机关”的宪法地位推导出全国人大作为最高国家权力机关，应当享有制宪权。该种观点认为，“从宪政实践与宪法的原理上讲，全国人民代表大会作为制宪机关的地位是十分明确的，其根据在于：全国人民代表大会是最高国家权力机关，制宪权是国家权力存在的最高体现，自然由全国人大行使；全国人大行使组织国家权力的职权，国家具体权力的组织以制宪权为基础；从宪政实践看，在我国，制宪权与修宪权行使主体是相统一的，第一部宪法的制定与几次修改是由全国人大通过的。这就说明，尽管在我国宪法条文中没有具体规定制宪机关，但从宪政原理与实践中可以认定全国人大是我国的制宪机关”。[4]基于前述立场，在逻辑上可以推导出全国人大的主权机关地位，这与前文所说主权机关论的立场非常接近。由于制宪权本身的不受限制性，全国人大在行使最高国家权力的时候似乎可以不受包括宪法

---

1 江国华：《宪法的形而上之学》，武汉出版社2004年版，第380页；蔡定剑：《中国人民代表大会制度》，法律出版社1998年版，第28页；周伟：《宪法学》，四川大学出版社2002年版，第147页；韩大元教授认为全国人大为我国制宪机关，享有制宪权，转引自周叶中主编：《宪法》，高等教育出版社、北京大学出版社2000年版，第90页。

2 梁慧星：“物权法草案的若干问题”，载《中国法学》2007年第1期。

3 梁慧星：“不宜规定‘根据宪法，制定本法’”，载《社会科学报》2006年11月16日，第1版。

4 徐秀义、韩大元：《现代宪法学基本原理》，中国人民公安大学出版社2001年版，第39—40页。

在内的任何实在法的制约。对于将全国人大视为我国制宪机关的定位有可能引发的上述逻辑上的问题，前述学者认为，“这种理解并不带来逻辑上的矛盾，全国人大作为最高权力机关，其组织与活动原则应根据宪法规定，受宪法的制约，制宪本身是最高权力的体现与组成部分，故宪法上制宪机关的地位与全国人大作为最高权力机关地位是相一致的，并不矛盾”。[1]

其二，认为人民与全国人大之间的关系是信托关系，宪法是承载信托关系的书面证据，全国人大应当依据宪法行使职权。该种观点认为，现行《宪法》第2条中所说“中华人民共和国的一切权力属于人民”中的“一切权力”可以称为“国家最高权力”，属于主权意义上的权力……宪法设置的一切国家机关，均是宪法之下的机关，相互间存有位阶关系，人民是宪法之上的唯一机关。现行宪法规定人民选举代表组成全国人大，代表对人民负责，是为明证。人民与全国人大之间的关系，可比附民法上的信托，全国人大虽然可以享有人民的权力，但必须以符合信托目的的方式行使这些权力。[2]依据该观点，宪法应当被理解为承载该信托关系的书面证据，全国人大应当依据宪法行使最高国家权力。

笔者认为，全国人大在性质上不属于主权机关，具体理由包括：其一，主权机关论将导致对人民主权原则的结构性取代。人民主权是当今世界各国宪法中普遍确立的原则。我国现行《宪法》第2条第1款、第2款明确规定：“中华人民共和国的一切权力属于人民。人民行使国家权力的机关是全国人民代表大会和地方各级人民代表大会”。依据该规定，拥有主权的是人民，全国人大和地方各级人大是代表人民行使国家权力的机关，但并不是主权的拥有者。将全国人大的性质确定为主权机关，将赋予其行使一切国家权力的资格，主权者将在事实上由人民翻转为作为主权机关的全国人大，并由此赋予其不受包括宪法在内的任何实在法限制和约束的权力，进而颠覆了我国宪法所确立的人民主权原则。其二，主权机关论将导致对我国国家结构形式的破坏。《中国人民政治协商会议共同纲领》（以下简称《共同纲领》）及中国的历部宪法均明确规定，中华人民共和国是全国各民族人民共同缔造的统一的多民族国家。这一规定表明，我国实行单一制的国家结构形式。依据《宪法》第2条规定，代表人民行使国家权力的机关既包括全国人大也包括地方各级人大。按照主权机关

1 徐秀义、韩大元：《现代宪法学基本原理》，中国人民公安大学出版社2001年版，第40页。

2 郭道晖：“论人大权力与人民权力——关于人大制度的法理思考”，载《甘肃政法学院学报》2012年第2期。

论的思维理路，既然全国人大是主权机关，地方各级人大也应当是主权机关。如此一来，它们都将拥有主权机关的权力，即不受宪法限制地行使一切国家权力。这样一来，单一制的国家结构形式必然招致破坏。笔者认为，与主权机关论相比，最高国家权力机关论更符合我国全国人大的性质定位。但是，该种性质定位并不意味着全国人大可以超越宪法之外行使国家权力，否则，就混同于主权机关论了。正确的立场应该是：在将其性质界定为最高国家权力机关的基础上，明确其权力行使的依据——宪法，全国人大必须依据宪法行使国家权力。有学者指出，"将最高国家权力机关等同为制宪机关的观点难以成立。在逻辑上，制宪者的地位无需任何实在法加以承认。中华人民共和国成立以来的历部宪法均未明确规定全国人大是制宪机关"[1]。"作为宪法之下的最高国家权力机关，全国人大的这种最高地位乃相对于其他机关而言。其一是指在所有代表机关中，作为全体人民的代表机关，全国人大的地位高于代表区域性人民的地方各级人大；其二是指在中央国家机关中，全国人大的地位最高，选举或者决定其他国家机关的主要人员，监督宪法和法律的实施。'宪法之下的最高'是明确全国人大职权范围的解释原则。"[2]对此，笔者秉持类同的立场。由此衍生出的问题是：

（1）全国人大常委会的宪法地位是什么？该问题的答案取决于对全国人大宪法地位的界定。通说认为，全国人大常委会是全国人大的常设机关，是在全国人大闭会期间行使部分最高国家权力的机关，也是行使国家立法权的机关。立基于前文所阐明的立场，全国人大常委会的宪法地位应该确定为最高国家权力机关的常设机关，和全国人大一样，它也必须依据宪法行使国家权力，没有超越宪法之外的权力。

（2）全国人大及其常委会的权力范围是什么？与前者相比，该问题显得更复杂一些。《宪法》第62条和第67条对全国人大及其常委会的权力范围作了明确的规定。《宪法》（1988年修正）第62条规定全国人大行使的国家权力包括16项，其中，前15项是明文罗列的国家权力，内容较为清晰，操作上不存在太大的歧义。但是，第16项是笼统概括性规定，即"应当由最高国家权力机关行使的其他职权"，学界对该项内容的理解不甚相同。笔者认为，对该项内容的理解应该立基于对全国人大宪法地位准确界定的基础之上。既然全国人大是最高国家权力机关，必须依据宪法行使职权，那么，对该项内容的理解

----

1 叶海波："'根据宪法，制定本法'的规范内涵"，载《法学家》2013年第5期。

2 叶海波："'根据宪法，制定本法'的规范内涵"，载《法学家》2013年第5期。

就必须建立在尊重宪法文本的基础之上，而不能由此拓展为全国人大拥有无穷大、无穷多的国家权力。在具体操作上应该通过宪法解释将其内涵予以明确。《宪法》第67条对全国人大常委会的职权作了规定，具体包括22项，其中，前21项是明文罗列的，内容较为明确。第22项是笼统概括性的权力，即“全国人民代表大会授予的其他国家职权”。基于前述，该项职权应该理解为：全国人大可以将《宪法》第62条赋予其行使的国家权力授予全国人大常委会行使。

统合前述，回归核心主题，笔者意图申明的立场是：全国人大及其常委会不是主权机关，也不是具有主权性的权力机关。基于全国人大及其常委会作为最高国家权力机关及其常设机关的宪法地位，它们必须依据宪法行使职权。

第二节 宪法的行政实施

一、宪法行政实施的内涵与路径

对宪法实施的研究视角不同，对其含义、类型以及其与宪法监督关系的理解就不甚相同。相应地，对宪法实施路径的理解也就迥然相异。按照前文第一章所阐释的研究思路，笔者更倾向于从宪法实施主体的角度来分解其实施路径，因此，行政实施是宪法实施的一种重要路径，与立法实施、司法实施相映成趣。但是，从国内学界研究的总体状况来看，关涉宪法行政实施路径的研究成果较为单薄，相关内容多散见于相关论著中的某个章节或者论文中的某个部分，鲜有围绕其展开核心论述的研究成果，大多将其作为立法实施、司法实施的补充附带性提及，[1]不作过多展开。在国内为数不多的论及宪法行政实施的文献资料中，学者论及的核心问题主要是其内涵和路径，对舍此而外的其他问题鲜有涉及。

关于宪法行政实施的内涵，学界的研究视角不甚相同，主要有四种观点：

---

1 据不完全统计，国内相关研究成果中涉及宪法行政实施的论著主要包括：（1）韩大元：《比较宪法学》，高等教育出版社2003年版；（2）李林、翟国强：《健全宪法实施监督机制研究报告》，中国社会科学出版社2015年版；（3）翟小波：《论我国宪法的实施制度》，中国法制出版社2009年版；（4）李湘刚：《中国宪法实施研究》，湖南人民出版社2009年版；（5）魏建新：《宪法实施的行政法路径研究——以权利为视角》，知识产权出版社2009年版；（6）朱福惠：《宪法实施专题研究》，厦门大学出版社2017年版。文章主要包括：（1）蔡定剑：“宪法实施的概念与施行之道”，载《中国法学》2004年第1期；（2）翟国强：“中国宪法实施的双轨制”，载《法学研究》2014年第3期；（3）翟国强：“中国语境下的‘宪法实施’：一项概念史的考察”，载《中国法学》2016年第2期；（4）周刚志：“也论宪法实施：概念、指标及其状况”，载《云南大学学报》（法学版）2014年第4期。

其一，从程序性实施和实体性实施角度厘定宪法行政实施的内涵。该观点认为，宪法实施包括程序性实施和实体性实施两种类型，前者是指国家公权机关按照宪法规定的程序作出的决定或行为，后者是指国家公权机关以特定宪法条款为目标作出的决定或行为。由于行政行为一般是依据立法而不是直接依据宪法作出的，因此行政实施一般是程序性的宪法实施。

其二，从宪法直接适用和间接适用的角度厘定宪法的行政实施。该观点认为，所谓宪法实施，其实就是宪法的执行和遵守。宪法的执行也称宪法的适用，是国家公权机关依据宪法规范创设低级规范或者依宪法之授权实施制裁。宪法的适用可以分为间接适用和直接适用。其中，间接适用是指宪法先由代表机关转化为更具体的规范（也就是宪法的直接适用），再由相应机关通过适用此具体规范来适用宪法。在这种观念下，国务院对宪法的适用既有直接适用，也有间接适用，但主要是间接适用。不过，持该观点的学者在讨论国务院的宪法适用时，忽略了其行政立法的职权，也没有进一步对除国务院以外的其他行政机关对宪法的适用展开分析。[1]

其三，从肯定性实施机制和否定性实施机制的角度厘定宪法的行政实施。该观点认为，各级人大是实施宪法最为重要的主体之一，国务院与地方各级人民政府作为各级人大的执行机关，也属于重要的宪法实施主体。宪法的实施，既体现为国家积极实现宪法上的“国家目标规定”与“国家职权条款”的肯定性实施机制，也体现为国家违宪审查机关否决某些国家机关侵害基本权利的行为，强制其恪守消极义务的否定性实施机制。其中，行政实施属于肯定性实施机制的范畴。[2]

其四，从中国宪法实施双轨制的视角厘定宪法的行政实施。该观点认为，“从比较法角度看，中国宪法更像一个政治纲领式的宣言，更多依靠政治化方式实施。伴随着法治化进程，中国的宪法实施逐渐由单一依靠政治化实施，过渡到政治化实施与法律化实施同步推进、相互影响的双轨制格局。宪法的政治化实施体现为执政党主导的政治动员模式，而宪法的法律化实施则是以积极性实施为主、消极性实施为辅的多元实施机制。”[3]在政治化实施的语境下，宪法实施的主体非常广泛，包括所有国家机关和人民群众都是宪法实施的主

1 翟小波：《论我国宪法的实施制度》，中国法制出版社2009年版，第36页。

2 周刚志：“也论宪法实施：概念、指标及其状况”，载《云南大学学报》（法学版）2014年第4期，第10页。

3 翟国强：“中国宪法实施的双轨制”，载《法学研究》2014年第3期，第82页。

体。[1]在法律化实施的语境下，宪法实施包括积极性的宪法实施和消极性的宪法实施。其中，前者是国家机关积极主动地以宪法作为依据作出行为，包括依据宪法的程序性规范和实体性规范实现宪法的规范指示。后者则是将宪法视为一种界限，各个国家机关遵守宪法，不得违反宪法，因此主要通过合宪性控制来实现。[2]行政机关作出决定、遵守宪法规定的程序和权限、履行宪法规定的义务等，均属于宪法的积极性实施。同时，行政机关作为合宪性控制的重要机构，在一些案件中主动纠正不合宪行为，甚至对司法机关的某些行为作出不合宪判断，则属于消极性宪法实施的范畴。[3]

笔者认为，对宪法行政实施概念的厘定，应当注意把握两点：（1）宪法实施与宪法监督之间的关系。如前所说，学界对二者之间关系的解读不甚一致。按照前文第一章所阐释的立场，宪法实施与宪法监督是一种平行的关系，二者之间不存在包容或交叉。（2）对宪法实施与宪法监督问题的研究方法。如前文第一章所说，学界对宪法实施与宪法监督的研究方法不甚相同，笔者倾向于从规范宪法学的视角来解读该问题。（3）宪法实施与法律实施。宪法实施包括直接实施和间接实施，间接实施是指先由立法机关制定法律，再由公权机关执行法律从而达到宪法实施的效果。该种实施本质上属于法律实施的范畴，不能将其与宪法实施混同。（4）对宪法实施路径问题的研究视角。对宪法实施路径的研究视角包括结构主义与功能主义两种视角。按照前种视角，行政立法有可能属于宪法行政实施的范畴；按照后种研究视角，行政立法有可能属于宪法立法实施的范畴。笔者倾向于采取功能主义的研究视角。统合前述，笔者认为，宪法的行政实施是指国家行政机关直接依据宪法行使行政职权的、国家立法行为之外的其他职权行为。

关于宪法行政实施的路径，学界的研究视角不甚相同，主要有两种观点：

其一，从结构主义的视角界定宪法行政实施的路径。该种观点认为，宪法

----

1 时任中共中央宪法工作小组组长的胡绳曾指出：“依靠整个国家机构，首先是人大、人大常委会，然后是整个司法机关、检察机关、行政机关，再加上全国人民来保证宪法的实施，这才是保护宪法实施的一套完整的体系。”刘政：《人民代表大会制度的历史足迹》，中国民主法制出版社2008年版，第236页。

2 李林、翟国强：《健全宪法实施监督机制研究报告》，中国社会科学出版社2015年版，第23页。

3 例如，国务院针对地方买卖租赁集体所有和国家所有土地的情况作出的不合宪判断，对地方设置民族镇的做法作出的不合宪判断。翟国强：“中国宪法实施的双轨制”，载《法学研究》2014年第3期，第89页。

行政实施的路径包括两种，即行政立法和行政执法。行政立法是行政机关依职权的立法行为和其他抽象行政行为，属于行政实施的范畴。行政立法通常包括制定行政法规或者授权法规。行政执法是行政机关依法作出具体行政行为。

其二，从功能主义的视角界定宪法行政实施的路径。该观点认为，宪法行政实施的路径仅限于行政执法，行政立法属于宪法立法实施的范畴。例如，有学者认为，宪法实施包括立法实施和司法实施，行政立法是立法实施的路径之一，防止行政立法对公民权利造成伤害，是行政立法实施宪法的关键问题。[1]《立法法》中规定了国务院、国务院各部门、有关的地方人民政府制定条例和规章的权限和程序，是立法实施对宪法规定的体制的进一步具体化、系统化。[2]有学者在评说宪法行政实施实效的时候，对一些地方政府不经民意代表机关授权自行制定行政程序规制的行为进行了委婉的提醒，倡导依法行政，提高公职人员的宪法意识，畅通公民实现表达自由的渠道，在行政执法中注重保护公民权利，维护宪法权威。[3]该观点似乎有意无意地将行政执法纳入宪法行政实施的范畴。

笔者认为，宪法行政实施的路径实际上是和其内涵关联在一起的，是在厘定宪法行政实施内涵基础上的进一步展开。对宪法实施路径的厘定，应当秉持前述厘定宪法行政实施内涵时的立场，即区分宪法实施与宪法监督、区分宪法实施与法律实施、秉持规范宪法学的研究方法和功能主义的研究视角。立基于此，笔者在宪法行政实施路径问题上的基本立场是：（1）行政法规包括执行性行政法规和创制性行政法规，前者属于法律实施的范畴，与宪法实施无关。后者固然属于宪法实施的范畴，但基于功能主义的研究视角，其性质属于宪法立法实施的范畴，不属于宪法行政实施的路径。（2）国务院部门规章仅限于执行性规章，没有创制性规章。该类执行性规章属于法律实施的范畴，不属于笔者研究宪法实施路径的范畴。（3）地方政府规章包括执行性地方政府规章和创制性地方政府规章两种类型，但是，该种规章制定权不是由现行《宪法》，而是由《立法法》规定的，因此，其性质属于法律实施的范畴，与宪法实施无关。（4）行政规范性文件的制定主体繁多，现行

1 魏建新：《宪法实施的行政法路径研究——以权利为视角》，知识产权出版社2009年版，第45页。

2 刘志鑫："中国宪法发展四十年：回顾与展望"，《法治现代化研究》2018年第5期，第25页。

3 韩大元："宪法实施与中国宪法治理模式的转型"，《中国法学》2012年第4期，第21页。

《宪法》中涉及的行政规范性文件仅限于国务院规定的行政措施、发布的决定和命令[1]和县级以上地方各级人民政府发布的决定和命令[2]。前者包括执行性行政规范性文件和创制性行政规范性文件两种类型，其中，创制性行政规范性文件属于宪法实施的范畴。与之相比，县级以上地方政府制定的行政规范性文件[3]属于法律实施的范畴，与宪法实施无关。除国务院制定的创制性行政规范性文件之外，其他行政机关制定的行政规范性文件均不属于宪法实施的范畴；（5）行政机关实施的各类具体行政行为均属于法律实施的范畴，与宪法实施无关。统合前述，笔者意图表明的核心观点是：按照前述厘定宪法行政实施内涵时的立场，宪法行政实施的路径仅限于国务院制定的行政规范性文件。

二、国务院制定的行政规范性文件

行政规范性文件是一个学术范畴，不是一个法律范畴，我国相关法律中并没有行政规范性文件这个概念。我国法律中与规范性文件相关的范畴包括：规范性文件、其他规范性文件。司法解释中的相关范畴包括：规范性法律文件。法律中的其他相关范畴包括：命令、决议、措施、规定、指示等，但均未提及行政规范性文件。我国一些地方政府规章中对（行政）规范性文件有所提及，例如：（1）《上海市行政规范性文件制定和备案规定》[4]第2条规定，“本规定所称的行政规范性文件，是指除政府规章外，行政机关依据法定职权或者依据法律、法规、规章制定的涉及公民、法人或者其他组织权利、义务，具有普遍约束力且可以反复适用的文件”；（2）《江苏省规范性文件制定和备案规定》[5]第3条规定，“本规定所称规范性文件，是指除规章以外，由本省行政机关依照法定权限和规定程序制定，涉及公民、法人和其他组织权利义务，并具有普遍约束力的各类文件的总称，包括政府规范性文件和部门规范性文件”。国内学界对行政规范性文件内涵的理解不甚相同，有学者指出，其他规范性文件有三种解释，分别是：（1）最广义的解释。该种解释将其他规范性文件理

1 现行《宪法》第89条第（1）项。

2 现行《宪法》第107条第1款。

3 该类文件固然在现行《宪法》第107条第1款中有规定，但是，该类文件必须“依据法律规定的权限”加以制定。

4 2016年9月26日上海市政府第128次常务会议通过，自2017年1月1日起施行。现已失效。

5 2009年4月7日经江苏省人民政府第29次常务会议通过，自2009年6月1日起施行。现行有效。

解为一切国家机关制定的除法律、法规、规章之外的具有普遍约束力的决定、命令和措施；（2）广义的解释。该种解释将其他规范性文件理解为各级各类国家行政机关为实施法律执行政策在法定权限范围内制定的除行政法规、规章以外的具有普遍约束力的决定、命令及行政措施；（3）狭义的解释。该种解释将其他规范性文件理解为不享有行政法规、规章制定权的国家行政机关为实施法律、法规和规章而制定的具有普遍约束力的决定、命令、行政措施。[1]笔者倾向于采信前述第二种立场。由此延伸开去，本部分所称国务院制定的行政规范性文件，是指国务院依据现行《宪法》第89条第（1）项制定和发布的除行政法规以外的行政措施、决定和命令的公文载体。该类文件在性质上不属于行政立法，属于其他抽象行政行为的范畴。2001年《国家行政机关公文处理办法》[2]第9条规定，行政机关的公文种类包括：命令（令）、决定、公告、通告、通知、通报、议案、报告、请示、批复、意见、函、会议纪要等13种。其中，与国务院有关的行政规范性文件主要表现为经国务院同意，以国务院办公厅名义发布的有关行政管理的各类“意见”和“通知”以及国务院对下级请示的“批复”“函”。

现行《宪法》第89条第（1）项规定，国务院有权根据宪法和法律，规定行政措施，制定行政法规，发布决定和命令。依据该规定，国务院规定的行政措施、制定的行政法规、发布的决定和命令均是国务院实施宪法和法律的形式，而承载行政措施、决定和命令的载体就是国务院制发的行政规范性文件。国务院在制定行政规范性文件的时候是否必须同时依据宪法和法律，该条并未进行明确限定。这也就意味着，国务院既可以在先期存在法律的前提下，依据宪法和法律制定行政规范性文件，也可以在先期没有法律的前提下，依据《宪法》第89条赋予它的职权，径行制定行政规范性文件。前者属于执行性行政规范性文件，其性质属于法律实施的范畴。后者属于创制性行政规范性文件，其性质属于宪法实施的范畴。值得注意的是：现行《宪法》中没有明确规定国务院规定的行政措施、发布的决定和命令的效力位阶，这也就意味着承载前述行政措施、决定和命令的行政规范性文件相较于其他法律规范的位阶关系处于不甚明晰的状态。目前，学界对于国务院制定的行政规范性文件相较于宪法、法律的效力位阶，以及其相较于规章的效力位阶没有理解上的歧义，

----

1 湛中乐：“论行政法规、行政规章以外的其他规范性文件”，载《中国法学》1992年第2期，第108页。

2 2000年8月14日国务院公布，自2001年1月1日起施行。现已失效。

均认为其是下位阶的规范。但是，对于其相较于行政法规、地方性法规的效力位阶的理解不甚一致。关于其相较于行政法规的位阶关系，1997年5月27日《国务院办公厅关于执行国办发〔1993〕55号和国函〔1996〕69号文件有关问题的复函》[1]曾经对此有个立场。该复函指出，国务院制发的相关行政规范性文件是经国务院批准的，具有行政法规的效力。对于国务院制定的决定、命令相较于行政法规的地位，也有学者表达了与前述复函类同的立场。有学者认为，“国务院发布的具有规范性内容的决定和命令，也是法的渊源，与行政法规具有同等效力”[2]。对此，笔者秉持不同立场。笔者认为，从《宪法》第89条第（1）项、第67条第（4）项的规定来看，国务院制定的决定、命令似乎是与行政法规相平行的，应该与其具有同等的法律地位，但实际并非如此。其原因在于：（1）行政法规是法院审理案件时的适用依据，但国务院的决定、命令却不是，后者不具有法源性；（2）《立法法》《行政法规制定程序条例》中对行政法规的制定程序作了具体、详细的规定，国务院发布决定、命令固然也要遵循相关的程序，但是该种程序要求显然不如行政法规制定程序的要求严格；（3）2004年5月28日，最高人民法院在其发布的《关于审理行政案件适用法律规范问题的座谈会纪要》中指出，“立法法施行以前，按照当时有效的行政法规制定程序，经国务院批准、由国务院部门公布的”法律文件属于行政法规。“但在立法法施行以后，经国务院批准、由国务院部门公布的规范性文件，不再属于行政法规”。依据该精神，国务院发布的文件属于或者不属于行政法规实际上具有不同的意义，这足以凸显国务院制定的决定、命令与行政法规效力上的不同。统合上述三个方面的理由，笔者认为，国务院制定的决定、命令在效力上应该是略低于行政法规的。前述国务院办公厅作出的国办函〔1997〕33号固然表达了该类行政规范性文件与行政法规具有同等效力的立场，但该复函是在2000年《立法法》颁布之前制定的，该时期行政法规的制定程序与2000年《立法法》中规定的行政法规制定程序不甚相同，因此，国务院制定的行政规范性文件并不必然具有行政法规的效力，其总体上应该是略低于行政法规的。前述2004年5月28日最高人民法院在其作出的《关于审理

1　国办函〔1997〕33号。现行有效。该复函的内容是：“公安部、国家工商行政管理局、海关总署：海关总署、国家工商行政管理局要求明确《国务院办公厅关于加强进口汽车牌证管理的通知》（国办发〔1993〕55号）和《国务院对禁止非法拼（组）装汽车、摩托车通告的批复》（国函〔1996〕69号）行政执法效力问题。经国务院批准，现函复如下：这两个文件是经国务院批准发布的，具有行政法规效力，可以作为行政机关实施行政处罚的依据。”

2　孙国华主编：《法理学教程》，中国人民大学出版社1994年版，第397页。

行政案件适用法律规范问题的座谈会纪要》表达的立场更为可取。

关于国务院制定的行政规范性文件相较于地方性法规的效力位阶，现行宪法和相关法律中均未对此作出明确规定，学界对此的理解也不甚相同。有学者认为，对二者之间的位阶关系不能一概而论，应当区分情况、差别对待。具体立场是：（1）如果国务院制定的行政规范性文件所涉事项有法律的授权，那么该类文件的效力位阶就高于地方性法规。例如，2016年修正的《中华人民共和国水法》（以下简称《水法》）第32条第1款[1]规定，拟定国家确定的重要江河、湖泊的水功能区划，应由国务院批准；跨省、自治区、直辖市的其他江河、湖泊的水功能区划，应当由国务院或者其授权的部门批准。如果国务院制定的行政规范性文件、地方性法规均对该类事项作了规定，则国务院制定的行政规范性文件的效力位阶高于地方性法规。（2）如果地方性法规所涉事项有法律的授权，那么地方性法规的效力位阶就高于国务院制定的行政规范性文件。例如，《土地管理法》[2]（1986年）第56条第2款规定："省、自治区、直辖市人民代表大会常务委员会根据本法制定实施办法。"依据该规定，如果国务院制定的行政规范性文件和地方性法规对该类事项均作了规定，则地方性法规的效力位阶就高于国务院制定的行政规范性文件，优先适用。（3）如果国务院制定的行政规范性文件与地方性法规均未获得相关法律的明确授权，地方性法规的效力位阶应当高于国务院制定的行政规范性文件，优先适用。[3]对该学者表达的前述立场，笔者不完全认同。笔者认为，国务院制定的行政规范性文件与地方性法规是不同性质的法律规范，前者属于其他抽象行政行为，不同于行政法规，不具有法源性，后者属于国家立法的范畴，具有法源性。因此，对二者的位阶关系很难作出孰高孰低的厘定。二者之间的关系，更多的是一种法律适用上谁优先适用的问题，而不是谁位阶高的问题。目前面临

---

1 《水法》第32条第1款规定，"国务院水行政主管部门会同国务院环境保护行政主管部门、有关部门和有关省、自治区、直辖市人民政府，按照流域综合规划、水资源保护规划和经济社会发展要求，拟定国家确定的重要江河、湖泊的水功能区划，报国务院批准。跨省、自治区、直辖市的其他江河、湖泊的水功能区划，由有关流域管理机构会同江河、湖泊所在地的省、自治区、直辖市人民政府水行政主管部门、环境保护行政主管部门和其他有关部门拟定，分别经有关省、自治区、直辖市人民政府审查提出意见后，由国务院水行政主管部门会同国务院环境保护行政主管部门审核，报国务院或者其授权的部门批准。"

2 1986年6月25日六届全国人大常委会第16次会议审议通过，自1987年1月1日起施行。现已失效。

3 金伟峰、张效羽："论国务院规范性文件与省级地方性法规冲突的处理"，载《法治论丛》2008年第6期，第98—99页。

的实践难题是：在司法审判中，地方性法规是法院审理案件的依据，国务院制定的行政规范性文件却仅仅是法院在裁判文书中据以说明裁判理由的凭借，不是依据，也不是参照。因此，从这个角度来说，地方性法规在司法审判中相较于国务院制定的行政规范性文件具有优先适用性。但是，从行政执法的角度来看，情况却并不必然如此，实践中行政机关对二者在适用上的优位关系秉持的立场也不甚一致。如此一来，对围绕该问题而产生的争执就很难作出一个完全周延的、令人信服的解决方案。这一点实际上是宪法行政实施中面临的一个难题。要从根本上消除该种分歧，必须在制度层面对此作出明确规定。

第五章

域外宪法监督体制的比较与我国宪法监督体制的**完善**

第一节　世界主要国家宪法监督体制比较

从世界范围来看，根据行使违宪审查权的主体不同，可以将各国宪法监督体制分为四种类型：普通法院型宪法监督体制；宪法委员会型宪法监督体制；宪法法院型宪法监督体制；立法机关型宪法监督体制。国内学者往往将宪法委员会型宪法监督体制和宪法法院型宪法监督体制合并在一起，归为一种类型，即专门机关型宪法监督体制。作为一种学术研究方式，这固然未尝不可，但是，必须明确的是：宪法委员会型宪法监督体制和宪法法院型宪法监督体制本质上并非一种类型。宪法委员会固然也具有一定的司法属性，但它本质上主要是一个政治性机关；宪法法院固然担负着处置政治争议的责任，但它本质上却是一个司法机关。而且，两种宪法监督体制具体运行规则也不甚相同，将其混同为一种类型不甚可取。西方学者认为，将立法机关型宪法监督体制作为宪法监督体制的一种类型是不成立的，其原因在于：由立法机关监督自己制定的法律是否合宪在逻辑上是不成立的，实践中也没有发现过此类宪法裁决。笔者认为，立法机关型宪法监督体制在实践中是现实存在的，中国就是典型实例。中国的政治体制决定了我们必须立足于人大制度来完善我国的宪法监督体制，而不能盲目效仿甚至不加思索地移植西方国家的宪法监督体制。从各国的政治实践来看，前述三种宪法监督体制固然具有诸多优点，但也存在着这样那样的缺陷和不足。当前，我国正在加强宪法监督，推进合宪性审查工作，健全与完善我国的宪法实施监督机构是其中的一项重要内容。如何在深刻体察世界主要国家宪法监督体制的基础上，结合中国国情，提出一个完善我国宪法实施监督机构的思路是当前国内宪法学人面临的一个重要课题。立基于此，本章拟对世界主要国家的宪法监督体制作一个框架性的比较，以为后文中其他内容的展开提供一个背景基础。

一、美国和德国的宪法监督体制比较

（一）美国的宪法监督体制概说

美国的宪法监督体制属于普通法院型宪法监督体制，该种宪法监督模式起源于美国，最早发端于1803年美国的马伯里诉麦迪逊案，主要有三个历史渊源：其一，英国司法制度的影响。在早期，英国最高法院曾经利用各种法律救济措施干预、审查国会法案、下级法院和其他机构的行为。柯克法官曾经在博纳姆博士案中认为，17世纪初期国会通过的医师注册法违反普通法而应归于无效。他在判词中宣称：当国会的法案违背普遍正义和理性的时候，普通法将高于国会法案，并可判决这样的法案归于无效。柯克法官的判决理由对后来的美国宪政有巨大的影响。有学者认为，这种审查，成为司法审查观念中最重要的独一无二的源泉。[1]其二，英国本土枢密院对殖民地的立法审查。在殖民地时代，英国的枢密院实际上是由它的司法委员会负责对殖民地议会的立法进行审查。这种审查包括政治审查和司法审查，在殖民地成为独立国家以后，由法院代替枢密院，依照先前的模式确立了司法审查制度。[2]其三，北美殖民地自己的违宪立法审查的历史实践。北美殖民地一些州曾经实行由法院行使违宪立法的审查权，并可以判决违宪的立法无效的一种制度。这些司法审查的先例，对后来美国司法审查制度的确立，产生了重要的影响。[3]自1803年马伯里诉麦迪逊案判决作出以后，美国联邦最高法院相继作出了一些类似判决，逐步确立了联邦最高法院行使违宪审查权的宪法地位，创造出了普通法院型宪法监督制度。此后，该种宪法监督模式不仅在美国继续完善和发展，而且对其他国家和地区也产生了很大影响。总体来看，普通法院型宪法监督制度具有如下优点：其一，“它使宪法和法律的实施置于法院的密切和经常的监督之下。法院是专职的司法机关，其日常工作就是审判案件并在案件中选择适用的法律；独立的地位和法官

----

1 陈云生：“走法治必由之路——论宪法和法律监督的制度化”，载《比较法研究》1997年第1期，第7页。

2 陈云生：“走法治必由之路——论宪法和法律监督的制度化”，载《比较法研究》1997年第1期，第7页。

3 陈云生：“走法治必由之路——论宪法和法律监督的制度化”，载《比较法研究》1997年第1期，第7页。

终身任职的保证解除了受到干涉的顾虑，在秉公执法中可以直词宣告”[1]；其二，“可以对法律的制定和修改起到一定的监督作用。由于担心可能被法院宣布违宪无效，所以立法机关在制定和修改法律时倍加谨慎，以防法院否决”[2]；其三，“可以使受到违宪侵害的公民得到必要的法律救济。使公民权利的保障落到实处”；[3]其四，“法院的严格的诉讼程序使宪法争议的解决具有了有效的私法程序的保障”。[4]但是，该种模式在具有诸种优势的同时，也具有与生俱来的缺陷，主要表现在：其一，事后审查方式具有片面性。在该种宪法监督模式下，法院不可以对法律是否违反宪法进行事前的抽象性审查，必须在具体案件审理过程中涉及法律是否合宪的争议时，方才可以对该争议法律的合宪性进行审查。该种审查方式固然有助于在法律的动态运行过程中发现其违宪问题，但是，由于该种审查是针对已经生效的法律，这就难以避免法律生效实施之后由于违反宪法所带来的诸种衍生问题，有可能会引起法律关系的紊乱。其二，间接审查方式具有局限性。在该种模式下，法院不能主动对相关法律、行政决定和命令的合宪性等进行直接审查，它只能在审理具体案件的过程中，对涉及的有关法律和行政决定、命令进行附带性审查。[5]因此，即便一项法律或者行政决定、命令明显违反宪法，只要没有引起诉讼，法院就不能进行审查。显然，该种模式下进入法院合宪性审查范围的法律和行政决定、命令只能是法院受理案件范围内的法律和行政决定、命令。如此一来，法院审查对象的范围就具有明显的局限性。其三，司法审查的作用具有局限性。在该种模式下，由普通法院审查法律或者行政决定、命令合宪性的目的就在于由专业性的法院对议会、政府施加限制和约束，以确保它们依据宪法行使国家权力。但是，由于法院是一个专业性的机关、相对较为封闭，对社会现实的变化往往无法作出及时回应，这就必然导致法院基于自身对宪法的传统理解来评判新时期的法律，从而导致司法专制，不仅无法因应社会现实的变化，也不利于维护司

---

1 陈云生：“走法治必由之路——论宪法和法律监督的制度化”，载《比较法研究》1997年第1期，第8页。

2 陈云生：“走法治必由之路——论宪法和法律监督的制度化”，载《比较法研究》1997年第1期，第8页。

3 陈云生：“走法治必由之路——论宪法和法律监督的制度化”，载《比较法研究》1997年第1期，第8页。

4 林子华：《违宪审查制度比较研究》，社会科学文献出版社2004年版，第152页。

5 陈云生：“对资本主义国家宪法监督的分析和评价”，载《当代法学》1988年第3期，第148页。

法判决的正当性。其四，司法审查的合法性、合理性和公正性容易受到质疑。在该种模式下，作为违宪审查机关的法院是通过非民主选举的方式产生的，而作为被审查对象的议会和政府却是经由民主程序产生的，它承载着民主多数的意志，维护着民主多数的利益。由法院行使违宪审查权实际上意味着由非民选机构审查民选机关，这将不可避免地影响到其民主正当性。

（二）宪法法院型宪法监督体制概说

从追本溯源的角度来看，宪法法院制度最早发端于英国和日耳曼帝国时代类似宪法法院的机构和职权[1]。20世纪初，奥地利出生的规范法学派的代表人物凯尔森首先提出设立宪法法院作为专门的宪法监督机关。在他的理论倡议的影响下，奥地利最早在1920年设立了宪法法院。此后，该类宪法监督模式在欧洲大陆法系国家迅速发展起来。采取这类宪法监督模式的欧洲国家中，除联邦德国、意大利、奥地利、西班牙、土耳其等国家较早地设置了宪法法院外，苏联的加盟共和国在苏联解体而独立后，其中一些国家也设立了宪法法院。东欧、南欧原来的一些社会主义国家也曾经设立宪法法院，但是它们设立的宪法法院主要是作为完善权力机关型宪法监督体制的一种辅助性措施而设置的，因此，其性质属于不完全的宪法法院型宪法监督体制，如南斯拉夫、捷克斯洛伐克等。东欧剧变之后，这些国家放弃了权力机关型宪法监督体制，转而实行完全的宪法法院审查体制。亚洲的韩国，由于在法律理念上更接近德国，因此在1988年设立了宪法裁判所（宪法法院），实行与德国相类似的宪法法院审查型宪法监督体制。目前，世界范围内采取该种宪法监督体制的国家较多，主要包括：奥地利、联邦德国、意大利、挪威、希腊、西班牙、葡萄牙、叙利亚、俄罗斯和其他独联体国家、韩国、捷克、波兰、罗马尼亚、马耳他、南斯拉夫、利比里亚、利比亚、卢旺达、索马里、马拉维、突尼斯、乌干达、扎伊尔、厄瓜多尔、危地马拉、智利等近40个国家。该种模式以德国为代表，所以往往被称为“德国型”宪法监督体制。各国关于宪法法院法官人数的规定不甚一致，但总体上都不多。宪法法院法官的任期各国规定也不甚一致，一般分为9年或者12年，都没有终身制。有些国家设定了宪法法院法官最高年龄的限制，如德国规定最高年龄为68周岁，奥地利规定为70周岁。宪法法院法官的

----

1 有的学者认为，英国的贵族院和枢密院的司法委员会有权作为司法机关决定有关宪法的问题，这可以成为宪法法院的渊源。参见［美］伯尔吉斯：《政治学及比较论》，朱学曾译，商务印书馆1890年版，第407页。日耳曼帝国的联邦参议院也具有司法性质，有权对州宪法争议进行调解，以及监督各州履行宪法义务。这也被认为是宪法法院的渊源之一。参见［美］伯尔吉斯：《政治学及比较论》，朱学曾译，商务印书馆1890年版，第419页。

任命方式各国不甚相同，一般都是基于权力平衡的考虑，由最高国家权力机关通过复杂的程序选举或者任命。从各国宪法法院法官的产生方式、人员组成结构来看，宪法法院带有非常强烈的政治性特征，和普通法院型宪法监督体制下的违宪审查机关具有本质的差别。就宪法法院的职权来看，各国的规定也不甚相同，共同的职权包括：监督法律的合宪性；审理宪法诉讼案件；裁决国家机关之间的权限争议。此外，联邦制国家的宪法法院还有维护联邦制度的责任。宪法法院型宪法监督体制的主要特点是：其一，抽象的原则审查。在实行宪法法院型宪法监督体制的国家，宪法法院不是通过审理各类具体案件来审查法律、行政命令等是否符合宪法的，其审查的主要方式是抽象地审查法律、行政命令的合宪性。也就是说，宪法法院对相关对象的合宪性审查不以具体的诉讼事件为要件，也不以侵害自身利益为前提，在宪法规定的特定国家机关和人员的申请下，宪法法院可以对法律或者行政命令的合宪性进行抽象审查。其二，适用一审终审制。采行宪法法院型宪法监督体制的国家，其宪法法院设置的大体情况是：单一制国家只设一个宪法法院，联邦制国家除联邦设一个宪法法院外，各组成单位还各设一个宪法法院。但是，联邦宪法法院与各组成单位的宪法法院各自管辖范围泾渭分明，互不隶属。因此，宪法法院的审级制度和普通法院不同，实行一审终审制。其三，宪法法院判决具有一般效力。实行宪法法院型宪法监督体制的国家均为大陆法系国家，不承认判决的法律渊源地位，不存在先例拘束原则。此外，因为宪法法院的合宪性审查和具体的诉讼案件无关，因此，各国宪法均赋予宪法法院判决以一般效力，即有权撤销违宪的法律或者行政命令，使其失去法律效力。从理论上来讲，被宣告违宪的法律或者行政命令应当自始无效，即判决应当具有溯及力。但是，各国为了保障现存法律秩序和法律关系的稳定，均明确限制判决的溯及力，违宪的法律或者行政命令通常自判决宣告之后失效。其四，宪法法院所作宪法裁决的主体是判断并宣告法律、行政命令的合宪性。在宪法法院型宪法监督体制之下，由于诉讼标的是法律或者行政命令是否符合宪法，而不是诸种具体案件中当事人之间的权利义务纠纷，因而宪法法院确认法律或者命令的合宪性是作为宪法判决的主文出现的。[1]由宪法法院行使宪法监督权具有两个突出优点：其一，“它的崇高的政治地位和司法的职能使它具有议会监督制度和司法审查制度共同的优点。政治上权威高，私法上技术娴熟，使它具有更有利的条件来实现宪法监督的职

1 胡锦光：“论宪法法院审查制的成因”，载《金陵法律评论》2001年第1期，第24—25页。

能”[1]；其二，“宪法法院兼用抽象和具体的审查相结合，以及事先审查和事后审查相结合的审查方式，也可以同时弥补司法审查和法国式的以专门的政治机关审查方式的缺点，使宪法在形式上实现了全方位的监督”[2]。该种审查体制的缺点在于：其一，“它难与其他的司法机关划清界限，究竟什么是宪法诉讼，什么是其他的法律诉讼，缺乏客观的衡量标准，在许多情况下，都是取决于法官对这个问题的态度”[3]；其二，“作用的有限性。宪法法院为了集中时间和精力审理关系全局的重大案件，不得不把大量的申诉通过简易程序推掉。因此，宪法法院每年处理的案件是微不足道的，这就削弱了它的作用”。[4]

（三）美国和德国的宪法监督体制比较

美国和德国均建立了较为完善的合宪性审查制度。但是，由于两个国家的国情不甚相同，各自建立合宪性审查制度的时代背景也有差异，因此，它们的合宪性审查制度各有千秋。[5]美国在世界范围内率先确立了普通法院型宪法监督制度，德国尽管并不是最早设立宪法法院的国家，但后来居上，逐步成为该种模式的典范。从世界范围来看，美国和德国的合宪性审查制度均有比较大的影响，在长期的法治建设中展现出了独特的魅力，成为许多国家建立宪法监督制度的蓝本。在当前加强宪法监督，推进合宪性审查工作的时空场景之下，中国在坚持自身宪法监督体制的前提下，对美国、德国宪法监督制度中的一些有益因素，也有必要在深刻体察的基础上进行审慎的挖掘和借鉴。基于此，此处拟对美国和德国的宪法监督体制作一框架性的比较。二者之间的差别主要表现在：其一，宪法监督机关进行合宪性审查的形式不同。美国的合宪性审查是以普通诉讼的存在为前提的，没有具体的诉讼案件发生就不可能启动合宪性审查程序，只有在普通诉讼中发现了相关法律、行政命令的违宪问题才有可能引发合宪性审查。简言之，美国的合宪性审查是“附带”于普通诉讼中，没有脱离普通诉讼的合宪性审查。美国没有独立的宪法法院，没有专门的宪法诉讼程

----

1 陈云生：“走法治必由之路——论宪法和法律监督的制度化”，载《比较法研究》1997年第1期，第10页。

2 陈云生：“走法治必由之路——论宪法和法律监督的制度化”，载《比较法研究》1997年第1期，第10页。

3 陈云生：“走法治必由之路——论宪法和法律监督的制度化”，载《比较法研究》1997年第1期，第10页。

4 陈云生：“走法治必由之路——论宪法和法律监督的制度化”，载《比较法研究》1997年第1期，第10页。

5 马岭：“德国和美国违宪审查制度之比较”，载《环球法律评论》2005年第2期，第154页。

序，也没有专门的宪法判决。合宪性审查与一般诉讼都在普通法院进行，诉讼进行过程中如果涉及合宪性审查问题，一般案件的诉讼程序无须中断，继续进行。一般诉讼和合宪性审查没有截然分开，合宪性审查结论与普通诉讼的裁决混合在同一张判决书中。与美国相比，德国的合宪性审查却是独立进行的。在德国，有专门行使宪法监督权的宪法法院，有独立的宪法诉讼程序，有独立的宪法判决。宪法案件应当由相应的当事人直接向宪法法院提起。法院如果在普通诉讼中发现相关法律有可能违反宪法，要立即停止诉讼程序，将案件移交给宪法法院审理，一般法院自己不能进行合宪性审查。宪法法院接受移送过来的案件之后，只对其中的法律是否合宪的问题进行审查并作出裁判，并不审理当事人之间的权利义务关系。[1]宪法法院在合宪性审查过程中虽然要参照原审案件的具体事实，但并不就原审案件的事实部分进行裁决。宪法法院审查完毕之后，将审查结果告知提交合宪性审查的法院，该法院根据宪法法院的审查结论确定该案的法律依据并对该案继续进行审判。其二，宪法监督机关的管辖权范围不同。美国的合宪性审查本质上其实就是对法律的审查，尽管美国联邦法院进行司法审查的对象既“包括国会通过的一切法律、法令”，也包括“政府制定的一切行政法规、行政命令和规章制度”[2]，但其中对国会法律的审查和对政府法规的审查在性质上是有区别的，前者是合宪性审查，后者是违法审查。“在英美法系国家，合法性审查与合宪性审查是由同一个法院来完成的。”“在大陆法系国家，合法性审查由普通法院进行，合宪性审查由宪法法院进行”。[3]在德国，宪法法院审查的案件都是宪法案件，其管辖范围非常宽泛，包括：由联邦政府、州政府或者联邦议院1/3以上的议员提出的抽象的法律法规审查案；由一般法院在诉讼中提出的对联邦法律、州法律、州宪法的具体审查案；由有议员资格而又受到审查的议员本人、100名以上的选举人、联邦议员的党团小组、1/10以上的联邦议院议员提起的选举审查案；由联邦议院或联邦参议院向宪法法院提出的总统弹劾案；由联邦议院向宪法法院提出的法官弹劾案；由联邦总统、联邦议院、联邦参议院、联邦政府和依据基本法规定或者依据联邦议院和联邦参议院议事规程规定，具有一定权限的前述部分机

---

1 胡锦光：“论公民启动违宪审查程序的原则”，载《中国法学会宪法学研究会2003年年会论文集》（下），第564页。转引自马岭：“德国和美国违宪审查制度之比较”，载《环球法律评论》2005年第2期，第155页。

2 韩大元主编：《外国宪法》，中国人民大学出版社2000年版，第418页。

3 胡锦光：“论公民启动违宪审查程序的原则”，载《中国法学会宪法学研究会2003年年会论文集》（下），第565页。

关向宪法法院提出的机关争议案；由联邦政府、州政府向宪法法院提出的联邦与州之间的争议案；由联邦议院、联邦参议院或者联邦政府向宪法法院提出的政党违宪审查案；宪法诉愿案等[1]。其三，宪法监督机关对法律审查与法规审查、具体审查与抽象审查秉持的立场不同。美国和德国都强调对规范性法律文件的司法审查，但二者对议会立法的司法审查和对行政法规的司法审查均作了区别对待。在德国，宪法法院的合宪性审查既有抽象审查，也有具体审查，在抽象审查中既有对法律的审查，也有对法规的审查。在具体审查中，只对法律进行审查。在美国，其合宪性审查仅仅是具体审查，审查的对象仅限于法律，不包括法规。其四，宪法监督机关对政治问题介入的程度、形式不同。在德国，宪法法院既是司法机关，也是政治机关。之所以说它是司法机关，是因为其管辖的范围中包括一系列法律案件。之所以说它是政治机关，是因为它履行着许多政治职能。宪法法院的法官不仅必须通晓法律，而且必须理解政治需要，必须尽可能在法律与政治之间达成一个大体的平衡。与德国的宪法法院相比，美国的联邦法院却仅仅是司法机关，它传统上只审理法律问题而不涉及政治问题，为了维持自身存在的正当性，联邦法院一直恪守政治中立的司法原则。但是，从美国的宪制实践来看，联邦法院事实上也无法绝对中立于政治，它也在诸种因素的综合作用之下自觉不自觉地进入了政治决断之中。当前，无论是德国的宪法法院，还是美国的联邦最高法院，都有介入政治问题的趋势而且事实上已经在介入。二者之间的差别仅仅在于：德国联邦宪法法院对政治问题的介入范围是相对固定的，联邦宪法法院必须依据《德国基本法》第93条第（2）项“联邦宪法法院还受理由联邦法律赋予它的其他案件”的规定，通过立法机关的立法审慎地拓展其审查政治问题的范围。与之相比，美国联邦宪法中并未规定联邦最高法院对政治问题的审查范围，甚至，也没有明确赋予其违宪审查权。联邦最高法院对政治问题的审查是在判例基础上形成的，是在长期的合宪性审查实践中逐步积累的，这种积累进展缓慢，但长期延续。

二、美国和法国、法国和德国的宪法监督体制比较

（一）法国宪法委员会型宪法监督体制概说

法国宪法监督体制的产生和发展大致经历了三个阶段：其一，排除对法律的违宪审查阶段。该阶段从1789年法国大革命胜利到1946年法兰西第四共和国宪法制定之前。该阶段除1799年法国宪法和1852年法国宪法中设立“元老

---

1 马岭：“德国和美国违宪审查制度之比较”，载《环球法律评论》2005年第2期，第159页。

院”，赋予其违宪审查权之外，其他各部法国宪法中均原则上排除对法律的违宪审查。其二，法兰西第四共和国的宪法监督体制。该阶段从1946年法兰西第四共和国宪法制定到1958年法兰西第五共和国宪法之前。“二战”结束之后，法国于1946年制定了一部新宪法，史称“第四共和国宪法”。该部宪法确立了议会内阁制，维持立法权优越的政治传统。尽管该部宪法借鉴1799年法国宪法和1852年法国宪法设立“护宪元老院”的经验，设立了专门的宪法监督机关——宪法委员会，由其监督宪法的实施。但是，在从1946年到1958年的12年中，宪法委员会几乎没有行使过违宪审查权。它唯一进行过的一次活动是在1948年6月18日，当时，议会两院由于分歧较大，不能形成一致意见。在这种情况下，宪法委员会提出了一项协调方案，最终为各方所接受。因此，最终实际上也没有行使违宪审查权。除此之外，宪法委员会从来没有以违宪审查机关的名义行使过任何权力。造成这种结果的原因主要有四个方面：（1）宪法委员会的产生方式决定了其难以具有独立的地位；（2）有权启动违宪审查程序的主体范围过于狭窄；（3）有权启动违宪审查程序的主体提出请求的程序过于严格；（4）宪法委员会的审查基准过于狭窄。其三，第五共和国的宪法监督体制。该阶段从1958年法兰西第五共和国宪法制定一直到现在。法兰西第五共和国宪法改变了第四共和国宪法确立的议会内阁制，加强了总统的权力，削弱了议会的权力。受其影响，法兰西第五共和国宪法中设立的宪法委员会与1946年法国宪法中的宪法委员会存在明显的差别。1946年法国宪法中的宪法委员会设立的基本出发点是为了维护议会的优越地位，而法兰西第五共和国宪法中的宪法委员会设立的基点却是为了维护总统和行政机关的权力。宪法的起草者将宪法委员会设计成一个对立法机关进行监督的部门，一副套在议会脖子上的锁链。[1]因此，有的学者将1958年法国宪法中的宪法委员会称为“一门对准议会的大炮”[2]。在此后法国的违宪审查实践中，宪法委员会逐步演化成了一个平衡议会与行政机关权力的机关以及保障公民权利和自由的机关。与1946年法兰西第四共和国宪法相比，1958年法兰西第五共和国宪法结构性扩大了宪法委员会的职权，关涉选举及国民投票的权限、确认总统职务障碍事由、有关紧急措施的权限、对法律事项和命令事项的分配的专属终审管辖权等

---

1 吴天昊：“法国违宪审查制度的特殊经验及其启示”，载《法国研究》2007年第1期，第45页。

2 朱国斌：“法国的宪法监督与宪法诉讼制度”，载《比较法研究》1996年第3期，第232页。

权力均被列入宪法委员会的职权范围。[1]在20世纪70年代，宪法委员会发生了重大变革。促成这种变革的原因主要有两个：（1）1971年的结社自由法案裁决。该判决开创了从实体上对法律进行审查的先例，自此之后，宪法委员会开始对法律的实质内容进行审查，判断其是否侵害了公民的基本权利和自由。（2）1974年的提案权改革。在当时的总统德斯坦的推动下，法国1974年通过了一项宪法修正案，规定60名以上国民议会议员或者60名以上参议员有权将法律提交宪法委员会审查。该项改革使得宪法委员会在法国政治生活中变得更加活跃和重要。总体来看，法国宪法委员会型宪法监督体制具有如下几个特点：（1）注重对法律的事前审查。欧洲大陆法系其他国家尽管也注重对法律的事前审查，但该种事前审查往往是指法律公布以后的一段时间，与之相比，法国宪法委员会的事前审查却是指在法律公布之前。（2）一定范围内的规范性文件要自动接受审查。（3）注重抽象的原则审查。与设立宪法法院的欧洲国家相比，法国绝对排斥抽象的原则审查以外的其他审查方法和审查原则，这主要是为了保证宪法的权威和宪法秩序，避免违宪的法律对宪法秩序造成损害。法国宪法委员会型宪法监督体制的优点是：（1）宪法监督机关具有很高的政治地位；（2）事前审查方式能够有效地避免违宪法律的颁布实施，最大限度地维护宪法制度；（3）宪法委员会不仅具有很高的政治权威，而且还有权作出强制性的裁决，确保宪法监督制度效能的充分发挥。宪法委员会型宪法监督体制的缺点是：享有提案权的主体范围过于狭窄，不利于合宪性审查制度作用的最大限度发挥。

（二）美国和法国的宪法监督体制比较

由于历史文化传统和政治体制的不同，美国和法国确立了不同的宪法监督体制模式：前者基于“司法权优越”的政治理念，由普通法院行使宪法监督权，注重通过具体的案件对法律等的合宪性问题进行事后审查，其基本出发点是保障公民权利，属于“公民权利保障型”宪法监督体制；后者基于对司法权的不信任，设立宪法委员会作为专门行使宪法监督权的国家机关，注重对法律等的事前的抽象审查，其基本出发点是维护宪法秩序，属于“宪法秩序保障型”宪法监督体制。[2]总体来看，美国和法国的宪法监督体制主要存在五个方面的区别：其一，宪法监督体制得以生成的原因不同。美国实行的是普通法院

---

1 胡锦光：“论宪法法院审查制的成因”，载《金陵法律评论》2001年第1期，第38页。

2 乐虹、陈党：“美、法两国违宪审查模式之比较”，载《学习论坛》2003年第3期，第45—48页。

型宪法监督体制，该种体制得以生成的政治理念基础是“司法权优越”。在美国，联邦最高法院进行合宪性审查的对象主要是法律，而它们是作为民意代表机关的美国国会制定的。非民选的普通法院之所以能够对民选的国会制定的法律进行合宪性审查，根源于美国人所秉持的“对立法机关不抱绝对信任”和“司法权优越”的政治理念。在1803年的“马伯里诉麦迪逊”案中，联邦最高法院首席大法官马歇尔明确宣布：“违宪的法律不是法律”，“阐明法律的意义是法院的职权”，由此确立了由普通法院行使违宪审查权的制度。联邦最高法院在该案及后续的其他案件中通过解释宪法和阐述“三权分立”理论认定：宪法中虽然并未明文明确赋予联邦法院以违宪审查权，但实际上表明了由联邦法院作为违宪审查机关的含义。因此，“解释宪法乃是法院正当与特有的职责。而宪法事实上，亦应当被法官看作根本大法。所以，对宪法以及立法机关制定的任何法律的解释权应属于法院。”[1]根据三权分立原则，司法权有权制约立法权与行政权，否则，三权之间就难以实现较为妥当的平衡，人权就难以得到保障。与美国相比，法国的司法权却不具备相较于立法权、行政权的优越地位，由于历史的原因，法国人对司法权秉持一种不甚信任的政治心理。在法国，法院有两套独立的系统：一套是普通法院系统，另一套是行政法院系统。前者是司法机关，后者属于行政机关。但是，宪法监督权既没有赋予普通法院，也没有赋予行政法院，而是赋予了一个专门设立的国家机关——宪法委员会，由其行使宪法监督权。法国历史上其实也曾经有过效仿美国，实行普通法院型宪法监督体制的做法，但非常不成功。造成该种状况的原因固然很多，但其根本的原因就是法国人对司法权秉持的与生俱来的警惕之心。正因为如此，法国最终放弃了实行普通法院型宪法监督体制的尝试，转而由外在于立法机关、行政机关、司法机关之外的一个专门设立的宪法委员会行使宪法监督权。1958年法国宪法将宪法委员会作为仅次于共和国总统、政府和议会的国家第四大机构，专章规定了宪法委员会的组成、职能和运行规则。其二，宪法监督机关行使违宪审查权的方式不同。在美国，联邦最高法院行使违宪审查权的方式是事后的附带性审查方式。美国国会或者联邦政府制定的法律、法规和政策事前不需要征询联邦最高法院的意见。法律生效或政策实施后，如果没有一项具体的诉讼涉及该项法律或政策，法院也不能主动进行审查。这就是说，联邦法院只能通过审理具体的案件时就其所涉及的法律或政策是否违宪进行事后

1 ［美］汉密尔顿、杰伊、麦迪逊：《联邦党人文集》，程逢如等译，商务印书馆1980年版，第392—393页。

审查。在法国，宪法委员会行使违宪审查权的方式是事前审查，立法公布后就不再审查。其三，宪法监督机关所作“宪法裁决”的效果不同。在美国，任何一级联邦法院均有权进行违宪审查并作出裁决。与美国联邦法院相比，法国的宪法委员会本质上不是一个纯粹的司法机关，而是一个政治性权威机构，它对法律的合宪性实行抽象的原则审查，且审查过程不公开，审查结论具有一般效力，对各类国家机关都具有约束力。现行《法国宪法》第62条规定：“被宣布违反宪法的规定，不得予以公布，亦不得施行。对宪法委员会的裁决，不得进行任何上告。宪法委员会的裁决对于公共权力机构、一切行政机关和司法机关都具有拘束力。”依据该规定，法国宪法委员会具有崇高的权威性，它所作的审查结论具有终局性，不可上诉，也不能再由另一个机关复审。

（三）法国和德国的宪法监督体制比较

法国宪法委员会型宪法监督体制和德国宪法法院型宪法监督体制存在诸多差异，主要包括：其一，宪法实施监督机构的设置不同。在德国，行使宪法监督权的主体是宪法法院。它既是一个政治机构，又是一个司法机构。联邦德国在《德国基本法》中规定了宪法法院的组织和权限，确认宪法法院是一个与其他法院不同的独立自主的联邦机构，具有相当优越的权威性地位，能够有效地对其他机关的行为进行审查，并根据不同情况予以确认或撤销。因此，它是三权之外的权力，目的是监督立法、司法和行政。《德国基本法》规定，联邦宪法法院享有司法权和管辖权，《德国宪法法院法》进一步确认：“联邦宪法法院应当是独立于所有其他宪法机构的联邦法院。”在法国，行使宪法监督权的主体是宪法委员会。它是介于共和国总统、政府和议会之外的国家第四大机构。宪法委员会不属于司法审判机构，因此，其成员也不要求是法官。1958年《法国宪法》规定，宪法委员会在组织上是和司法机关分开的，不属于司法机关。它不审理具体的宪法诉愿案件，并且对法律的监督是事先监督。另外，总统行使非常措施时，应先咨询宪法委员会的意见。可见，宪法委员会是一个充当总统法律顾问和咨询性的政治机关。法国宪法委员会委员实行任命制，法国宪法委员会的组成人员不是法官，而是政治家。其二，宪法监督机关行使违宪审查权的方式不同。法国宪法委员会行使违宪审查权的方式只有一种，即抽象的原则审查。1958年《法国宪法》第61条规定，“各个法律在公布前，可以……提交宪法委员会。”与美国不同，法国宪法委员会不能在对具体案件的审理中附带审查已生效的法律规范，其违宪审查权的行使与法律规范在具体个案中的适用无关。与法国相比，德国的违宪审查制度显得更为灵活丰富，其违宪审查方式有三种类型：抽象的法律法规审查、具体的法律法规审查、宪法控诉。德国的宪法诉讼在违宪审查形式上较为独立，其宪法诉讼是独立进行的，有独立的宪法法院，独立的宪法诉讼程序，独立的宪法判决。宪法案件通常由两个途径提起，一是当事人直接向宪法法院提起；一是普通法院在诉讼中认为该案件适用的法律违反宪法，将案件移交给宪法法院审理。在前种情况下，当事人必须穷尽所有手段之后才能启动违宪审查；在后种情况下，宪法法院只对法律问题进行裁判，而不审理发生于当事人之间的具体权利义务关系。显然，宪法法院是独立于普通法院之外的，它的审理不是普通法院的“上诉审”。其三，宪法监督机关的管辖范围不同。德国是实行宪法法院型宪法监督体制的典型代表国家。在德国，联邦宪法法院的管辖权范围非常广泛，包括：由联邦政府、州政府或者联邦议院1/3以上的议员提出的抽象的法律法规审查案；由一般法院在诉讼中提出的对联邦法律、州法律、州宪法的具体审查案；由有议员资格而又受到审查的议员本人、100名以上的选举权人、联邦议院的党团小组、1/10以上的联邦议院议员提起的选举审查案……还有普通公民、私法人或乡镇自治团体在穷尽其他法律救济手段后提出的宪法诉愿案，等等。[1]法国宪法委员会是一个对法国议会的立法权和政府的行政权实行政治平衡的机关。它不像美国联邦最高法院那样受到联邦立法机关和联邦行政机关的强有力的制衡；它行使各种职能，肩负多重使命，扮演了国家机关顾问、选举诉讼法官、宪法法官等多种角色。根据《法国宪法》和《法国宪法委员会组织法》的规定，它除了履行司法职能外，还可履行非司法职能。

三、日本和韩国的宪法监督体制比较

（一）日本的宪法监督体制概说

日本的违宪审查制度是“二战”后根据《日本宪法》第81条的规定建立起来的。该条规定：“最高法院为有权决定一切法律、命令、规则以及处分是否符合宪法的终审法院。”依据该规定，日本战后确立的是普通法院型宪法监督体制，这显然是效仿了美国的宪法监督模式。1945年以前，日本包括宪法在内的几乎所有法律体系全是移植德国的制度，不过，当时的《日本宪法》中并没有关于宪法监督制度的规定，该时期日本宪法学界普遍秉持的立场是：宪法的最高解释权属于代表国民的立法机关，司法机关无权就国会制定的法律的合宪

---

1 马岭：“德国和美国违宪审查制度之比较”，载《环球法律评论》2005年第2期，第158—159页。

性进行审查。[1]“二战”之后开始实施的《日本宪法》加强了法院的独立性，扩大了日本最高法院的权限范围。《日本宪法》第76条规定：“一切司法权属于最高法院以及根据法律规定设置的下级法院。不得设立特别法院，行政机关不得行使终审裁判权。所有法官依良心独立行使职权，只受宪法和法律的约束。”该法第77条规定：“最高法院有权就诉讼程序、律师、法院内部纪律以及司法事务处理等事项制定规则。”依据前述规定，日本最高法院不仅是所有诉讼案件的终审法院，而且，在司法行政事务方面也有独立的处置权。在此基础上，《日本宪法》第81条进而规定，“最高法院有权决定一切法律、命令、规章及处分是否符合宪法的终审法院。”根据该规定，日本最高法院有权解释宪法，并有权进行违宪审查。但是，该条没有明确界定日本最高法院所拥有的违宪审查权的行使方式，也就是说，日本最高法院所行使的违宪审查权究竟是附带性的呢，还是抽象性的，或者两种形式的审查都有，该条中并未作出明确界定。舍此而外，该条对日本最高法院之外的其他下级法院是否拥有违宪审查权也没有作出明确界定。如此一来，就引发了宪法实施过程中围绕该问题的争论。后来，日本最高法院通过司法判例逐步厘清了上述问题，确立了日本的宪法监督体制。在“警察预备队违宪诉讼案”中，日本最高法院否认了原告铃木茂三郎的诉求，认为宪法没有赋予日本最高法院抽象的违宪审查权，从而确立了日本最高法院的附带性违宪审查方式。日本最高法院在该案判决中指出：“在现行制度下，我国法院拥有的是司法权，而司法权需要提起具体争讼案件来启动。我国法院不具有在没有具体争讼案件发生的情况下，就预想将来会引发的对有关法律、命令的解释是否合宪的疑问进行抽象裁判的权力。在这一点上最高法院与下级法院无异。”“若最高法院如同原告所主张那样，拥有对法律、命令等进行抽象审查并作出无效宣告的权力，那么任何人均可以向最高法院提起宪法诉讼，会频频发生对法律、命令等进行抽象审查并做无效宣告的诉讼……总之，在我国现行制度之下，只有在存在特定的当事人基于具体的法律关系的纠纷的情况下，才可以请求法院做法律判断，脱离上述具体案件说法院拥有就法律、命令等的合宪性进行抽象判断之权的主张，不具有任何宪法及法律上的根据。”[2]在与该案同时期的另外一起违宪审查案件中，日本最高法院

----

1 ［日］小林武：“我国违宪审查制五十年的轨迹和课题”（1），载《南山法学》22卷1号（1998年），第45页。

2 ［日］佐佐木雅寿：“违宪立法审查权的性质”，载芦部信喜、高桥和之、长谷部恭男编：《宪法判例百选2》，有斐阁2000年版，第414页。

驳回了被告的上诉，认为由下级法院行使违宪审查权并不违反《日本宪法》第81条的规定。日本最高法院在该案判决中指出，“宪法为国家的最高法规，违反宪法内容的法律、命令等将不具有效力，法官受到宪法和法律的约束并负有尊重和维护宪法的义务。……法官在审理具体案件适用法律时，有权对于该法律是否符合宪法作出判断，这是宪法赋予法官的职权，在这一点上最高法院的法官和下级法院的法官并无区别。宪法第81条只是规定最高法院为行使违宪审查权的终审机关，并没有否定下级法院行使违宪审查权的意思。”[1]在日本最高法院所做前述案例的影响和推动下，《日本宪法》第81条规定的内涵逐步被厘清，确立了普通法院型宪法监督体制。从“二战”后日本确立该种宪法监督体制开始，截至目前，日本违宪审查制度的具体运行可以分解为四个时段：其一，从1947年确立违宪审查制度开始到1966年全国邮电工会东京中邮案件判决止。从该阶段日本最高法院所作宪法判决的情况来看，日本最高法院在违宪审查案件中总体表现得较为消极，这一点，无论从关涉政治问题的“砂川”案件和“占米地”案件的判决中，还是从关涉人权案件的判决中，都可以清晰地看出来。在该类案件中，日本最高法院所作宪法裁决是清一色的合宪判决。其间，虽然也有关于强制调停被判为违宪的决定和没收第三者所有物被判为违宪的判决等，但主要是合宪判决。其二，从1967年开始到1973年的全农林警职法案判决止。该阶段以对尊重公务员劳动基本权作出明确判断的全国邮电工会东京中邮案件判决为契机，日本最高法院系统阐述了作出宪法判断的理由，强化了人权保护的姿态。该类判决除了与公务员的劳动基本权相关的都教组案件之外，还有高田案件、博多站电视典型提出命令案件、京都府学联案件、和歌山晚报时事案件等。该种倾向，在1973年遭到鹰派的反击之后，仍然由“尊属杀违宪判决”“药事法距离限制违宪判决”“1976年议员定数不均衡违宪判决”等继承下来。总体来看，该阶段日本最高法院在作出宪法判断时以具体的比较衡量的方法取代了过去的“公共福祉论”，在维护人权的案件中表现出了严格审查相关法律的趋势。与此同时，日本最高法院在该阶段逐步导入宪法判断回避原则、合宪限定解释原则、二重基准论等多样的宪法判断方法。其三，从全农林警职法案判决一直到20世纪80年代。1973年日本最高法院作出的全农林警职法案判决改变了前述第二阶段曾经采取的积极主义立场，重新转向较为保守的立场。其后在长达七年左右的时间里，日本最高法院一直保持该种立

---

1 ［日］阿部泰雄：“下级法院的违宪立法审查权”，载芦部信喜、高桥和之、长谷部恭男编：《宪法判例百选2》，有斐阁2000年版，第416页。

场，在许多关键性案件的违宪审查中均采用较为宽松的审查标准，在政治问题上开始采用“立法裁量论”，该时期所作宪法裁决大多是合宪判决。其四，从1980年到现在。该阶段日本最高法院行使违宪审查权的特点是：在继续坚持司法消极主义的同时，行为趋向于复杂化：积极进行各种宪法判断，但作出违宪判断时表现得非常谨慎，回避宪法问题的倾向非常明显，在某种程度上可以说是开创了司法消极主义的新阶段。该时期日本最高法院倾向于采取宽松的违宪审查基准进行评判，立法裁量论被任意地发挥，出现了不少未经过充分论证即简单化地确认原审判断的裁决。

（二）韩国的宪法监督体制概说

韩国的宪法监督体制具有明显的移植色彩。从追本溯源的角度来看，韩国的违宪审查制度最早源于1948年的制宪宪法，此前的宪法性法律文件，如《洪范十四条》《大韩国国制》等，均未规定违宪审查制度。1948年《韩国宪法》制定时，除俞镇午博士提出的宪法草案之外，其他宪法草案均主张将违宪审查权赋予法院。俞镇午博士反对建立美国式违宪审查制度的主要理由是：“第一，韩国法官缺乏公法知识；第二，对韩国法律人士法律思想认识的不足感到忧虑；第三，韩国当时国际关系紧张、各种问题堆积如山，美国式司法审查制度与这种国内现状不符”。[1]1948年《韩国宪法》最终采纳了俞镇午博士的主张，设置了宪法委员会，赋予其违宪审查权。宪法委员会的委员长由副总统担任，宪法委员会由大法官5人和国会议员5人（三位众议员和两位参议员）组成。根据1948年《韩国宪法》，对于法律是否违宪，法院在裁判前要提请宪法委员会决定，并且规定宪法委员会在审查立法机构通过的法律时有最后解释权。从1948年到1960年，韩国宪法委员会共行使过7次违宪审查权，其中两条法律被裁定违宪。该时期宪法委员会的性质既不像法国宪法委员会那样是一个政治机构，也不像联邦德国宪法法院那样是一个司法机构，韩国宪法委员会代表了政府三权之间的政治妥协，是国会与大法院之间的妥协机关，是有关法律违宪问题的意见调整机关。1960年4月，韩国爆发学生革命，李承晚政府垮台。1960年6月15日，韩国国会对宪法进行了修改，颁布了1960年《韩国宪法》。该部宪法废除了此前的宪法委员会制度，采取了德国式的宪法法院制度，设置宪法裁判所作为违宪审查机关。宪法裁判所是常设机关，由9名法官组成，其中，总统任命3人，从大法院和参议院各选出3人。宪法裁判所拥有宪法的最终解释权，对国家机关间的权限争议，违宪政党的解散判决，弹劾

1 ［韩］俞镇午：“宪法起草回顾录”，载一潮阁1980年版，第41—42页。

审判，有关总统选举等案件拥有裁判权。1961年4月17日，韩国国会审议通过《韩国宪法裁判所法》，具体规定宪法裁判所的职权范围及运行规则。1961年5月16日，韩国发生军事政变，新组建的革命政府用《韩国国家再建非常措施法》停止了《韩国宪法裁判所法》的效力。1962年12月，新政府对韩国宪法进行全面修改，制定了1962年《韩国宪法》。该部宪法废除了此前的宪法裁判所制度，采用了美国型的违宪审查制度，赋予大法院违宪审查权与政党解散审判权，大幅度削弱了宪法裁判职能。在从1963年到1972年（第三共和国）长达10年左右的时间里，尽管下级法院对法律都曾经作过违宪判断，但是，作为上告审的大法院却表现出明显的回避作出违宪判断的倾向。该时期比较著名的违宪判决是关于1971年《韩国国家赔偿法》第2条第（1）项违宪问题的判决以及《韩国法院组织法》第59条第（1）项违宪问题的判决。这些判决曾经引起政府的强硬反对，法院的抵制形成“司法波动”事件，最终导致司法权独立性的丧失。1972年10月17日，韩国对其宪法进行了第七次修改。新宪法将违宪审查权从法院转移到了宪法委员会，引发该变动的直接援引是大法院关于《韩国国家赔偿法》第2条第1款但书的违宪审查判决。该判决使执政势力认为法院不可信，对其产生了警惕之心。执政势力通过宪法修改不仅加强了对法院的牵制，而且在较大程度上影响了重新拥有违宪审查权的宪法委员会之应有作用的发挥，具体表现在：其一，加强了总统对宪法委员会成员组成的控制（《韩国宪法》第103条），对宪法委员会委员的资格进行限制，预留了进行政治性任命的可能性；其二，在把违宪审查权赋予宪法委员会的同时，赋予大法院违宪法律提请权与法律合宪审查权（《韩国宪法委员会法》第15条第3款），加大了作出违宪判决的难度；其三，规定宪法委员会应当在听取法务部长官的意见之后方才能够作出违宪决定（《韩国宪法委员会法》第48条），加强了行政机关对违宪审查的直接影响力。1980年，韩国宪法进行了第八次修改。这次修改对违宪审查制度并未进行大的变动，只是对一些实践中存在争议的问题作了局部修正。例如，1980年《韩国宪法》第108条对一般法院的违宪审查初次审查权进行了合理化处理，在程序上把下级法院未审查提请的票数由原来的2/3以上缩小为过半数，缓和了对违宪审查的提请条件。与1948年《韩国宪法》下的宪法委员会制度相比，1980年《韩国宪法》下的宪法委员会制度出现了明显的退步。在从1980年到1987年（第五共和国）的时段里，韩国宪法委员会从未作出过违宪审查。1987年6月，韩国对其宪法进行了第九次修改，颁布了1987年新宪法。在这次宪法修改中，采取何种类型的违宪审查制度是议员们争议的热门话题。该部宪法最终采取了宪法裁判所制度，这固然是由于韩国民众对德国宪法法院制度的推崇所致，但和此前1962年《韩国宪法》下普通法院型违宪审查制度、1972年《韩国宪法》下宪法委员会型违宪审查制度的失败似乎也存在直接的关系。韩国1987年《韩国宪法》规定设置宪法裁判所，赋予其违宪法律审查权、弹劾审判权、政党解散权、权限争议审判权以及宪法诉愿审判权。自此而后，宪法裁判所开始在韩国的民主宪制实践中发挥作用，并取得了积极的成效。总体来看，韩国目前的违宪审查制度是借鉴德国的违宪审查制度建立起来的，但是，二者之间也存在一些差别，主要表现在：（1）行使违宪审查权的机关不同。韩国行使违宪审查权的主体有两个，一个是宪法裁判所，另一个是作为最高法院的大法院。根据韩国现行宪法规定，韩国最高法院不是宪法裁判所的附属机构。它们共同存在并各自具有管辖的权限。因此，宪法裁判所不能挑战普通法院的判决。但是，在德国的宪法诉讼制度中，普通法院的判决可以被提起宪法诉愿；第二，韩国宪法裁判所在审理案件时采用的是具体审查原则而非抽象审查原则。从这一点上说，韩国的违宪审查制度比较接近于美国的宪法诉讼制度，但与德国却不甚相同。在德国，联邦宪法法院既有具体审查权，也有抽象审查权。

（三）日本和韩国的宪法监督体制比较

日本和韩国属于亚洲国家，且都在东亚的儒家文化圈内，具有共同的法律文化传统。但是，二战之后，日本和韩国却采取了两种不同类型的宪法监督体制，并在各自的国家发挥了积极的作用。对于包括中国在内的其他亚洲国家来说，对此进行比较研究具有积极的意义。总体来看，日本和韩国的宪法监督体制主要有三个方面的区别：其一，行使违宪审查权的机关不同。依据《日本宪法》，日本确立的是普通法院型宪法监督体制，以法院作为违宪审查机关，通过附带性审查的方式行使违宪审查权。20世纪80年之后，日本学界围绕《日本宪法》第81条所规定的违宪审查的性质产生了激烈的争论。一些学者认为，从宪法文本的字面含义来看，宪法中并没有禁止日本最高法院行使抽象违宪审查权。还有一些学者对日本最高法院在违宪审查实践中长期奉行的消极主义立场进行批判，要求由独立的宪法法院行使违宪审查权，以缓解日本违宪审查制度面临的困境。根据《日本宪法》第81条的规定，日本最高法院是拥有违宪审查权的终审法院。但是，对于地方法院是否拥有违宪审查权，宪法中却并没有明确规定。尽管日本最高法院在违宪审查实践中明确了地方法院的违宪审查权，但是，由于地方法院在违宪审查实践中长期奉行积极主义的立场，而日本最高法院却往往奉行消极主义的立场，由此导致地方法院作出的违宪判决经常被最高法院驳回，由此引发民众对其立场的不满，进而衍生出对日本最高法院行使违宪审查权的不满。与日本相比，韩国宪法监督体制的发展历程较为坎坷，先后实行过宪法委员会型宪法监督体制、普通法院型宪法监督体制、宪法法院型宪法监督体制，1987年《韩国宪法》最终确立的是宪法法院型宪法监督体制，设置了宪法裁判所，赋予其违宪审查权。但是，韩国宪法裁判所拥有的违宪审查权并不是垄断性的，在它之外，作为韩国最高法院的大法院也拥有一定范围的违宪审查权。换句话说，韩国的违宪审查权是由宪法裁判所和大法院分工行使的。依据1987年《韩国宪法》，大法院不仅对总统或者国会议员的选举是否有效享有排他性的管辖权，而且根据《韩国宪法》第107条，宪法法院管辖法律的合宪性审查，而大法院管辖命令、规则、规章与处分的合宪性与合法性审查。此外，根据《韩国宪法法院法》第68条，法院判决被排除在宪法法院审查之外。这种设计据说是为了防止在韩国产生一个比韩国最高法院还要高的第四级法院。这种将法院判决排除的原则引起了广泛的争论。其二，违宪审查的对象不同。根据《日本宪法》第81条的规定，违宪审查的对象是指法律、命令、规则和处分。除上述审查对象外，法院在违宪审查实践中还确定了对条约和立法不作为的行为的审查。由于条约是否属于违宪审查的对象在很大程度上涉及国内法与国际法的关系问题，日本学界对此存在较大的分歧，主要有肯定说和否定说两种立场。日本法院对此秉持的立场似乎也不甚一致，例如，日本最高法院在1959年的“砂川事件”判决中认为，与主权国家等相关的高度政治性的东西，其是否违宪应被排除在司法审查的范围外。韩国的宪法裁判所制度主要是受德国宪法法院型宪法监督制度的影响，但是，在具体的违宪审查对象以及审查原则方面，韩国却同时借鉴了英美法系尤其是美国违宪审查模式的一些经验，诸如事后的附带式审查要求，从而形成了独具特色的韩国违宪审查制度。根据《韩国宪法》和《韩国宪法裁判所法》的规定，宪法裁判所的违宪审查对象为：（一）法律；（二）弹劾审判；（三）正当的解散审判；（四）国家机关之间以及国家机关和地方自治团体之间的权限争议；（五）宪法诉愿。除上述明确规定的违宪审查对象外，韩国的违宪审查制度将部分政治行为和法院判决排除在审查范围外。从韩国违宪审查的实践来看，虽然韩国违宪审查制度将部分政治行为排除在其审查的对象范围之外，但与日本最高法院的保守、消极相比，韩国宪法裁判所在面对政治行为时所秉持的积极主义立场依然是非常明显的。其三，违宪审查机关所作宪法裁决的效力不同。日本的宪法监督体制是仿效美国建立起来的，但是，由于日本并不是判例法国家，不存在“先例拘束”原则，因此，对日本最高法院所作宪法裁决的效力问题，日本学界的认识不甚一致，主要有两种观点：（1）一般效力说。该观点认为，日本最高法院所作宪法裁决不仅适用于受诉宪法案件，而且具有一般的效力，被裁决违反宪法的法律将自此丧失效力。（2）个别效力说。该观点认为，如果日本最高法院所作宪法裁决具有一般效力的话，实际上等同于赋予日本最高法院分解国会立法权的权力，这是违反宪法的。因此，宪法裁决的效力只及于受诉案件本身，并不产生一般的效力。由于《日本宪法》中对此并未作出明确规定，而日本违宪审查制度自确立以来，被日本最高法院宣布违宪的裁决只有为数不多的五例，因此，这个问题存在一定的悬疑。不过，从日本最高法院目前已经作出的宪法裁决来看，宪法裁决的效力似乎具有一定的不确定性。例如，日本最高法院在1974年作出“杀害尊亲属重罚规定”的违宪判决后，日本国会并没有立即对《日本刑法》第200条进行修正，但是日本检察系统的内部指示要求，对于杀害尊亲属的案件，应适用《日本刑法》第199条的普通杀人罪的相关规定进行起诉。而《日本刑法》第200条直到2005年才得以删除。但是，在1976年“药事法距离限制规定”的违宪判决作出后不到一个月的时间，国会就开始了对被宣布违宪的《日本药事法》相关条款的修改工作，并在随后的时间里公布了新修订的法律。韩国法律规定，一旦宪法裁判所判决一项法律违反宪法的规定，可以同时宣布该法律无效，同时要求国会在规定日期内进行修改，或制定新的法律，但该违宪判决原则上不具有溯及力。值得注意的是，在采取美国式的“具体的规范控制”的国家，如果某项法律被宣布为违宪的话，该法将在事实层面得不到适用。与之相比，在采取“具体的规范控制”的韩国，尽管被宣布为违宪的法律也将要被废止，但这是将来的事情，宪法裁判所还要采取相应的措施，处置法律被废止之前有可能衍生出的各类问题。《韩国宪法裁判所法》第45条规定了两种形式的裁判作为规范控制的方式，即合宪与违宪。由于这两种裁判方式不足以适应实践中的各类问题，宪法裁判所采取了一些修正形式的裁判，如“有限的合宪”“有限的违宪”以及“与宪法不协调”等。通过这些形式的宪法裁决，尽可能尊重议会的立法形成权，防止由于违宪的极端裁判所造成的法律真空，避免由此有可能引发的混乱现象的出现。

第二节　健全与完善我国宪法实施监督体制的学理探索和制度实践

习近平总书记在党的十九大报告第六部分论及“深化依法治国实践”这一主题时明确指出，要“加强宪法实施和宪法监督，推进合宪性审查工作，维护宪法权威”。依据前述科学论断，结合当前我国宪法实施和宪法监督理论研究和实践工作中存在的具体问题，本节拟对我国的宪法实施监督体制作一总体框架性的分析。

一、移植西方国家宪法监督体制的可能性分析

前文介绍了以美国为代表的普通法院型宪法监督体制、以德国为代表的宪法法院型宪法监督体制以及以法国为代表的宪法委员会型宪法监督体制。近年来，国内学界高度关注以法国为代表的宪法委员会型宪法监督体制，认为其相对较为适合我国的国情。但是，随着时代的发展，法国的宪法委员会也经历了两次结构性转型，分别是1971年的“结社法决定”和2008年的修宪，由此使宪法委员会取得了审查已经制定的、生效的法律的权力，以及形成司法性和诉讼式的审查方式[1]。如此一来，宪法委员会就与德国的宪法法院非常接近了[2]。在该种情形下，宪法委员会型宪法监督体制是否依然能够作为未来我国健全和完善宪法监督体制的范本就显得不甚清晰了。

（一）确立普通法院型宪法监督体制的可能性

诚如前述，普通法院型宪法监督体制是美国联邦最高法院在1803年的马伯里诉麦迪逊案中确立的，它开创了普通法院型宪法监督体制的先例，对世界其他国家的宪制实践和宪法学理论的发展产生了重大的影响。据统计，目前世界范围内确立该种模式的国家有60多个，其中绝大多数属于普通法系的国家。国内也有一些学者主张采取该种宪法监督体制，赋予最高法院违宪审查权，受理宪法诉讼[3]。从直观层面来看，普通法院型宪法监督体制与其他宪法监督模式相比，确实具有较为明显的优点，主要表现在：其一，法律和其他规范性文件的合宪争议往往在具体案件中表现出来，由普通法院实施违宪审查，宪法的实施因之就被置于法院的经常性监督之下。其二，法院的诉讼活动有严格的程序规则作为依据，由普通法院审查法律等文件的违宪与否，就使宪法争议的解决拥有了严格的司法程序的保障。其三，由于该种宪法监督体制以现实发生的诉讼为前提进行附带性审查，普通公民因之就可以成为宪法诉讼的主体，更有

----

1 李少文：“合宪性审查的外国模式与中国选择”，载《理论视野》2018年第1期。

2 王建学：“从‘宪法委员会’到‘宪法法院’——法国合宪性先决程序改革述评”，载《浙江社会科学》2010年第8期。

3 王磊：“试论我国的宪法解释机构”，载《中外法学》1993年第6期；包万超：“设立宪法委员会和最高法院违宪审查庭并行的复合审查制——完善我国违宪审查制度的另一种思路”，载《法学》1998年第4期。

利于公民宪法权利的保障。其四，它具有“宪法司法”的性质。把宪法直接纳入司法适用范围，使宪法的适用和普通法律的适用结合起来，有利于强化宪法至上、宪法也是法的观念。对此，也有一些学者提出反对意见，认为普通法院型宪法监督体制不适合我国的实际情况[1]。该种观点的主要理由是：其一，普通法院型宪法监督体制与我国人民代表大会制度的运行机制不符。普通法院型宪法监督体制是建立在三权分立与制衡原则的基础上的，法院通过行使违宪审查权对立法权和行政权进行限制，能够凸显其相较于后两者的独立权力属性、彰显权力分立与制衡原则。但是，我国的根本政治制度是人民代表大会制度，它奉行的权力运行规则是民主集中制原则，而不是三权分立与制衡原则，全国人大及其常委会固然是行使立法权的国家机关，但它们与行政机关、司法机关所处的宪法地位并不相同。由一个执行法律的机关来制约立法机关所制定法律的合宪性，显然是不符合权力逻辑的，它将打破我国现行的权力运行机制。其二，普通法院型宪法监督体制不符合我国的法律文化传统。采取普通法院型宪法监督体制主要有两个方面的原因：（1）采行该种宪法监督体制的国家大多是英美法系国家，它们实行的是判例法，奉行先例拘束原则，法院的判决具有法律效力；（2）法官有权对法律进行创造性的解释，该种解释在客观上能够起到法的作用。但是，我国却是一个成文法国家，判例法不是我国法律的渊源，判例不具有法的效力，也不存在先例拘束原则。而且，我国的宪法是不能在各类审判中适用的，法官根本不具有按照造法的功能。在该种法律文化传统下，普通法院型宪法监督体制难以成型。其三，我国法院在国家机构体系中所处的地位和法官的素质不具备实行普通法院型宪法监督体制的条件。在英美法系国家，普通法院所处的地位较高，足以成为国家机构体系中的独立一极。而且，英美法系国家法官的产生机制与职业训练机制与其他国家不甚相同，法官的职业素质相对比较高，更适合于承担违宪审查工作。与之相比，我国的法院和法官却不太具备该种素质。我国法院固然也独立地行使审判权，但法院所处的地位与立法机关不甚相同，甚至在某种程度上还受制于行政机关，不足以承担违宪审查工作。近年来我国法官的职业素质相较于过去有了结构性的提升，但与英美法系国家的法官相比依然存在一定的差距，不足以承担违宪审查权。

基于前述类同的理由，笔者认为，普通法院型宪法监督体制不适合于中国。

----

1 费善诚：“试论我国违宪审查制度的模式选择”，载《政法论坛》1999年第2期。

（二）确立专门机关型宪法监督体制的可能性

有学者认为，我国与欧洲国家有着许多共同点，存在着制度移植与借鉴的可能性。例如，都为大陆法系国家，立法权在国家的政治生活中均处于优越地位，政治体制的建立都以最高权力机关为中心，在法律传统上都不存在“先例约束原则”等。而且，欧洲大陆法系的一些国家最初也是排斥司法机关或者是专门机构对立法机关的法律进行审查的，他们最终选择宪法法院这种审查模式，完全是在宪制实践中经过综合比较而作出的一种理性判断。同为大陆法系的中国，完全有理由借鉴欧洲大陆法系国家的宪法法院制度。[1]也有学者认为，完善我国的违宪审查制度应当客观地总结借鉴各国实施违宪审查制度的经验。在违宪审查的体制上，专门机构审查模式在欧洲国家的成功实践是值得我们认真思考的。专门机构审查模式包括两种形式，即宪法法院和宪法委员会，其中，宪法委员会型宪法监督体制是适合我国国情和现实需要的一种模式。宪法委员会本质上是一种政治性机构，而宪法法院却是司法机关。作为政治性机构，宪法委员会在组织形式上比较灵活，富有弹性，更易于与我国的政治体制相融合。而且，建立一种政治性的违宪审查机构也符合我国的传统，比较容易为人们所接受。因此，我国应该考虑在全国人大之下设立独立的宪法委员会，把最高国家权力机关的宪法监督与作为专门监督机构的宪法委员会的违宪审查相结合，实行以宪法委员会为主的宪法监督体制。[2]笔者认为，宪法监督体制与宪法监督机构不是一个层面的范畴。前者是一个上位概念，包括普通法院型、宪法法院型、宪法委员会型以及立法机关型等四种模式。与之相比，后者是一个下位概念，是在已然确立宪法监督体制的前提下，具体设置的行使违宪审查权的工作机构。因此，不能将二者混为一谈。从宪法监督体制的角度来说，笔者认为，无论是以法国为代表的宪法委员会型宪法监督体制，还是以德国为代表的宪法法院型宪法监督体制，均不适合中国。其原因在于：（1）法国的政权组织形式是半总统半议会制，中国的政权组织形式是人民代表大会制度。根据1958年《法国宪法》第56条之规定，宪法委员会的成员为9人，任期为9年，不得连任。宪法委员会成员每3年更新1/3，9名成员中3名由共和国总统任命，3名由国民议会议长任命，3名由参议院议长任命，共和国前总统终身是宪法委员会的当然成员。依据前述规定，法国宪法委员会成员与法国国会

1 张德瑞：“欧洲宪法法院给我国违宪审查制度建构的启示”，载《中国青年政治学院学报》2007年第2期，第92页。

2 费善诚：“试论我国违宪审查制度的模式选择”，载《政法论坛》1999年第2期，第8页。

之间具有内在的逻辑关联性，但是二者并不是同一国家机关，宪法委员会是外在于国会的一个独立的国家机关。（2）法国宪法委员会产生之初，和德国宪法法院具有本质的差异，违宪审查权的行使方式具有本质的不同。但是，经由1971年的“结社法决定”和2008年的修宪之后，法国宪法委员会的性质似乎越来越接近于德国的宪法法院。（3）中国的宪法监督体制本质上属于权力机关型宪法监督体制，从思想渊源的角度来看，该种体制是马克思主义国家观和权力观在国家制度上的体现。在该种政治理念的影响下，我国的政权组建方式与活动原则被称为“议行合一”，这与西方国家的“三权分立”政权组织方式和制衡原则相比，无论在理念上还是在建制上，都是显然不同的。这种“议行合一”的政治理念以及在其影响下衍生出来的国家体制架构，为中国现行的宪法监督体制的理念与建制提供了必要的政治理念和基础。如果我们放弃目前的宪法监督体制，改而实行以法国为代表的宪法委员会型宪法监督体制，或者以德国为代表的宪法法院型宪法监督体制，将从根本上背离中国目前的政治理念基础和国家机构体制架构基础。因此，前述两种宪法监督体制均不适合中国。当然，如果像前述观点中所主张的那样，在坚持人民代表大会制度的前提下设置内嵌于其中的宪法委员会，由其行使违宪审查权，就另当别论了。只不过，这个时候的宪法委员会所涉及的就不是宪法监督体制的确立问题，而是宪法监督机构的问题了。

二、1982年《宪法》颁布实施之前我国的宪法监督体制

（一）1949年中华人民共和国成立到1982年《宪法》颁布实施之前我国的宪法监督体制

1949年中国人民政治协商会议制定通过的《共同纲领》和《中华人民共和国中央人民政府组织法》（以下简称《中央人民政府组织法》）中没有规定宪法监督方面的内容[1]，有学者认为主要有以下四个方面的原因：“第一，共同纲领在性质上属于政治性文件，它虽然起临时宪法的作用，但毕竟不同于宪

----

1 《共同纲领》序言和《中央人民政府组织法》第12条中包含了宪法监督方面的精神。《共同纲领》序言规定，“中国人民政治协商会议代表全国人民的意志，宣布中华人民共和国的成立，组织人民自己的中央政府。中国人民政治协商会议一致同意以新民主主义即人民民主主义为中华人民共和国建国的政治基础，并制定以下的共同纲领，凡参加人民政治协商会议的各单位、各级人民政府和全国人民均应共同遵守。”《中央人民政府组织法》第12条规定：“国家最高政权机关为全国人民代表大会。全国人民代表大会闭会期间，中央人民政府为行使国家政权的最高机关。”

法，不宜规定用强制性的法律监督方式保证其贯彻执行。第二，当时正处于中华人民共和国成立时期，军事行动还没有完全结束，作为最高国家权力机关的全国人民代表大会还没有召开，各种国家制度也不健全，所以也难于在共同纲领上作出明确的规定。第三，当时的人民民主主义的宪制和法制正处于初创时期，而宪法监督属于宪制建设中的高层次内容，一时难以估计，甚至可能还没有意识到它的重要性。第四，在制定《共同纲领》的同时，还要制定《中央人民政府组织法》，也许考虑到在《中央人民政府组织法》上规定更适宜”[1]。1950年1月19日，中共中央在其发出的《关于中央人民检察署四项规定的通报》中指出，检察署“是人民政府用以保障法律法令政策实行的重要武器”。检察署的职责之一就是“检察政府机关及公务人员和国民是否严格遵守法律、法令与人民政协的共同纲领、人民政府的政策方针”。1951年9月3日，中央人民政府委员会制定了《中央人民政府最高人民检察署暂时组织条例》。该条例第2条规定：“中央人民政府最高人民检察署，为全国人民最高检察机关，对政府机关、公务人员和全国国民之严格遵守法律，负最高的检察责任。”在该条例关于最高人民检察署具有的职权中明确规定：“检察全国各级政府机关，公务人员和全国国民是否严格遵守中国人民政治协商会议共同纲领、人民政府的政策方针和法律法令。”依据前述规定，最高人民检察署具有“宪法监督权”。当然，必须申明的是，它所拥有的宪法监督权并不是由作为临时宪法的《共同纲领》规定的，而是由中共中央制定的政策文件和中央人民政府委员会制定的法律规定的，这是由当时的政治形势和法律环境所决定的。1954年《宪法》确立了我国宪法监督体制的基本框架，即权力机关型宪法监督体制。该法第27条第（3）项规定，全国人大有权监督宪法的实施。1954年《宪法》中并未明确赋予全国人大常委会宪法监督权，但是，该法关于全国人大常委会职权的规定中蕴含了宪法监督权方面的内容。该法第31条第（6）项、第（7）项规定，全国人大常委会有权撤销国务院的同宪法、法律和法令相抵触的决议和命令；有权改变或者撤销省、自治区、直辖市国家权力机关的不适当的决议。依据前述规定，全国人大常委会拥有审查判断国务院制定的决议、命令是否与宪法相抵触的权力。除此之外，还有审查判断省级人大常委会制定的决议是否“适当”的权力。至于作为其审查判断标准的是否“适当”是否包括“违宪”在内，宪法文本中没有作出明确的界定，实践中人们的理解也不甚一致。

----

1 陈云生：《民主宪政新潮——宪法监督的理论与实践》，人民出版社1988年版，第201—202页。

1975年《宪法》不仅条文过少，而且内容简单、粗糙，没有、也不可能规定宪法监督制度，这是当时的政治形势决定的。1978年《宪法》延承了1954年《宪法》确立的宪法监督体制，赋予全国人大宪法监督权[1]，但是，该法中并未明确赋予全国人大常委会宪法监督权。

（二）1982年《宪法》颁布实施之前学界关于我国宪法监督体制的观点

现行宪法制定的过程中，围绕我国应当确立何种类型的宪法监督体制，学界存在诸多歧义，主要观点包括三种：其一，在全国人大内部设立宪法委员会作为宪法监督机关。但是，对于宪法委员会的地位，学界的认识不甚一致，具体又分为三种观点：（1）在全国人大设立与全国人大常委会相平行的常设机构——“宪法委员会”。该观点认为，根据我国的人民代表大会制度，监督宪法实施的职责应当由全国人大选出的宪法委员会承担，应推选德高望重、最有权威的人士担任。宪法委员会下设办事机构，因为全国人大常委会根据宪法规定已经成为主要立法机关，它通过的法律、法令是否违宪，一般来说自己难以察觉和纠正，由人大选出另一机构既有同样的权威性又可以起到制约作用[2]。（2）在全国人大常委会下面设立宪法委员会作为它的经常性工作机构。该观点认为，“根据我国实际情况，监督宪法实施的权限仍应属于全国人民代表大会，由最高国家权力机关实施一般监督是适宜的，但这并不排除，而且有必要设立相应的宪法委员会这样的专门性的宪法监督机关。可由全国人大常委会产生宪法委员会作为它的经常工作机构，其成员可由常委、代表和专家组成；其职权范围：一是审查法律、法令和地方性法规以及从国务院到地方各级人民政府的行政措施的合宪性；二是对违宪的立法和行政措施报请全国人大常委会作出裁决；三是对于各种违宪案件转由司法机关处理，司法机关应将处理结果按其性质、情节轻重分别向宪法委员会或人大常委会作报告；四是检查宪法执行情况，向全国人大常委会作报告。宪法委员会从属于国家权力机关体制中，它是全国人大常委会的一个职能机构，由全国人大常委会授权行使宪法监督权，宪法委员会应能独立于一般国家机关，并享有对一定范围国家机关的宪法监督权利。有关宪法监督机关的法律地位、权限职责需在宪法中作明文规定，并需制定有关宪法监督条例。”[3]（3）在全国人大下面设立专门委员会性质的宪法委员会。该观点认为：“在设立专门机关行使宪法监督职权时，必须保持我国

---

1 1978年《宪法》第22条第（3）项规定，全国人大有权监督宪法和法律的实施。

2 张友渔等：《宪法论文集（续编）》，群众出版社1982年版，第281页。

3 柳岚生：“略论宪法监督”，载《社会科学》1981年第3期，第108页。

宪法监督固有的优点，在专门机关的组织与活动中充分体现主权在民的原则。我国的基本政治制度是实行民主集中制的人民代表大会制。全国人民代表大会代表全国人民行使最高国家权力，其他一切国家机关都应由它组织并受它领导和监督，都应向它负责并报告工作。主管宪法的专门机关也不能例外。因此，专门机关的组织与活动的基本原则应该是从属于全国人民代表大会并且实行民主集中制。一方面它应由全国人民代表大会组织起来，并接受全国人民代表大会的领导和监督，如果不是这样，全国人民代表大会制定的宪法自己无权直接监督其实施，也无权领导专门机关监督其实施，就有损于人民代表大会制度的全权性，有损于国家权力属于人民的原则。另一方面，专门机关也应具有一定的独立行使职权的能力，否则难于发挥它的作用。根据这个原则，专门机关的名称以全国人民代表大会宪法委员会为宜；它的组成人员应由全国人民代表大会选举产生；它在行使职权时，对于特别重大的宪法监督问题应随时向全国人民代表大会或全国人民代表大会常务委员会请示汇报，对一般的宪法监督问题的处理，也应定期向它们作综合性的工作报告。”[1]其二，设立德国式的宪法法院或法国式的宪法委员会。该观点认为，全国人大每年开会的时间非常短暂，客观上难以承担经常性的宪法监督工作。应当借鉴西方国家的经验，设置德国式的宪法法院或者法国式的宪法委员会，由它们行使宪法监督权。[2]其三，由检察机关行使宪法监督权。该观点认为，我国应当由检察机关行使监督宪法实施的权限，其主要依据是1978年《宪法》第43条。该条规定，“最高人民检察院对于国务院所属各部门，地方各级国家机关、国家机关工作人员和公民是否遵守宪法和法律，行使检察权。”[3]从追本溯源的角度来看，中共中央在其于1950年1月19日发出的《关于中央人民检察署四项规定的通报》、中央人民政府委员会在其于1951年9月3日制定的《中央人民政府最高人民检察署暂时组织条例》第2条中曾经规定过由最高人民检察署行使宪法监督权的内容，这在一定程度上对1978年《宪法》第43条的内容产生了影响，并进而衍生出了由检察机关行使宪法监督权的观点。

三、现行宪法关于宪法监督体制的规定及其存在的问题

从现行宪法关于宪法监督体制的规定来看，前述学者和宪法制定过程中社

1 何华辉：“论宪法监督”，载《武汉大学学报》（社会科学版）1982年第1期，第8页。

2 许崇德：“宪法修改十议”，载《民主与法制》1981年第3期，第10页。

3 柳岚生：“略论宪法监督”，载《社会科学》1981年第3期，第108页。

会各界提出的设立宪法监督机构的设想最终均没有被采纳，宪法最终采信的依然是1954年《宪法》和1978年《宪法》确立的宪法监督体制，即由最高国家权力机关监督宪法实施的体制。但是，与1954年《宪法》和1978年《宪法》不同的是，现行宪法不仅赋予全国人大宪法监督权，同时还赋予全国人大常委会宪法监督权，这主要是考虑到全国人大的工作方式和会议制度不适合垄断性地承担经常性的宪法监督工作。与全国人大相比，全国人大常委会专业性程度比较高，每两个月开一次会议，客观上更适合承担宪法监督工作。为了使全国人大及其常委会配合行使宪法监督权，确保全国人大作为最高国家权力机关的地位，现行《宪法》第62条第（12）项规定，全国人大有权"改变或者撤销全国人民代表大会常务委员会不适当的决定"。依据前述规定，全国人大常委会行使宪法监督权的行为如果存在违反宪法的行为，全国人大有权将其撤销或者改变，这样就一方面确保了全国人大常委会可以承担经常性的宪法监督工作，另一方面保证了全国人大的地位和权威。此外，现行《宪法》还设立了相关专门委员会作为全国人大的专门机构，协助全国人大及其常委会行使包括宪法监督权在内的国家权力。现行《宪法》第70条第2款规定："各专门委员会在全国人民代表大会和全国人民代表大会常务委员会领导下，研究、审议和拟定有关议案。"1982年12月10日五届全国人大五次会议审议通过的《中华人民共和国全国人民代表大会组织法》（以下简称《全国人民代表大会组织法》）第37条规定，全国人大各专门委员会"审议全国人民代表大会常务委员会交付的被认为同宪法、法律相抵触的国务院的行政法规、决定和命令，国务院各部、委员会的命令、指示和规章，省、自治区、直辖市的人民代表大会和它的常务委员会的地方性法规和决议，以及省、自治区、直辖市的人民政府的决定、命令和规章，提出报告"。与1954年《宪法》、1978年《宪法》确立的宪法监督体制相比，现行宪法确立的这种全国人大及其常委会共同行使、全国人大各专门委员会辅助行使宪法监督权的体制能够充分发挥全国人大的权威性、全国人大常委会以及全国人大各专门委员会的专业性，为宪法监督体制的顺畅运行提供了符合我国国情的体制架构。在宪法监督方式方面，既包括事前监督，也包括事后监督，有助于将规范性文件不合宪的可能性控制在最小的限度范围内，确保社会秩序的正常运行以及公民合法权益的不受侵犯。然而，现行宪法确立的宪法监督体制中也存在一些问题，集中表现在：其一，没有专门的宪法监督主体。现行宪法尽管赋予全国人大及其常委会宪法监督权，但是，无论全国人大，还是全国人大常委会，都不是专门的宪法监督机关。全国人大的人员组成结构、会议制度、职权范围等决定了它不可能真正担当起宪法监督的责任。与之相比，全国人大常委会的人员组成结构固然在人数规模、专业性程度、会议制度等方面更适合承担宪法监督的责任，但是，全国人大常委会的职权范围也是非常宽泛的，宪法监督权只是其拥有的21项职权之一，因此，它也不可能真正承担起宪法监督的责任。全国人大各专门委员会固然可以在宪法监督方面发挥一定的作用，但是，由于全国人大各专门委员会地位不独立且只能完成全国人大及其常委会交付的任务，无权自行主动审查，更加之，全国人大各专门委员会自身的工作任务也是较为繁杂的，也不是专门的宪法监督委员会，因此，它们不可能真正承担宪法监督的责任。其二，宪法监督主体的范围不甚清晰。依据现行《宪法》的规定，全国人大及其常委会拥有宪法监督权，其他国家机关并未被明确赋予宪法监督权。但是，依据现行《宪法》第89条第（13）项、第（14）项的规定，国务院有权改变或撤销各部、各委员会发布的不适当的命令、指示和规章；有权改变或撤销地方各级国家行政机关的不适当的决定和命令。依据前述规定，国务院改变或撤销各部委命令、指示和规章以及地方各级不适当命令的判断标准是："是否适当"，但并不是是否"违反宪法"。那么，"违反宪法"是否属于"不适当"的范围呢？对此，现行宪法中并未给出明确的定义。如此一来，国务院究竟是否属于宪法监督机关呢？对此，宪法中并未给予明确界定。再如，现行《宪法》第99条规定，地方人大有权改变或撤销本级人大常委会不适当的决定。第104条规定，地方人大常委会有权撤销本级人民政府的不适当的决定和命令；有权撤销下一级人大不适当的决议。依据前述规定，地方人大监督其常委会、地方人大常委会监督本级政府、地方人大常委会监督下一级人大的标准均是"不适当"，那么，"不适当"是否包括"违反宪法"？如果包括，它们是否均属于宪法监督机关呢？对此，宪法中没有给予明确界定。其三，缺乏宪法监督程序。现行宪法中尽管赋予全国人大及其常委会宪法监督权，但并未构筑宪法监督的具体程序，宪法监督如何启动、由哪些机关启动、按照什么程序启动、宪法监督的形式、宪法监督决定的效力等均处于悬置状态，由此使现行宪法规定的宪法监督制度实际上缺乏实际运行的基础。其四，宪法监督标准不清楚。现行《宪法》第62条规定，全国人大有权改变或者撤销全国人大常委会不适当的决定。但是，如何识别和判断全国人大常委会所作决定是否适当呢？现行宪法中并未作出明确的界定，全国人大常委会没有，而且似乎也不可能对此作出具有可操作性的解释。依据现行《宪法》第67条的规定，全国人大常委会行使宪法监督权，撤销行政法规、地方性法规等的标准是"同宪法相抵触"，但是，违宪与否的标准究竟是什么呢？现行宪法中也没有作出明确的界定。其五，宪法监督的对象不明确。现行《宪法》序言规定，“全国各族人民、一切国家机关和武装力量、各政党和各社会团体、各企业事业组织，都必须以宪法为根本的活动准则，并且负有维护宪法尊严、保证宪法实施的职责”。依据前述规定，一切国家机关、武装力量、政党等都应当是宪法监督的对象。但是，依据现行《宪法》第62条、第67条的规定，宪法监督的对象仅限于全国人大常委会的决定、国务院制定的行政法规、决定和命令，以及省级国家权力机关制定的地方性法规和决议等。其中，全国人大常委会的决定究竟是否属于宪法监督的对象还有待于进一步明确。自治条例、单行条例、规章等由于均未被现行宪法纳入宪法监督的对象范围，因此，实践中究竟是否可以对它们实施宪法监督就处于一种不确定的状态。其六，宪法监督权、立法权、宪法解释权混杂在一起，影响宪法监督制度的实际运作。依据现行宪法的规定，全国人大既拥有宪法监督权、也拥有制定基本法律的权力，全国人大常委会既拥有宪法监督权、也拥有制定其他法律和解释宪法的权力，立法权和宪法监督权并存、宪法监督权和宪法解释权混杂，在该种情形下，由拥有立法权，甚至拥有宪法解释权的宪法监督机关审查判断它自己或者其上级制定的法律是否违背宪法是根本不可能的。因此，现行宪法中对于法律究竟是否属于宪法监督的对象并未作出明确的规定，对全国人大及其常委会所作决定是否属于宪法监督的对象也不可能作出界定，实践层面更是无从操作。

四、《立法法》关于宪法监督体制的规定及其存在的问题

2000年3月15日，九届全国人大第三次会议审议通过《立法法》，自2000年7月1日起施行。该法对现行宪法确立的宪法监督制度进行了进一步的发展，集中表现在：其一，对全国人大宪法监督权的规定更为清晰。现行《宪法》第62条第（11）项规定，全国人大有权改变或者撤销全国人大常委会不适当的决定。《立法法》第108条第（1）项规定，全国人大有权改变或者撤销它的常务委员会制定的不适当的法律，有权撤销全国人大常委会批准的违背宪法和《立法法》第85条第2款[1]规定的自治条例和单行条例。对比前述现行《宪法》第62条第（11）项和《立法法》第108条第（1）项的规定，全国人大宪法监督权的范围进一步清晰且有了明显的拓展。其二，对全国人大常委会宪法监督权的规定进一步拓展。现行《宪法》第67条第（7）项、第（8）项规定，全国

1 《立法法》第85条第2款规定，自治条例和单行条例可以依照当地民族的特点，对法律和行政法规的规定作出变通规定，但不得违背法律或者行政法规的基本原则，不得对宪法和民族区域自治法的规定以及其他有关法律、行政法规专门就民族自治地方所作的规定作出变通规定。

人大常委会有权撤销国务院制定的同宪法、法律相抵触的行政法规、决定和命令；有权撤销省、自治区、直辖市国家权力机关制定的同宪法、法律和行政法规相抵触的地方性法规和决议。《立法法》第108条第（2）项规定，全国人大常委会有权撤销同宪法和法律相抵触的行政法规，有权撤销同宪法、法律、行政法规相抵触的地方性法规，有权撤销省、自治区、直辖市的人大常委会批准的违背宪法和立法法第85条第2款规定的自治条例和单行条例。对比前述《宪法》第67条第（7）项、第（8）项和《立法法》的规定，全国人大常委会宪法监督权的范围有了进一步的拓展，将省级人大及其常委会批准的自治条例和单行条例纳入宪法监督的范围。其三，对宪法监督程序作了较为详细的规定。现行宪法确立了由全国人大及其常委会监督宪法的制度，但是并未具体规定二者实施宪法监督的程序，《立法法》规定了宪法监督程序，弥补了现行宪法中的缺憾。该法第110条规定，国务院、中央军事委员会、国家监察委员会、最高人民法院、最高人民检察院和各省、自治区、直辖市的人大常委会认为行政法规、地方性法规、自治条例和单行条例同宪法或者法律相抵触，或者存在合宪性、合法性问题的，可以向全国人大常委会书面提出进行审查的要求，由全国人大有关的专门委员会和常委会工作机构进行审查、提出意见。前述规定以外的其他国家机关和社会团体、企业事业组织以及公民认为行政法规、地方性法规、自治条例和单行条例同宪法或者法律相抵触的，可以向全国人大常委会书面提出进行审查的建议，由常委会工作机构进行审查；必要时，送有关的专门委员会进行审查、提出意见。该法第112条规定，全国人大专门委员会、常委会工作机构在审查中认为行政法规、地方性法规、自治条例和单行条例同宪法或者法律相抵触，或者存在合宪法、合法性问题的可以向制定机关提出书面审查意见；也可以由宪法和法律委员会与有关的专门委员会、常委会工作机构召开联合审查会议，要求制定机关到会说明情况，再向制定机关提出书面审查意见。制定机关应当在两个月内研究提出是否修改或者废止的意见，并向全国人大宪法和法律委员会、有关的专门委员会或者常委会工作机构反馈。全国人大宪法和法律委员会、有关的专门委员会、常委会工作机构经审查认为行政法规、地方性法规、自治条例和单行条例同宪法或者法律相抵触，或者存在合宪性、合法性问题需要修改或者废止，而制定机关不予修改或者废止的，应当向委员长会议提出予以撤销的议案、建议，由委员长会议决定提请常委会会议审议决定。

总体来看，《立法法》在较大程度上发展了我国现行宪法确立的宪法监督体制，但是，从实践来看，依然存在许多方面的缺陷和不足，主要表现在：其一，《立法法》第108条第（1）项关于作为被审查对象的全国人大常委会制定的法律的规定较为模糊。现行《宪法》第62条第（12）项规定，全国人大有权改变或者撤销全国人大常委会不适当的决定。但是，该条所规定之“决定”是仅限于全国人大常委会作出的关于法律问题的决定以及内部工作性文件呢，还是同时也包括全国人大常委会制定的其他法律呢？对此，现行宪法中未作规定。《立法法》第108条第（1）项规定，全国人大有权改变或者撤销它的常务委员会制定的不适当的法律。该规定与现行《宪法》第62条第（12）项所作的前述规定相比，无疑更为清晰了。但是，由此衍生出的问题是：现行《宪法》第62条第（11）项所规定之全国人大常委会所作“决定”是否仅限于全国人大常委会制定的法律呢？对于全国人大常委会作出的关于法律问题的决定，或者内部工作性文件，全国人大能够改变或者撤销吗？对此，《立法法》中并未作出明确界定。其二，《立法法》没有将“违宪”作为全国人大改变或者撤销全国人大常委会所制定法律的标准。《立法法》第108条第（1）项所规定的全国人大改变或者撤销全国人大常委会所制定法律的标准是“不适当”，这一点和现行《宪法》第62条第（12）项的规定一样，没有发生什么实质性的变化。但是，究竟什么是“不适当”呢？“违宪”是否属于“不适当”的范围？对此，从《立法法》第97条第（1）项的规定中无法直观地看出来。但是，如果联系《立法法》第96条的规定，似乎可以推断出来。该条规定，法律存在下述情形之一的，全国人大有权改变或者撤销：超越权限的；下位法违反上位法规定的[1]；违反法定程序的。这也就是说，全国人大常委会所制定法律“不适当”的判定标准是前述三种情形，并不包括“违宪”。这显然是不妥当的。其三，《立法法》规定的宪法监督对象不全面。《立法法》第108条第（1）项规定的作为被审查对象的法律仅限于全国人大常委会制定的法律，并未将全国人大制定的基本法律纳入宪法监督的对象范围。另外该项还规定，全国人大有权改变或者撤销全国人大常委会批准的违背宪法的自治条例和单行条例。依据该规定，作为被审查对象的仅限于自治条例、单行条例，并未将全国人大常委会的批准决定纳入宪法监督的对象范围。还有，《立法法》第108条第（2）项规定，全国人大常委会有权撤销省级人大常委会批准的违背宪法的自治条例和单行条例，作为全国人大常委会宪法监督对象的是自治条例、单行条例，并未将省级人大常委会的批准决定纳入宪法监督的对象范围。其四，《立法法》规定的宪法监督程序不完整。《立法法》第110条、第112条规定了宪法监督

1 全国人大制定的基本法律和全国人大常委会制定的其他法律究竟谁的效力更高，现行《宪法》和《立法法》中并未作出明确的界定，实践中人们对该问题的理解不甚相同。但是，从司法实践的角度来看，法院将二者视为相同效力的法。

的具体程序，与现行宪法相比，这无疑有着积极进步的意义。但是，前述两个条文所规定的宪法监督程序所指向的是行政法规、地方性法规、自治条例和单行条例，并不包括针对全国人大常委会制定的法律的宪法监督程序。说到底，《立法法》所规定的宪法监督主体既包括全国人大，也包括全国人大常委会。但是，它所规定的宪法监督程序，仅仅是全国人大常委会行使宪法监督权的程序，不包括全国人大行使宪法监督权的程序。

五、我国宪法监督的实践及相关法律文件对宪法监督制度的完善

2000年10月16日，第九届全国人大常委会第34次委员长会议审议通过《行政法规、地方性法规、自治条例和单行条例、经济特区法规备案审查工作程序》（以下简称《法规备案审查工作程序》）[1]，将经济特区授权法规纳入了宪法监督的对象范围。2003年5月14日，华中科技大学法学院俞江、中国政法大学法学院滕彪、北京邮电大学文法学院许志永等三位青年博士以中国公民的名义，上书全国人大常委会法制工作委员会，建议全国人大常委会对国务院1982年制定的《城市流浪乞讨人员收容遣送办法》进行违宪审查。他们认为，“国务院1982年5月12日颁布的，至今仍在使用的《城市流浪乞讨人员收容遣送办法》，与我国宪法和有关法律相抵触”，建议全国人大常委会启动违宪审查程序。这是《立法法》颁布实施以来影响比较大的一个公民启动违宪审查程序的事例。此后，尽管全国人大常委会有关部门没有回复，但是，2003年6月20日时任国务院总理温家宝签署了国务院第381号令，公布施行《城市生活无着的流浪乞讨人员救助管理办法》。该办法规定，《城市流浪乞讨人员收容遣送办法》同时废止。2004年5月，全国人大常委会法律工作委员会设立法规审查备案室，专门审查包括国务院所立行政法规在内的法规是否违反宪法。对此，国内有人认为，法规审查备案室的设立标志着中国违宪审查机制的启动。然而，事实上全国人大常委会法制工作委员会的备案审查工作从1982年的时候就已经开始了。《立法法》和国务院制定的《法规规章备案条例》[2]对法规的备案审查均作了规定。法规备案审查主要包括两个方面的内容，即合法和合宪。备案有两种：一种是形式上的备案，主要目的在于让接受备案的机关掌握下级机关制定了哪些法规；另一种是实质上的备案，即接收备案的主体要对这

1 http：//www.sh.smehlj.gov.cn/web/assembly/action/browsePage.do？channelID=1133773838853&contentID=1153874796375，访问日期：2017年11月23日。

2 国务院令第337号。2001年12月14日发布，2002年1月1日起施行。

些法规进行审查。具体做法是：法规报全国人大常委会备案后，由办公厅秘书局分送全国人大各专门委员会进行审查。各专门委员会提出审查意见后，转送有关地方人大办理。由于报送备案审查的法规数量很多、工作量很大，审查的实际效果不甚明显。针对该种情况，第九届全国人大期间，对备案法规进行事先审查的工作被取消了，取而代之的是《立法法》所确立的被动审查原则。也就是说，只有在有关机关或者公民提出了审查法规合宪性要求之后，方才启动对该法规的违宪审查程序。但是，从备案审查的实践来看，这种审查基本上是形式上的，很难真正进行实质性审查。2004年5月全国人大常委会法制工作委员会设立法规备案审查室之后，法规备案审查工作有了专门机关负责。但是，由于法规备案审查室不是专门的违宪审查机关，不具有独立的审查主体地位，无权撤销或者改变违宪的法规，因此，我国的违宪审查制度事实上并未真正启动起来。有学者认为，“法规备案审查室运行不尽如人意的状况是我国违宪审查难以真正启动和运行的写照，反映了按照《立法法》所规定的启动程序仍然存在一定的缺陷”，具体表现为：“启动违宪审查主体的规定有很大缺陷”“违宪审查程序不够具体”“违宪审查的对象狭窄”。[1]

2005年，全国人大常委会修订了《法规备案审查工作程序》，并通过了《司法解释备案审查工作程序》，将最高人民法院、最高人民检察院的司法解释纳入了宪法监督的范围。“鉴于全国人大常委会已在法制工作委员会增设了法规备案审查机构，修订后的《法规备案审查工作程序》规定，国务院、中央军事委员会、最高人民法院、最高人民检察院和各省、自治区、直辖市的人大常委会认为法规同宪法或者法律相抵触，向全国人大常委会书面提出审查要求的，常委会办公厅有关部门接收登记后，报秘书长批转有关专门委员会会同法制工作委员会进行审查。上述机关以外的其他国家机关和社会团体、企业事业组织以及公民认为法规同宪法或者法律相抵触，向全国人大常委会书面提出审查建议的，由法制工作委员会负责接收、登记，并进行研究；必要时，报秘书长批准后，送有关专门委员会进行审查。修订后的《法规备案审查工作程序》还规定，专门委员会认为备案的法规同宪法或者法律相抵触的，可以主动进行审查，会同法制工作委员会提出书面审查意见；法制工作委员会认为备案的法规同宪法或者法律相抵触，需要主动进行审查的，可以提出书面建议，报秘书长同意后，送有关专门委员会进行审查。”[2]

---

1 殷啸虎、王月明、朱应平：《宪法学专论》，北京大学出版社2009年版，第341页、342页。

2 石国胜：“全国人大常委会建立健全法规和司法解释备案审查制度”，摘自《人民日报》2005年12月20日，第2版。

《备案审查工作程序》《司法解释备案审查工作程序》填补了司法解释违宪审查机制的缺失，明确了承办违宪审查具体工作的是全国人大各专门委员会与全国人大常委会法制工作委员会，规定了备案审查的三个步骤[1]，通过常委会审议决定，撤销同宪法相抵触的法规[2]。但是，它们存在的缺陷也是比较明显的，集中表现在三个方面：其一，《法规备案审查工作程序》和《司法解释备案审查工作程序》缺乏对备案审查机关有约束力的时限要求与相关信息反馈机制的制度安排，无法从根本上解决备案审查机构消极不作为的难题，应当增加规定：如果公民有足够的法律依据提出违宪审查建议，受理机关应当在规定期限内明确告知公民是否受理，是否启动违宪审查程序、审查的具体进程以及审查的结果或者说明不受理的理由。其二，《法规备案审查工作程序》和《司法解释备案审查工作程序》所规定的备案审查对象仅限于行政法规、地方性法规、自治条例和单行条例、经济特区法规、司法解释等，法律、规章以及其他行政规范性文件均不属于备案审查范围；其三，《法规备案审查工作程序》和《司法解释备案审查工作程序》在性质上仅仅属于一种内部工作性文件，对外不公开，不属于正式的法律或者有关法律问题的决定。2019年12月16日第十三届全国人民代表大会常务委员会通过了《法规司法解释备案审查工作办法》取代了原有的《法规备案审查工作程序》和《司法解释备案审查工作程序》，但是前述三个方面的缺陷仍然存在。这表明，我国宪法监督制度有了一定程度的进步，但并不完备。

六、健全与完善我国宪法监督体制的应然路径

（一）现行宪法实施后，学界围绕健全与完善我国宪法监督体制提出的代表性观点

现行宪法确立了由全国人大及其常委会共同行使宪法监督权的体制，与以往时期相比，无疑有着积极的意义。但是，从现行宪法的运行实践来看，我国的宪法监督体制似乎基本上没有实际运行过，目前仅有的宪法监督实例是针对两个特别行政区基本法的合宪性审查决定。针对宪法监督实际效果不明显的现

---

1 关于同宪法或者法律相抵触的法规的纠正，修订后的《法规备案审查工作程序》规定了三个步骤：一是与制定机关进行沟通协商；二是通过有关专门委员会提出书面审查意见，要求制定机关纠正；三是经过上述工作，制定机关仍不纠正的，通过常委会审议决定，撤销同宪法或者法律相抵触的法规。

2 石国胜："全国人大常委会建立健全法规和司法解释备案审查制度"，摘自《人民日报》2005年12月20日，第2版。

状，学界围绕健全和完善我国宪法监督制度进行了深入的探讨，提出了一些改革的思路，代表性观点主要包括：（1）有限的宪法诉讼制度说。该种观点认为，改善和加强我国的宪法监督制度，以在我国现有的体制内建立有限的宪法诉讼制度为宜。具体来说，既可以在最高人民法院内部设立宪法审判庭作为违宪审查机关，也可以另行组建宪法权利保护法院，但要严格限制宪法诉讼的范围。[1]（2）一元多轨的宪法监督体制说。该种观点认为，应当在全国人大及其常委会之下设立专门的宪法监督委员会或宪法法院，并适当确立对违宪的普通司法审查，形成一元多轨的宪法监督体制。[2]（3）德国型的宪法法院说。该种观点认为，权力机关型宪法监督体制、普通法院型宪法监督体制均存在诸种弊端，中国应当建立德国型的宪法法院。[3]（4）其四，一体多级宪法监督体制说。该观点认为，我国是一体多级的宪法监督体制。所谓"一体"，是指以宪法规定的基本制度为统一体，实行权力机关（专门宪法监督机构列入此类）、行政机关、司法机关多级（多元）监督。宪法监督委员会监督实施宪法的直接效力部分，地方各级人大、人大常委会、行政机关和司法机关监督实施宪法的间接效力部分。宪法监督委员会是监督宪法实施的专门机关，其地位与全国人大常委会平行，在全国人大领导下审查违宪案件。[4]（5）专门委员会性质的宪法委员会说。该观点认为，应当在全国人大体制内设立"宪法委员会"或"宪法和法律委员会"，该委员会在性质上属于全国人大及其常委会的工作机关，其地位与全国人大各常设委员会（专门委员会）平等。[5]该立场是宪法学界较为通行的立场。从实证层面来看，似乎也较为符合国家在健全与完善宪法监督机构问题上所秉持的原则立场。[6]（6）与人大制度关联在一起的宪法

----

1 陈云生：《民主宪政新潮——宪法监督的理论和实践》，人民出版社1988年版，第267—268页。

2 杨泉明："关于加强我国宪法监督的几个问题"，载《政治学研究》1988年第6期，第6页。

3 王克稳："建立我国宪法法院制度的理论思考"，载《江海学刊》1989年第2期，第63页。

4 刘景欣："论中国宪法监督体制"，载《内蒙古大学学报》（哲学社会科学版）1992年第1期，第120页、122页。

5 陈云生："走法治必由之路——论宪法和法律监督的制度化"，载《比较法研究》1997年第1期，第17页；刘茂林、陈明辉："宪法监督的逻辑与制度构想"，载《当代法学》2015年第1期，第21页、第22页。

6 1993年，中共中央在《关于修改宪法部分内容的建议的说明》中指出，可以依据《宪法》第70条设立专门委员会性质的宪法监督委员会履行全国人大及其常委会的宪法监督职权。参见王汉斌：《王汉斌访谈录——亲历新时期社会主义民主法制建设》，中国民主法制出版社2012年版，第127页。

法院说。该观点认为，应当设立与最高人民法院平行的宪法法院，后者接受全国人大的委托，具体执行国家机关监督宪法实施的职能，专司违宪案件的审判权。全国人大及其常委会根据宪法法院的请求，解释宪法、审议批准宪法法院的裁决，撤销被宪法法院裁决违宪的文件；全国人大及其常委会监督宪法法院的工作。[1]（7）宪法委员会和违宪审查庭并行的复合审查机制。该观点主张在全国人大下设立宪法委员会，在最高人民法院下设立违宪审查庭分别行使非诉讼的、事先的审查和违宪侵权诉讼、附带性审查。[2]（8）虚实结合的宪法监督体制。该观点认为，应当设立人民宪法监督委员会和人民宪法院的虚实结合监督体制。人民宪法监督委员会是象征性的宪法监督机关，原则上尊重人民宪法院所作的宪法监督决定，只有在极其个别的情况下方才直接行使宪法监督权。[3]（9）合宪性审查优先移送机制。该观点认为，应当激活《立法法》第110条所规定的立法审查请求权机制，疏通法院与全国人大常委会之间的制度性衔接管道，逐步形成"合宪性审查优先移送机制"。[4]（10）全国人大及其常委会与普通法院行政庭平行的复合审查模式。该观点认为，应当在现有违宪审查模式的基础上，实行全国人大及其常委会与普通法院行政庭共同行使违宪审查权的复合审查体制。[5]（11）备案违宪审查与司法审查并存、全国人大常委会优先的违宪审查体制。该观点认为应当以全国人大为全国人大常委会法律的违宪审查机关，建立备案违宪审查与司法审查并存，全国人大常委会优先的统一的违宪审查制度。[6]（12）司法机构与立法机构二元互动的违宪审查模式。该观点认为，我国现行宪法所确立的违宪审查体制，既不是美国的司法审查模式，也不是法国的宪法委员会模式，更不是德国的宪法法院模式，而是司法机构和立法机构互动的二元违宪审查

----

1 曾宪义："完善我国宪法监督体制的设想"，载《中南民族学院学报》（人文社会科学版）2001年第2期，第36页。

2 包万超："设立宪法委员会和最高法院违宪审查庭并行的复合审查制——完善我国违宪审查制度的另一种思路"，载《法学》1998年第4期，第14页。

3 夏引业："我国应设立虚实结合的宪法监督体制"，载《政治与法律》2016年第2期，第73页。

4 林来梵：《宪法学讲义》，法律出版社2015年版，第435—436页。

5 周叶中主编：《宪法》，高等教育出版社、北京大学出版社2000年版，第424页。

6 潘玉萍："论当代中国的违宪审查制度"，载《苏州大学学报》（哲学社会科学版）2010年第6期，第62页。

模式。[1]

（二）健全与完善我国宪法实施监督体制的应然路径

笔者认为，健全与完善我国的宪法监督体制应当立足于中国的根本政治制度，普通法院型违宪审查制度、以法国为代表的宪法委员会型违宪审查制度、以德国为代表的宪法法院型违宪审查制度均不适合中国国情。前述诸种观点中所提出的改革思路固然有一定的参考意义，由于均在较大程度上涉及对中国现行宪法制度体系的重大调整，因而在中国实现的可能性不大。于我国当下的总体情况而言，较为妥当的方式应该是：在人民代表大会制度的框架范围内，依托现有的制度框架，建立以立法机关为主导、以司法机关为辅助的复合型宪法监督体制。具体设想是：1.全国人大及其常委会通过修改法律的形式行使合宪性审查权。现行《宪法》第62条、第67条赋予全国人大及其常委会宪法监督权，该种宪法监督模式在性质上属于立法机关型宪法监督体制，与普通法院型宪法监督体制、宪法法院型宪法监督体制迥然相异，这是由我国实行的人民代表大会制度决定的。（1）全国人大常委会委员长会议如果认为法律不符合宪法，可以向全国人大常委会提出修改法律的议案，由其进行审议。国务院、中央军委、最高人民法院、最高人民检察院、全国人大各专门委员会如果认为法律不符合宪法，可以向全国人大常委会提出修改法律的议案，由委员长会议决定将其列入常委会会议议程，或者先交给法规备案审查室审议、提出报告，再决定是否列入常委会会议议程。如果委员长会议认为前述主体提出的议案存在重大问题需要进一步研究的，可以建议提案主体对其所提议案修改完善之后再行提出。全国人大常委会组成人员10人以上联名，可以就法律的不符合宪法问题向全国人大常委会提出修改法律的议案，由委员长会议决定将其列入常委会会议议程，或者先交给法规备案审查室审议、提出报告，再决定是否列入常委会会议议程。（2）国务院、中央军委、最高人民法院、最高人民检察院和省级人大常委会如果认为行政法规、地方性法规、自治条例、单行条例、经济特区授权立法、司法解释等与宪法相抵触的，可以向全国人大常委会书面提出审查要求，由常委会工作机构分送有关的专门委员会进行审查、提出意见。2.法院可以通过行使法律解释权的方式间接解释宪法。现行宪法并未赋予法院宪法解释权，但是，现行宪法却并未排斥法院的法律解释权。依据现行《宪法》第128条、第131条的规定，法院是国家的审判机关，应当依据法律独立行使审判权，其作为国家审判机关的地位决定了它必然拥有法律解释权。法院在解释

1 强世功：“中国的二元违宪审查体制”，载《中国法律》2003年第5期，第30页。

法律的时候，必须奉行合宪性解释的原则，以确保国家法制的统一。如此一来，法院实际上就通过解释法律的形式间接解释了宪法。（1）法院在审理案件的时候，如果当事人针对法律、法规等的合宪性问题提出了合宪性审查的诉求，法院应当进行审理。法院如果经过审理最终无法对受诉对象的合宪性问题作出合乎逻辑且令人信服的解释，法官应当拒绝将该受诉对象作为审理案件的依据。但是，法院无权依据合宪性解释的标准，对受诉对象的合宪性问题作出规范意义上的法律解释。（2）最高人民法院可以依据合宪性解释的标准，对下级法院报送给它的法律法规作出规范意义上的法律解释，指导下级法院的审判行为。（3）对地方各级法院报送的法律法规等，最高人民法院依据合宪性解释的标准，在穷尽各种努力之后，如果依然无法确证其合宪的话，应当向全国人大常委会提出审查、修改相关法律或者撤销法规等规范性文件的动议，由全国人大及其常委会进行审议，并进而作出修改法律的决定或者否定相关法规、规范性文件的决定。（4）法院在审理案件的时候，如果当事人针对党内法规的合宪性问题提出了违宪审查的诉求，法院应当进行审查。如果法院经过审理之后最终无法对受诉党内法规的合宪性问题作出令人信服的解释，应当逐级报送至最高人民法院，由最高人民法院向中央政法委请示并由其报送中共中央审查处理。中共中央经审查后如果认为受诉党内法规同宪法不一致的，可以责令制定机关修改或者直接予以撤销。

第六章

我国宪法实施监督机构的**健全与完善**

宪法实施监督机构的设置在逻辑上是和宪法监督体制关联在一起的，而宪法监督体制的确立是建立在对不同类型宪法监督体制进行分析比较的基础之上的。我国当下确立的权力机关型宪法监督体制根植于我国的人民代表大会制度，具有迥然相异于西方国家宪法监督体制的特色，适合我国的国情和现实的政治体制。当然，我国宪法监督制度中也存在这样那样一些不尽如人意的地方，需要健全和完善。但是，健全和完善我国的宪法监督制度的路径不是要彻底摒弃我国的宪法监督体制，而是在坚持我国宪法监督体制的前提下，健全和完善我国宪法实施监督机构，构筑科学的宪法实施监督机制。因此，本章在第五章对我国宪法监督体制的健全与完善进行分析论证的基础上，进而展开对宪法实施监督机构的分析论证，具体从两个方面展开。

第一节　我国宪法实施监督机构设置的前置性问题

健全与完善我国的宪法监督体制应当立足于中国的根本政治制度，普通法院型违宪审查制度、以法国为代表的宪法委员会型违宪审查制度、以德国为代表的宪法法院型违宪审查制度均不适合中国国情。我国宪法实施监督机构的健全与完善，必须立足于我国的宪法监督体制，在坚持人民代表大会制度的前提下展开，它本质上属于宪法监督体制的衍生问题。但是，在具体展开对宪法实施监督机构设置的讨论之前，必须厘清一些前提性问题，例如：（1）地方人大及其常委会是否拥有宪法监督权？（2）全国人大及其常委会是否有权对党内法规进行监督？（3）全国人大及其常委会的宪法监督权与其制定的法律、作出的授权决定、批准的条例等监督对象之间如何衔接？前述这些问题的厘清将在较大程度上影响我国宪法实施监督机构的具体设置。本节拟从下述两个方面对这些宪法实施监督机构设置的前置性问题进行分析评述。

一、地方人大及其常委会保障宪法实施的责任

（一）学界关于地方人大及其常委会宪法监督权问题的观点及本书秉持的基本立场

现行宪法规定，地方各级人大在本行政区域范围内，保证宪法的遵守和执行。县级以上地方各级人大有权改变或者撤销本级人大常委会不适当的决定[1]。县级以上地方各级人大常委会有权撤销本级人民政府的不适当的决定和命令，有权撤销下一级人大的不适当的决议[2]。前述规定是否意味着地方人大及其常委会拥有宪法监督权呢？对此，学界的理解不甚一致，主要有两种观点：

其一，肯定说。该观点认为，地方人大及其常委会有宪法监督权。主要理由是：（1）该种宪法监督权是宪法赋予它们的相关职权中暗含的。现行宪法规定，地方各级人大及其常委会负有一系列与宪法监督有关的职权，具体包括：在本行政区域内保证宪法的遵守和执行；讨论、决定本行政区域内各方面工作的重大事项；监督本级政府、法院和检察院的工作；撤销本级政府的不适当的决定和命令；撤销下一级人大的不适当的决议等。前述这些职权实际上都包含了宪法监督的实际内容。[3]（2）宪法明确赋予了地方人大宪法监督权。现行《宪法》除明确规定全国人大及其常委会监督宪法实施外，对地方各级人大保证宪法实施和违宪监督的职权也作了原则规定。现行《宪法》第99条第1款规定，"地方各级人民代表大会在本行政区域内，保证宪法、法律、行政法规的遵守和执行"。要保证宪法的遵守和执行，就必须同时享有违宪审查权。《宪法》第104条规定，县级以上地方各级人民代表大会有权"撤销本级人民政府的不适当的决定和命令；撤销下一级人民代表大会的不适当的决议"。这里所说的"不适当的决议"或"命令"，当然应当包括违宪的决定和命令。[4]（3）"违宪并不神秘，不能认为违宪只会发生在中央或违宪必然会在全国造成重大的影响。宪法对从中央到地方各级国家机关的职权组成、领域体制等都作了规定，那么，任何一级也都有发生违宪的可

----

1 现行《宪法》第99条。

2 现行《宪法》第104条。

3 陈云生：《民主宪政思潮——宪法监督的理论和实践》，人民出版社1988年版，第264页。

4 王世茹："我国违宪审查制度初探"，载《山西大学学报》（哲学社会科学版）1991年第4期，第89页。

能性。而且，事实上近年来所发生并得到纠正的违宪行为大多发生在地方。不承认地方上的宪法监督权就意味着否认地方人大及其常委会纠正这些违宪行为的合法性。”[1]（4）是否有抽象的宪法解释权，与是否有宪法监督权以及违宪解释权并没有必然的联系，“不能因为宪法没有规定地方国家权力机关享有这种抽象地解释宪法的权力，就否认它拥有监督宪法实施的权力”[2]。（5）地方人大行使宪法监督权是对我国宪法实施保障机制的组织保障。“从建立宪法监督制度的国家来看，很少有哪个国家的宪法监督权纯而又纯地仅由中央一级国家机关来行使。在我们这样一个幅员辽阔、各地情况千差万别的大国，仅靠全国人大常委会是难以保障宪法有效实施的。”[3]（6）地方人大及其常委会享有间接的部分的宪法监督权。地方人大及其常委会保证宪法在本行政区域内的遵守和执行实际上就意味着它们拥有宪法监督权，只不过，这种宪法监督权同全国人大及其常委会监督宪法的实施存在两点区别：（1）在某行政区域内发生的违宪现象通常表现为违法行为；（2）地方人大及其常委会没有宪法解释权，因此，地方人大及其常委会同被监督对象发生是否符合宪法的争执时，只有全国人大常委会有权裁决。前述差别表明，地方人大及其常委会不能实施直接的完全的宪法监督，它们所拥有的仅是间接的部分的宪法监督权。[4]

其二，否定说。该观点认为，地方人大及其常委会没有宪法监督权，不能因为宪法赋予地方各级人大及其常委会负责处理某些违反宪法和法律的行为，就由此主张它们享有宪法监督的职权[5]。该观点的主要理由是：（1）监督宪法的实施和解释宪法是分不开的。为了维护社会主义法制的统一和尊严，对宪法必须有统一的解释。根据我国宪法的规定，宪法解释权由全国人大常委会行使，地方各级人大及其常委会没有宪法解释权，因此，只有全国人大及其常委会才能行使对宪法实施的监督权[6]。（2）现行宪法已经明确规定全国人大及其常委会拥有宪法监督权，并未赋予其他国家机关该种权力，不可能、也没有必

1 苗连营：“关于设立宪法监督专责机构的设想”，载《法商研究》1998年第4期，第8页。

2 苗连营：“关于设立宪法监督专责机构的设想”，载《法商研究》1998年第4期，第8页。

3 苗连营：“关于设立宪法监督专责机构的设想”，载《法商研究》1998年第4期，第9页。

4 程湘清：“关于宪法监督的几个有争议的问题”，载《法学研究》1992年第4期，第11页。

5 王叔文：“我国宪法实施中的几个认识问题”，载《中国社会科学院研究生学报》1988年第5期，第92页。

6 王叔文：“我国宪法实施中的几个认识问题”，载《中国社会科学院研究生学报》1988年第5期，第92页。

要“暗含”地赋予其他国家机关宪法监督权。（3）现行宪法关于全国人大及其常委会拥有宪法监督权的规定与关于全国人大及其常委会拥有撤销权或改变权的规定是作为两项不同的职权分别规定的，两者之间不能等同。以地方人大及其常委会拥有撤销权或改变权无法合乎逻辑地推导出它们拥有宪法监督权。（4）中国在国家结构形式上属于单一制国家，只有一部宪法，为了保证宪法内容的统一性，宪法监督权只能由最高国家权力机关行使，不应该赋予地方国家机关宪法监督权。（5）现行《宪法》序言规定：“全国各族人民、一切国家机关和武装力量、各政党和各社会团体、各企业事业组织，都必须以宪法为根本的活动准则，并且负有维护宪法尊严、保证宪法实施的职责。”此处的“保证宪法实施”不可能合乎逻辑地推导出前述主体均拥有宪法监督权。同理，从现行《宪法》第99条的“保证”中也同样推导不出地方人大及其常委会拥有宪法监督权的结论。[1]针对国内一些学者所秉持的认可地方人大及其常委会拥有宪法监督权的观点，有学者进行了抨击，认为前述肯定立场的理论前提是国家的一切权力属于人民，其着眼点是如何使现行宪法中对我国宪法监督制度的原则性建构具有可操作性和实效性。在该种分析框架下，地方人大宪法监督权问题仅仅是管辖、程序和方式的问题。这种分析立足于制度的功能发挥，是一种典型的应用性研究，本质上属于一种功能主义的分析模式，其理论视野过于狭窄，表现在：（1）过当关注规范层面宪法监督制度建设的技术性因素，忽视乃至淡忘建设该种制度所不可或缺的政治因素。在该种分析模式之下，宪法学家们关注的核心问题是如何充分发挥既定宪法监督制度的功效。对该问题的解决涉及宪法监督的专门机关、宪法监督的方式、违宪审查的程序设计、对违宪的制裁等一系列问题，所有这些问题本质上其实都属于技术性问题。前述肯定立场实际上就是在该种技术性分析思路引领之下推导出的结果，该种研究取向忽视了地方人大及其常委会拥有并行使宪法监督权的前提，即权力的来源、性质和范围。（2）过度重视现行宪法监督制度的可操作性和实效性，忽视对公共权力配置背后的利益、目标、价值的深层次分析。这种情况导致的直接结果是：过当强调宪法规范变为实际宪法制度的重要性，对地方人大宪法监督制度缺乏从国家权力纵向配置角度进行的深入研究。对于相应宪法规范制定的特殊社会背景、新形势下社会利益的变化、宪制目标以及制度的价值

----

1 许崇德、胡锦光：“关于地方人大是否有宪法监督权问题”，载《人大工作通讯》1996年第2期，第12页。

等问题缺乏必要的多向性研究。[1]

笔者认为，地方人大及其常委会没有宪法监督权，除上述诸种原因之外，主要是因为：我国是单一制国家，只有一部统一的宪法，地方层面没有、也不可能有宪法，因此，地方人大及其常委会不可能拥有宪法监督权。否则，将造成对我国单一制国家结构形式的根本性冲击。诚然，在赋予地方人大及其常委会宪法监督权的同时，可以对其与全国人大及其常委会所拥有的宪法监督权进行必要的分工，并保持后者最后的裁决权。但是，如果采取该种处置措施的话，地方人大及其常委会所拥有的就已经不再是独立的宪法监督权了，而是一种由全国人大及其常委会所拥有的宪法监督权衍生出来的非独立性的宪法处置权。如此一来，地方人大及其常委会也就不能成为一个独立的宪法监督机构。再加之，没有宪法解释权，宪法监督权该如何具体操作呢？因此，不能基于《宪法》第99条、第104条的规定望文生义地认为地方人大及其常委会拥有宪法监督权，应当将前述两个条文赋予地方人大及其常委会的权力与宪法监督权实质性地切割开来。

（二）地方人大及其常委会保证宪法实施的责任

地方人大及其常委会没有宪法监督权，但是，它们有保障宪法实施的责任。从追本溯源的角度来看，现行宪法中关于宪法监督权和保证宪法实施权的规定一直是分开的。1954年《宪法》规定，有权监督宪法实施的机关仅限于全国人大，除此之外的其他任何国家机关，包括全国人大常委会在内，都没有被赋予宪法监督权。地方各级人大有权在本行政区域内保证法律、法令的遵守和执行，但并没有保证宪法遵守和执行的职权。1954年《地方组织法》中的规定与1954年《宪法》的规定相同，也没有关于地方人大宪法监督权的规定。依据该法第6条的规定，县级以上的地方各级人大在本行政区域内保证法律、法令和上级人民代表大会决议的遵守和执行。党的十一届三中全会以后，加强民主法制建设，保证宪法在各地方的统一实施成为新时期国家法制建设的重要任务。因此，1979年五届全国人大二次会议审议通过的《地方组织法》首次明确赋予地方人大保证宪法实施的权力。该法第7条规定，县级以上地方各级人大在本行政区域内，保证宪法、法律、政策、法令、政令和上级人民代表大会决议的遵守和执行。为了加强人民代表大会制度建设，1979年五届全国人大二次会议修改1978年《宪法》，决定在县和县以上的地方各级人大设立常委会。

---

1 任喜荣：“批判与重构——地方人大‘宪法监督权’研究之反思”，载《法商研究》2003年第1期，第36页。

但是，由于地方人大常委会尚处于初创阶段，因此，修改宪法的决议中并未赋予地方人大常委会保证宪法实施的权力。受其影响，1979年的《地方组织法》中也没有作出规定。1982年五届全国人大五次会议审议通过的现行《宪法》赋予地方人大在本行政区域内保证宪法的遵守和执行的权力，但并未同时授予地方人大常委会，这在某种程度上似乎可以理解为受到了此前1979年修宪决议和《地方组织法》的影响。1986年12月，六届全国人大常委会第十八次会议审议通过对《地方组织法》的第二次修改，赋予县级以上地方各级人大常委会在本行政区域内保证宪法遵守和执行的权力。至此，保证宪法的遵守和执行开始成为地方人大及其常委会的共同职权。

其一，赋予地方人大及其常委会保证宪法实施权的主要原因。

有学者认为，现行《宪法》和《地方组织法》之所以赋予地方人大及其常委会保证宪法实施的权力，主要基于四个方面的原因：（1）宪法在地方的实施与在中央的实施具有同等的重要性；（2）由地方人大及其常委会保证宪法实施，是因为宪法不仅反映了全国人民的意志，也反映了各地方人民的意志；（3）由地方人大及其常委会保证宪法的实施，是因为宪法是维系上下级人大及其常委会关系的根本纽带；（4）地方人大及其常委会保证宪法的实施，是由地方人大及其常委会的性质及其在地方国家机关体系中的地位决定的。[1]笔者认为，宪法监督权和保证宪法遵守和执行的权力具有本质的不同，不能混为一谈。我国的宪法监督权属于全国人大及其常委会，地方人大及其常委会不具有宪法监督权，这是由我国单一制的国家结构形式决定的。但是，单一地由全国人大及其常委会行使宪法监督权有可能会过当地加重其工作负担，因此，由地方人大及其常委会承担起保证宪法遵守和执行的权力有助于缓解全国人大及其常委会在宪法监督方面的工作压力。该种制度设计，既有利于维护我国单一制的国家结构形式，又有利于发挥地方人大及其常委会在保证宪法实施方面的作用。至于没有赋予地方各级政府等地方国家机关保证宪法实施的权力，这主要是由作为我国根本政治制度的人民代表大会制度决定的。从现行宪法的文本规定来看，它仅仅赋予地方人大保证宪法实施的权力，并未授予地方人大常委会保证宪法实施的权力。而且，对于地方人大究竟采取什么样的方式来保证宪法的实施，也未作出明确的规定。修改之后的《地方组织法》弥补了该种缺陷，不仅赋予地方人大常委会保证

----

1 刘松山："地方人大及其常委会在保证宪法实施中当有何为"，载许崇德、韩大元主编：《中国宪法年刊》（2008），法律出版社2009年版，第171—172页。

宪法实施的权力，而且将其作为诸种职权中的首要权力。从《地方组织法》的文本规定来看，它在列举地方各级人大及其常委会的职权时，将在本行政区域内保证宪法（还包括法律、行政法规和上级人大及其常委会的决议）的遵守和执行作为第一项职权，在此基础上，进一步罗列了其他10多项具体职权。该种立法方式凸显出来的信息是：（1）在地方人大及其常委会行使的诸种职权中，保证宪法的实施是其首要的职权；（2）保证宪法实施之外的其他诸项职权大多是保证宪法实施的具体措施。这也就是说，保证宪法实施是通过采取其他诸种措施的方式来实现的。相关保证宪法实施的措施如果与宪法“相抵触”，可以由全国人大常委会撤销。如此一来，全国人大及其常委会行使的宪法监督权就和地方人大及其常委会行使的保证宪法实施权较为妥当地关联在一起了。

其二，地方人大及其常委会保证宪法实施的方式。

有学者认为，地方人大及其常委会保证宪法实施的方式主要包括四种：（1）自身带头崇尚宪法和遵守宪法，督促其他国家机关及其负责人崇尚和遵守宪法，并宣传、号召和带领本行政区域的人民崇尚和遵守宪法；（2）主动积极地履行宪法赋予的各项职权，并督促其他国家机关认真履行宪法赋予的各项职权；（3）在本行政区域内维护法制的统一；（4）监督和纠正发生在本行政区域内的违反宪法的行为。其中，后两种方式是保证宪法实施的最重要的内容。[1]笔者认为，地方人大及其常委会行使职权的依据主要是法律、行政法规以及上级人大及其常委会的决议，宪法并不是其行使职权的直接依据。宪法中固然有关于地方人大及其常委会职权的规定，但比较原则，需要《地方组织法》等相关法律具体化之后方才可以作为地方人大及其常委会行使职权的直接依据。因此，地方人大及其常委会保证宪法的遵守和执行首先表现为确保它们自己制定的地方性法规、作出的决议等与宪法不抵触，其次表现为确保自己严格依据《地方组织法》《立法法》等相关法律的规定行使各项职权。对于地方人大及其常委会来说，《立法法》《地方组织法》以及其他诸种与地方国家机关职权行使有关的法律均是依据宪法制定出来的，甚至，国务院制定的行政法规也有可能是直接依据宪法制定出来的，它们本质上就是宪法中相关内容的具体化，保证该类法律、行政法规在本行政区域范围内的实施既是宪法实施的要求，也是地方人大及其常委会行使自身职权所

1　刘松山：“地方人大及其常委会在保证宪法实施中当有何为”，载许崇德、韩大元主编：《中国宪法年刊》（2008），法律出版社2009年版，第173页。

必需的。有学者认为，“除了维护法制统一之外，地方人大及其常委会还有一项重要的职权，就是对发生在本行政区域内违反宪法的行为进行监督和矫正”[1]。对此，笔者秉持否定的立场。笔者认为，地方人大及其常委会没有宪法监督权，它们所拥有的仅仅是保证宪法遵守和执行的权力。行使该项权力既可以采取积极行为的方式，也可以采取消极审查的方式。对于地方人大而言，积极行为的方式如：省、自治区、直辖市的人大常委会认为行政法规、地方性法规、自治条例和单行条例同宪法相抵触的，可以向全国人大常委会书面提出进行审查的要求，由全国人大常委会分送有关的全国人大专门委员会进行审查、提出意见。设区的市、县、市辖区、不设区的市人大常委会认为行政法规、地方性法规、自治条例和单行条例同宪法相抵触的，可以向全国人大常委会书面提出进行审查的建议，由常委会工作机构进行研究，必要时，送全国人大有关的专门委员会进行审查、提出意见。消极审查的方式如：“听取和审查本级人民代表代表大会工作报告”“听取和审查本级人民政府和人民法院、人民检察院的工作报告”“改变或者撤销本级人民代表大会常务委员会的不适当的决议”“撤销本级人民政府的不适当的决定和命令”等，这些方式都有利于保证宪法的遵守和执行。对于地方人大常委会而言，消极审查的方式如：“监督本级人民政府、人民法院和人民检察院的工作，联系本级人民代表大会代表，受理人民群众对上述机关和国家工作人员的意见”“撤销下一级人民代表大会及其常务委员会的不适当的决议”等。前述这些积极行为的方式和消极审查的方式本质上属于保证宪法实施的方式，但并不是监督宪法实施的方式。而且，对于地方国家机关而言，由于它们的直接行为依据并不是宪法，而是法律、行政法规等，因此，针对它们的职权行为所进行的监督在性质上应该属于法律监督的范畴，而不属于宪法监督的范畴。

二、宪法实施监督机构与宪法监督对象之间的衔接

（一）宪法实施监督机构对党内法规、规范性文件的合宪性审查

现行宪法及相关法律文件中对于党内法规、党内规范性文件是否属于合宪性审查的对象均未作出明确的规定，学界对该问题的理解也不甚相同。目前，多数学者认为，应当将党内法规、党内规范性文件纳入合宪性审查的范围。但是，作为合宪性审查机构的全国人大及其常委会能否承担起对它们进行合宪性

1 刘松山：“地方人大及其常委会在保证宪法实施中当有何为”，载许崇德、韩大元主编：《中国宪法年刊》（2008），法律出版社2009年版，第174页。

审查的责任和使命呢？宪法和法律委员会能否在推进对它们的合宪性审查方面发挥作用呢？对此，学界的理解不甚一致，一些学者对全国人大及其常委会审查党内法规、党内规范性文件方面的现实可能性表示了顾虑[1]。有学者认为，国内学界关于合宪性审查机构设置的诸种观点没有充分考虑到对党内法规的合宪性审查问题。在中国，如果不充分考虑中国共产党在国家政治生活中的领导作用与核心地位，合宪性审查机构不可能具有权威性和执行力。因此，我国合宪性审查机构的设立，必须围绕我国的政治现实进行设计，建议成立中共中央合宪性审查委员会，由中共中央总书记担任主任。[2]针对前述观点，有学者提出了设置二元性的宪法实施监督机构的立场。该观点认为，“在我国，倘若仅仅致力于国家层面的宪法审查制度建构，必然会面临一个非常现实与急迫的政治性问题：党的政策与主张若与宪法相抵触，须纳入全国人大常委会主导的合宪性审查制度之中。……然而，这种一元式国家层面的合宪性审查制度不仅不适合中国国情，而且也存在难以逾越的民主集中制原则下形成的中国‘集体领导体制’的障碍与党的政策规定”。[3]较为可行的办法似乎应当是：建立二元性的合宪性审查制度，即国家层面的合宪性审查制度与政党层面的合宪性审查制度。前者审查法律法规是否与宪法相抵触，后者审查党内法规和党内规范性文件是否与宪法相抵触。[4]针对我国合宪性审查机构的设置，笔者认为，党内法规及党内规范性文件属于合宪性审查的对象，对它们进行合宪性审查是全国人大及其常委会的应尽职责。但是，全国人大及其常委会对它们的合宪性审查在形式上不同于对法律、法规等法律文件的合宪性审查，这是我国合宪性审查制度赖以生成的制度环境所决定的。与西方国家相比，我国的合宪性审查制度不是建立在美国那种分权制衡的理论假设和时空环境之下，不是建立在德国那

1 有学者认为，“不论中央还是省市区党委制定党内法规和规范性文件，还是党政联合制定的规范性文件，若同宪法或者法律相抵触，由全国人大常委会按立法法规定的程序，接受审查要求或建议并进行审查处理，就我国目前的党政关系和法治环境而言，并不现实，全国人大常委会‘无权’实际也无能力径自审查处理党内法规和规范性文件。”前述观点可参见秦前红、苏绍龙：“党内法规与国家法律衔接和协调的基准与路径”，载《法律科学》2016年第5期，第27页。还有学者认为，“如果由人大来审查居于领导地位的党组织制定的党内法规和规范性文件，就会出现逻辑关系颠倒、权力位阶不清的问题，进而也难以付诸实践”。前述观点可参见马立新：“党内法规与国家法规规章备案审查衔接联动机制探讨”，载《学习与探索》2014年第12期，第79页。

2 王春业：“合宪性审查制度构建论纲”，载《福建行政学院学报》2018年第1期，第30页。

3 范进学：“论中国合宪性审查制度的特色与风格”，载《政法论丛》2018年第3期，第14页。

4 范进学：“论中国合宪性审查制度的特色与风格”，载《政法论丛》2018年第3期，第11页。

种力求实现法律体系的统一性和审查机构排除政治影响的假定之下，也不是建立在对政治过程高度信任的基础之上，对我国来说，坚持党的领导、人民当家作主和依法治国的有机统一，是建设合宪性审查制度的逻辑前提和法理基础。加强宪法实施和宪法监督，推进合宪性审查工作，维护宪法权威，最为关键的是要实现前述三者的有机统一。在前述观点中，基于对全国人大及其常委会审查党内法规、党内规范性文件合宪性的能力的怀疑，否定全国人大及其常委会作为合宪性审查机构的地位，提出设置中共中央合宪性审查委员会或者宪法法院的主张，实际上是对前述三者有机统一思想的结构性背离。中国共产党固然是执政党、领导党，但它对国家的领导必须通过旨在维护人民主体地位的人民代表大会、经由法治的方式才能够实现，不能结构性地取代人民代表大会、废弃法治的方式，实行纯粹的党治，以党代政、以党代法。在对党内法规、党内规范性文件的合宪性审查问题上，应当秉持的立场是：全国人大及其常委会应当且可以承担起审查党内法规和党内规范性文件合宪性的职责[1]，但是，对它们进行的合宪性审查必须奉行坚持党的领导、人民当家作主和依法治国有机统一的原则。在前述思路的引领之下，在具体操作层面，应当充分发挥全国人大宪法和法律委员会及全国人大常委会党组的作用。前者在合宪性审查工作中发现党内法规、党内规范性文件涉嫌与宪法相抵触时，应当提出审查意见并报告全国人大常委会党组。全国人大常委会党组应当审核该意见并向中共中央报告，由其对相关党内法规或者党内规范性文件进行合宪性审查，并作出相应的处理。

（二）我国宪法实施监督机构对相关法律文件的合宪性审查

依据《立法法》的规定，行政法规、地方性法规、自治条例、单行条例等相关法律文件均属于合宪性审查的对象。除此之外，尽管现行宪法及相关法律中未作明确规定，但法律、全国人大及其常委会所作授权决定、特别行政区立法等也应当属于合宪性审查的对象。目前，我国宪法实施监督机构与宪法监督对象在衔接方面存在的突出问题主要包括：其一，全国人大及其常委会在审查法律、全国人大及其常委会所作授权决定时的衔接难题。诚如前文所言，由于我国合宪性审查制度赖以生成的制度环境迥然相异于西方国家，因此，我国的宪法实施监督机构只能是全国人大及其常委会，普通法院、宪法法院以及外在于全国人大而存在的宪法委员会不可能成为我国的合

----

1 《规范性文件备案审查制度理论与实务》编写组编著：《规范性文件备案审查制度理论与实务》，中国民主法制出版社2011年版，第97页。

宪性审查机构。我国合宪性审查制度的构筑必须立足于这一制度前提，这是合宪性审查得以展开的逻辑基点。但是，问题的症结在于：全国人大及其常委会不仅是宪法实施监督机关，而且还是权力机关和立法机关。作为权力机关，它们有权作出授权决定，以处理中国改革与法治实践中的种种问题；作为立法机关，它们有权制定基本法律和其他法律，以此框定国家基本的法律秩序。令人感到棘手的是：它们所作的授权决定和制定的法律属于宪法监督的对象，而担负审查责任的就是它们自己。如此一来，究竟应该如何具体操作呢？现行宪法颁布实施以来，关涉法律及授权决定的合宪性审查之所以基本上没有实际运行过，这恐怕不能不说是一个根本性的原因。由此导致的事实层面的结果必然是：在中国，法律及全国人大及其常委会作出的授权决定，无所谓合宪不合宪。其二，全国人大及其常委会在审查行政法规、地方性法规、自治条例、单行条例时的衔接难题。依据《立法法》的规定，行政法规、地方性法规、自治条例、单行条例均属于宪法监督的对象。对于行政法规、地方性法规来说，既有执行性的法规，也有创制性的法规。前者有先期存在的法律作为其上位的法律依据，因此，对它们的审查主要是合法性审查的问题，并不直接涉及合宪性审查问题。与之相比，后者却没有先期存在的上位法律依据，要依据《宪法》第89条的规定或者在不抵触宪法的前提下径行制定，因此，该种创制性的行政法规或地方性法规所涉及的审查主要不是合法性审查的问题，而是合宪性审查的问题。然而，由于全国人大常委会既拥有合宪性审查权，又拥有宪法解释权、立法权、法律解释权，再加之，行政法规、地方性法规均已先期经过了全国人大常委会的备案审查程序、并暗含着全国人大常委会对它的合宪性认可而颁布实施，如此一来，针对行政法规、地方性法规的合宪性审查何以展开呢？对于自治条例、单行条例来说，它们固然属于合宪性审查的对象，但是，由于自治区的自治条例和单行条例要报经全国人大常委会批准后方才能够生效，自治州、自治县的自治条例和单行条例要报省、自治区、直辖市的人大常委会批准后方才能够生效。而且，自治州、自治县的自治条例和单行条例还要由省、自治区、直辖市的人大常委会报全国人大常委会备案。这也就是说，自治条例、单行条例在生效之前已经通过全国人大常委会的批准或者备案程序进行了合法性、合宪性审查，如此一来，全国人大常委会对其已经通过批准、备案的形式审查过的自治条例、单行条例还怎么进行合宪性审查呢？其三，全国人大及其常委会在审查特别行政区立法时的衔接难题。现行宪法和相关法律文件中对于特别行政区立法是否属于合宪性审查的对象并未作出明确的规定，但是，由于宪法和特别行政区基本法是特别行政区共同的宪制基础，因此，宪法在特别行政区具有当然的效力，应当受到特别行政区各国家公权机关及公职人员的尊重。而且，由于现行宪法和特别行政区基本法并不是宪法和小宪法、一般宪法和特殊宪法的关系，因此，特别行政区基本法不足以结构性取代宪法在特别行政区的适用。立基于此，特别行政区法律应当属于合宪性审查的对象，全国人大及其常委会有权依据现行宪法的相关规定对其进行合宪性审查。但是，问题的症结在于：《立法法》《全国人大组织法》《全国人民代表大会常务委员会议事规则》均不属于《香港基本法》附件三、《中华人民共和国澳门特别行政区基本法》（以下简称《澳门基本法》）附件三中所列“在特别行政区实施的全国性法律”，而《香港基本法》《澳门基本法》中均没有规定全国人大及其常委会对特别行政区立法进行合宪性审查的程序，甚至，根本就没有提及全国人大及其常委会依据宪法对特别行政区立法进行合宪性审查的权力。如此一来，即便将特别行政区立法纳入合宪性审查的对象范围，赋予全国人大及其常委会对其进行合宪性审查的权力，该种合宪性审查的程序如何运行呢？这些均是在设置宪法实施监督时应当考虑到的现实问题。

第二节　我国宪法实施监督机构的设立、权力配置及运行机制

党的十九大报告指出，“世界上没有完全相同的政治制度模式，政治制度不能脱离特定社会政治条件和历史文化传统来抽象评判，不能定于一尊，不能生搬硬套外国政治制度模式。”[1]笔者认为，健全与完善我国的宪法实施监督机构应当立足于中国的根本政治制度，脱离中国国情，不加思索地移植和借鉴西方国家的政治法律制度并不必然适合中国。从整个世界范围来看，以美国为代表的普通法院型合宪性审查模式、以德国为代表的宪法法院型合宪性审查模式、以法国为代表的宪法委员会型合宪性审查模式等固然各有其优势，但全世界并未形成“定于一尊”的合宪性审查模式。世界各国的宪法运行实践表明，宪法实施监督机构的设置必须立足本国国情，盲目移植借鉴从来不会取得成功。一些学者所提出的完善我国宪法监督制度的思路固然有一定的参考价值，但是，由于该种观点涉及对中国现行政治体制的结构

1 习近平：《决胜全面建成小康社会 夺取新时代中国特色社会主义伟大胜利——在中国共产党第十九次代表大会上的报告》，人民出版社2017年版，第36页。

性变革，因而不具有可行性。实际上，它们也不符合中国共产党在该问题上的总体思路。2013年，党的十八届三中全会审议通过的《中共中央关于全面深化改革若干重大问题的决定》指出，“要进一步健全宪法实施监督机制和程序，把全面贯彻实施宪法提高到一个新水平”。2014年，党的十八届四中全会审议通过的《中共中央关于全面推进依法治国若干重大问题的决定》指出，“完善全国人大及其常委会宪法监督制度，健全宪法解释程序机制。加强备案审查制度和能力建设，把所有规范性文件纳入备案审查范围，依法撤销和纠正违宪违法的规范性文件，禁止地方制发带有立法性质的文件”。2017年，党的十九大报告在其第六部分“健全人民当家作主制度体系，发展社会主义民主政治”中指出：“加强宪法实施和监督，推进合宪性审查工作，维护宪法权威。”综观中国共产党在前述文件中关于合宪性审查的论述，可以明显看出，完善我国宪法实施监督机构的出路不是从根本上背离我国的根本政治制度，而是在坚持全国人大及其常委会作为宪法实施监督机关的前提下，“健全宪法实施监督机制和程序”“完善全国人大及其常委会宪法监督制度，健全宪法解释程序机制”“推进合宪性审查工作”。有学者指出，“十九大报告提出‘合宪性审查’时，并没有直接和孤立适用‘合宪性审查’一词，而是表述为‘推进合宪性审查工作’，这个动宾词语是一个完整的表述”。之所以使用“推进”的表述而没有适用“建立”的表述，表明在政治决断层面，合宪性审查被认为是一项有基础的工作，而不是一项需要从头开始进行根本性谋划的工作；之所以使用“工作”的表述而没有使用“制度”“机制”或者其他类似表述，表明在政治决断层面，合宪性审查制度已经形成，接下来所要推进的是基于已经形成的制度而开展的“工作”，而不是对现有制度的重构或者根本性变革。[1]对此，笔者秉持相同的立场。笔者认为，宪法实施监督机构的设置必须立足于作为我国根本政治制度的人民代表大会制度。坚持和完善人民代表大会制度，不仅是各级人大及其常委会的责任，而且是全党全社会的共同责任。[2]合宪性审查制度本质上属于一种宪法制度，它必须遵循宪法所确立的政治体制架构。宪法实施监督机构的健全与完善，必须植根于人民代表大会制度的框架体系之内，而不能从根本上突

----

1 祝捷：“论合宪性审查的政治决断和制度推进——基于党的十九大报告的解读”，载《法学杂志》2017年第12期，第30页。

2 阚珂：《人民代表大会那些事》，法律出版社2017年版，第7页。

破。以美国为代表的普通法院型宪法实施监督机构模式、以法国为代表的宪法委员会型宪法实施监督机构模式以及以德国为代表的宪法法院型宪法实施监督机构模式之所以不适合中国，其根本的原因就在于它们从根本上突破了我国人民代表大会制度所确立的国家权力体系架构。

一、我国宪法实施监督机构设立的历史发展脉络

（一）从中华人民共和国成立初期的全国人大法案委员会到1982年《宪法》中的法律委员会

2018年我国现行《宪法》修改时，《宪法》第44条修正案将《宪法》第70条第1款中规定的全国人大“法律委员会”改为全国人大“宪法和法律委员会”。这是落实党的十九大报告中提出的“推进合宪性审查工作”的具体措施，它不仅清楚地表明了我国在宪法监督体制问题上的基本立场，而且也凸显了我国在宪法实施监督机构设置问题上的总体思路。自此而后，对我国宪法实施监督制度的探讨应当以此为逻辑基点展开。从追本溯源的角度来看，宪法和法律委员会实际上是在中华人民共和国成立初期全国人大法案委员会的基础上发展演变而来的。1954年《宪法》[1]第34条规定，“全国人民代表大会设立民族委员会、法案委员会、预算委员会，代表资格审查委员会和其他需要设立的委员会。民族委员会和法案委员会，在全国人民代表大会闭会期间，受全国人民代表大会常务委员会的领导。”在此基础上，同年颁布实施的《全国人大组织法》[2]对此作了进一步重申[3]和拓展[4]。依据该法，“中华人民共和国主席、副主席，全国人民代表大会常务委员会委员长、副委员长和委员，民族委员会和法案委员会，国务院，都可以向常务委员会提出议案。”[5]“向常务委员会提出的议案，由委员长提请常务委员会会议讨论，或者交付有关委员会单独审查或者联合审查后提请常务委员会会议讨论。”[6]

审查“法律案”“关于法律问题的议案”“法令案”“其他关于法律法令

----

1 1954年9月20日第一届全国人民代表大会第一次会议通过。

2 1954年9月20日第一届全国人民代表大会第一次会议通过。

3 1954年《全国人大组织法》第25条第1款的规定与1954年《宪法》第34条的规定相同。

4 1954年《全国人大组织法》第21条、第22条、第27条。

5 1954年《全国人大组织法》第21条第1款。

6 1954年《全国人大组织法》第22条。

问题的议案”是法案委员会的重要职权内容。[1]1975年《宪法》中取消了专门委员会的设置，未设立法案委员会。1978年《宪法》再次恢复了专门委员会的设置[2]，但是，1978年《宪法》中并未明确法案委员会的设置。1982年《宪法》第70条规定，“全国人民代表大会设立民族委员会、法律委员会、财政经济委员会、教育科学文化卫生委员会、外事委员会、华侨委员会和其他需要设立的专门委员会。在全国人民代表大会闭会期间，各专门委员会受全国人民代表大会常务委员会的领导。各专门委员会在全国人民代表大会和全国人民代表大会常务委员会领导下，研究、审议和拟订有关议案。”与1954年《宪法》下的专门委员会相比，二者之间存在明显的不同，具体表现在：（1）现行《宪法》中增加了一些新的专门委员会，如财政经济委员会、教育科学文化卫生委员会、外事委员会、华侨委员会；（2）现行《宪法》中不再设置预算委员会、代表资格审查委员会；（3）1954年《宪法》中的法案委员会不复存在，取而代之的是法律委员会。现行宪法中关于专门委员会的规定比较原则，1982年《全国人大组织法》[3]在此基础上作了进一步的拓展和细化。该法第37条对专门委员会的工作职责作了具体规定[4]。关于法律委员会的职责，1989年《全国人大议事

----

1 1954年《全国人大组织法》第27条规定，法案委员会的工作包括：“（一）审查全国人民代表大会交付的法律案和其他关于法律问题的议案，审查全国人民代表大会常务委员会交付的法令案和其他关于法律、法令问题的议案；（二）根据全国人民代表大会或者全国人民代表大会常务委员会的决定，拟定法律和法令的草案；（三）向全国人民代表大会或者全国人民代表大会常务委员会提出关于法律、法令问题的议案和意见。”

2 该法第27条规定，“全国人民代表大会和全国人民代表大会常务委员会可以根据需要设立若干专门委员会”。

3 第五届全国人民代表大会第五次会议于1982年12月10日通过。

4 依据该条，专门委员会的工作包括：“（一）审议全国人民代表大会主席团或者全国人民代表大会常务委员会交付的议案；（二）向全国人民代表大会主席团或者全国人民代表大会常务委员会提出属于全国人民代表大会或者全国人民代表大会常务委员会职权范围内同本委员会有关的议案；（三）审议全国人民代表大会常务委员会交付的被认为同宪法、法律相抵触的国务院的行政法规、决定和命令，国务院各部、各委员会的命令、指示和规章，省、自治区、直辖市的人民代表大会和它的常务委员会的地方性法规和决议，以及省、自治区、直辖市的人民政府的决定、命令和规章，提出报告；（四）审议全国人民代表大会主席团或者全国人民代表大会常务委员会交付的质询案，听取受质询机关对质询案的答复，必要的时候向全国人民代表大会主席团或者全国人民代表大会常务委员会提出报告；（五）对属于全国人民代表大会或者全国人民代表大会常务委员会职权范围内同本委员会有关的问题，进行调查研究，提出建议。”“法律委员会统一审议向全国人民代表大会或者全国人民代表大会常务委员会提出的法律草案；其他专门委员会就有关的法律草案向法律委员会提出意见。”

规则》第24条第1款、第2款作了具体规定，其中包括对制定过程中的法律案进行审查的职责。[1]

（二）从1982年《宪法》中的法律委员会到2018年《宪法》修改后的宪法和法律委员会

我国现行《宪法》颁布实施之前，学界围绕未来我国宪法监督体制的确立、宪法实施监督机构的设置提出了种种方案，其中包括在全国人大下设置专门的宪法委员会的方案。党的十八大以来，中共中央从全面（推进）依法治国的战略高度，不断提出健全与完善我国宪法实施监督制度的理念。党的十九大报告提出，要“加强宪法实施和监督，推进合宪性审查工作，维护宪法权威。”该论断集中表明，我国宪法实施监督体制的完善应当立足于我国的根本政治制度，是在现有基础上的“推进”，而不是在空地上的建立。在坚持全国人大及其常委会行使宪法监督权制度的基础上，设立专门的宪法监督机构，使宪法监督工作制度化、程序化再次成为新时期人们关注的目标。国内权威宪法学者提出，全国人大应当设立专门的宪法委员会，由其协助全国人大及其常委会监督宪法的实施，并负责研究审议违宪争议，拟定争议处理决定[2]。设立专门的宪法委员会是推进合宪性审查工作的最为稳健的方案[3]。2018年1月19日，党的十九届二次会议审议通过《中国共产党中央委员会关于修改宪法部分内容的建议》，按照《宪法》第64条规定的程序向全国人大常委会提出。但是，该建议中并未包括设置宪法和法律委员会的内容。2018年1月30日，十二届全国人大常委会第三十二次会议接受该建议，形成《宪法修正案（草案）》，拟提请十三届全国人大一次会议审议。2018年2月28日，党的十九届三中全会审议通过《深化党和国家机构改革方案》。该改革方案提出，“为弘扬宪法精神，增强宪法意识，维护宪法权威，加强宪法实施和监督，推进合宪性审查工作，将全国人大法律委员会更名为全国人大宪

----

1 1989年4月4日七届全国人大二次会议审议通过，自公布之日起施行。现已修改。该法第24条第1款、第2款规定，“列入会议议程的法律案，大会全体会议听取关于该法律案的说明后，由各代表团审议，并由法律委员会和有关的专门委员会审议。”“法律委员会根据各代表团和有关的专门委员会的审议意见，对法律案进行统一审议，向主席团提出审议结果报告和草案修改稿，对重要的不同意见应当在审议结果报告中予以说明，主席团审议通过后，印发会议，并将修改后的法律案提请大会全体会议表决。”

2 韩大元：“健全宪法解释程序机制的三个基本问题”，载韩大元主编：《中国宪法年刊（2014年第十卷）》，法律出版社2015年版，第113页。

3 韩大元：“关于推进合宪性审查工作的几点思考”，载《法律科学》2018年第2期。

法和法律委员会。”“全国人大宪法和法律委员会在继续承担统一审议法律草案工作的基础上，增加推动宪法实施、开展宪法解释、推进合宪性审查、加强宪法监督、配合宪法宣传等职责。”由于《宪法修正案（草案）》已经在中共中央此前提出的修宪建议基础上形成，且十三届全国人大一次会议即将召开，因此采取了由1/5以上的全国人大代表提议的方式，由其将中共中央新增的修宪建议向全国人大主席团提出。这种修宪方式在1993年现行《宪法》第二次修改时曾经采取过。当时，中共中央向七届全国人大常委会提出了修宪建议，全国人大常委会讨论并接受了该建议，形成《宪法修正案（草案）》，拟将其提请八届全国人大一次会议审议。但是，在七届全国人大常委会讨论修宪建议的过程中，中共中央于1993年3月又提出了《关于修改宪法部分内容的补充建议案》。由于这个时候八届全国人大已经召开，且中共中央此前已经提出过修宪建议，遂根据现行《宪法》第64条的规定，将中共中央所提修改宪法的补充建议由北京市等32个代表团的2 383名代表签名，以代表提案的方式，向八届人大一次会议提交。全国人大主席团将该补充议案和全国人大常委会的议案合并，形成了一份综合性的修宪提案，交付大会表决，最终获得通过。[1]2018年3月8日，十三届全国人大第一次会议主席团向全国人大作了《全国人民代表大会关于〈中华人民共和国宪法修正案（草案）〉审议情况的报告》。该报告指出，2018年宪法修改过程中，“先后有2 952名全国人大代表以各种方式提出意见，赞成设立宪法和法律委员会，认为党中央的决定有利于完善全国人大专门委员会的设置，有利于加强宪法实施和监督。”[2]根据前述情况，2018年现行《宪法》修改过程中，提出宪法修改提案的主体包括两个：全国人大常委会、全国人大2 952名代表。二者均是基于中共中央的建议提出的。依据现行《宪法》第64条的规定，前述提案方式符合现行宪法关于宪法修改提案方式的规定。由于修改宪法的提案是由两个不同的主体提出的，因此，宪法修正案的条文结构编排有两种方式可供选择：（1）将前述两个主体分别提出的宪法修改提案独立编排，合并提出；（2）将全国人大代表联名提出的修改宪法提案内嵌于全国人大常委会所提的宪法修改提案之中，混同处理。由于当时宪法修正案条文数已经确定，在原有的宪法修正案

---

1 胡锦光、韩大元：《中国宪法》，法律出版社2016年版，第116页。

2 第十三届全国人民代表大会第一次会议主席团：《第十三届全国人民代表大会第一次会议主席团关于〈中华人民共和国宪法修正案（草案）〉审议情况的报告》，载《人民日报》2018年3月22日，第4版。

之外，再行增加单独的宪法修正案条文，会冲击和影响到既定的宪法修正案内容结构。因此，大会秘书处经研究认为，拟补充修改的“宪法和法律委员会”内容在宪法修正案（草案）中不单列一条，在宪法修正案草案中与之最为接近的位置来表述拟修改的内容，具体处置方法是：在《宪法修正案（草案）》第44条中增加一款，作为第2款，内容是：“宪法第七十条第一款修改为：‘全国人民代表大会设立民族委员会、宪法和法律委员会、财政经济委员会、教育科学文化卫生委员会、外事委员会、华侨委员会和其他需要设立的专门委员会。’”2018年3月11日，第十三届全国人民代表大会第一次会议通过了《中华人民共和国宪法修正案》，正式将“全国人大法律委员会”更名为“全国人大宪法和法律委员会”。

二、宪法和法律委员会的职权配置和运行机制

（一）宪法和法律委员会的职权配置

2018年6月22日，第十三届全国人大常委会第三次会议审议通过《全国人民代表大会常务委员会关于全国人民代表大会宪法和法律委员会职责的决定》。[1]依据该规定，宪法和法律委员会的职责包括两部分：其一，此前相关法律中规定由“法律委员会”承担的职责；其二，赋予宪法和法律委员会承担的以推进合宪性审查为核心要旨的职责。有学者指出，此前相关法律中规定由“法律委员会”承担的职责中其实就包括与合宪性审查有关的职责，分别是：（1）“独有的协助合宪性审查的职能”；（2）“与其他专门委员会分享的合宪性审查职能”；（3）“与其他专门委员会、法工委分享的协助合宪性审查的职能”。[2]前述关于法律委员会合宪性职责的规定散见于《宪法》、《全国人大组织法》（1982）、《立法法》、《中华人民共和国各级人民代表大会常务委员会监督法》（2006）（以下简称《监督法》）、《全国人大议事规则》（1989）、

---

1 该决定指出，“为了明确宪法和法律委员会的职责，全国人民代表大会常务委员会决定：一、《中华人民共和国全国人民代表大会组织法》《中华人民共和国立法法》《中华人民共和国各级人民代表大会常务委员会监督法》《中华人民共和国全国人民代表大会议事规则》《中华人民共和国全国人民代表大会常务委员会议事规则》中规定的法律委员会的职责，由宪法和法律委员会承担。二、宪法和法律委员会在继续承担统一审议法律草案等工作的基础上，增加推动宪法实施、开展宪法解释、推进合宪性审查、加强宪法监督、配合宪法宣传等工作职责。”

2 胡锦光：“论我国合宪性审查机制中不同主体的职能定位”，载《法学家》2020年第5期，第76页。

《全国人大常委会议事规则》（2009）中的相关规定。该学者认为，“按照宪法和全国人大组织法的规定精神，协助全国人大和全国人大常委会进行合宪性审查的职能分配，采用的是由各专门委员会分享模式。宪法和法律委员会在2018年宪法修正案更名，特别是全国人大常委会专门作出关于其职责的决定之后，应当是我国唯一协助进行合宪性审查工作的机构。即由原来的分散协助模式改为集中协助模式。”[1]前述观点的主要理由是：（1）集中协助模式符合当前我国健全与完善宪法实施和宪法监督制度的时代背景；（2）推进合宪性审查是宪法和法律委员会的核心职能；（3）各专门委员会分散协助模式不符合2018年《宪法》修改时设置宪法和法律委员会的精神；（4）区分合宪性审查与合法性审查有现实必要性。对此，笔者秉持类同立场。笔者认为，对宪法和法律委员会职责的厘定，应当注意厘清它与全国人大常委会法制工作委员会在合宪性审查方面的职能分工。2018年现行《宪法》修改之前，全国人大常委会法制工作委员会也承担部分合宪性审查工作，主要包括三种情形：（1）根据特定国家有权机关针对行政法规、地方性法规、自治条例、单行条例、司法解释提出的合宪性审查要求进行审查[2]；（2）根据特定国家机关之外的其他国家机关和社会团体、企事业组织依据公民针对行政法规、地方性法规、自治条例、单行条例、司法解释提出的合宪性审查建议进行审查[3]；（3）对报送备案的行政法规、地方性法规、自治条例、单行条例、司法解释进行合宪性审查[4]。笔者认为，由全国人大常委会法制工作委员会行使合宪性审查权不甚合适。其原因在于：宪法和法律委员会与全国人大常委会法制工作委员会的性质、地位、组成不甚相同。宪法和法律委员会是全国人大设立的协助全国人大及其常委会工作的专门委

1 胡锦光：“论我国合宪性审查机制中不同主体的职能定位”，载《法学家》2020年第5期，第77页。

2 依据《立法法》第110条第1款的规定，有权对行政法规、地方性法规、自治条例、单行条例、司法解释进行审查的主体应当是作为专门委员会的宪法和法律委员会。依据《法规、司法解释备案审查工作办法》第21条，有权对法规、司法解释进行审查的主体既包括作为专门委员会的法律委员会，也包括作为全国人大常委会工作机构的法制工作委员会。该规定与前述《立法法》第110条第1款、《监督法》第32条第1款的规定不甚一致。从实践中来看，全国人大常委会法制工作委员会对前述法律规范文件行使着“合宪性审查权”。

3 根据《立法法》第110条第2款、《监督法》第32条第2款的规定，审查主体应当是全国人大宪法和法律委员会；根据《法规、司法解释备案审查工作办法》第22条第2款的规定，对法规、司法解释的审查主体包括全国人大宪法和法律委员会和全国人大常委会法制工作委员会。二者的立场不甚一致。

4 《立法法》第111条第3款、《法规、司法解释备案审查办法》第14条。

员会，受全国人大领导，对全国人大负责，其成员由全国人大从全国人大代表中产生。在全国人大闭会期间，受全国人大常委会领导。宪法和法律委员会的主要职能是在全国人大及其常委会的领导下，研究、审议、拟定有关议案，具体包括相关法律赋予原法律委员会的职能和新赋予的以推进合宪性审查为主旨的职能。与之相比，法制工作委员会是全国人大常委会根据工作需要设立的工作委员会，其组成人员并不要求必须是人大代表，其主任、副主任是由全国人大常委会任命产生的；法制工作委员会的性质是全国人大常委会的具体工作部门，受全国人大常委会领导，同时服务于全国人大常委会的相关工作；其职责是在全国人大常委会的领导下，承办全国人大常委会和委员长会议交付的与本机构相关的具体事务。相比之下，宪法和法律委员会不仅民主性程度高，而且其合宪性审查权也获得了全国人大常委会的专门授权，应当作为合宪性审查的专门机构。实际上，《立法法》第110条第1款、第2款，《监督法》第32条第1款、第2款针对前述两种合宪性审查情形赋予合宪性审查权的机关也仅限于作为专门委员会的宪法和法律委员会，并不包括全国人大常委会法制工作委员会，这在某种程度上似乎也考虑到了二者之间的差异。因此，未来应当考虑对《立法法》第110条第1款、第2款，《监督法》第32条第1款、第2款与《法规、司法解释备案审查工作办法》第21条、第22条第2款之间的冲突进行修改完善，将合宪性审查权单一地赋予宪法和法律委员会。2021年3月11日，第十三届全国人民代表大会第四次会议通过《全国人民代表大会关于修改〈中华人民共和国全国人民代表大会组织法〉的决定》。该决定第33条规定，将原《全国人大组织法》第37条第3款[1]改为第39条，修改为："宪法和法律委员会承担推动宪法实施、开展宪法解释、推进合宪性审查、加强宪法监督、配合宪法宣传等工作职责"。"宪法和法律委员会统一审议向全国人民代表大会或者全国人民代表大会常务委员会提出的法律草案和有关法律问题的决定草案；其他专门委员会就有关草案向宪法和法律委员会提出意见。"前述内容强化了宪法和法律委员会作为单一合宪性审查机构的印记。

（二）构筑宪法和法律委员会职权运行机制应当注意厘清的问题

有学者建议，宪法和法律委员会成立之后，可以考虑在其内部设立审议法律草案部和合宪性审查部，既建立相对独立的审查机制，同时又形成两个

1 《全国人大组织法》（1982年）第37条第3款规定，"法律委员会统一审议向全国人民代表大会或者全国人民代表大会常务委员会提出的法律草案；其他专门委员会就有关的法律草案向法律委员会提出意见。"

部门之间的合作、沟通机制。[1]笔者认为，该观点是一种积极有益的建议，有借鉴意义。由此衍生出的问题是：对制定过程中的法律草案是否可以进行合宪性审查？对此，学界的立场不甚一致，主要有两种观点：（1）“认为合宪性审查职能针对颁布之后的法律，对审议中的法律草案不能进行合宪性审查”；（2）“认为在审议过程中存在合宪性控制的可能，如法律委员会在审议过程中有权依据宪法文本修改或删除草案中与宪法冲突的条款，或者采纳全国人大代表或全国人大常委会组成人员的相关审议意见，修改草案内容，保证草案的合宪性”。[2]笔者认为，对审议过程中的法律草案当然可以，而且也应该进行合宪性控制。但是，该种情形下的合宪性控制是否归属于合宪性审查的范畴可以进一步讨论。如果该种场景下的合宪性控制是合宪性审查的话，实际上早在宪法和法律委员会设置之前，宪法监督机构就已经存在了。从全国人大设立宪法和法律委员会的时代背景和职权配置来看，它更多地着眼于对制定法的合宪性控制，是在法律委员会原有职能基础上的进一步“推进”。宪法和法律委员会设立之后，构筑其职权运行机制时应当注意厘清几个方面的问题，具体包括：其一，厘清合宪性审查与合法性审查之间的关系问题。依据《立法法》第110条的规定，全国人大常委会对行政法规、地方性法规、自治条例、单行条例的审查，既包括合宪性审查，也包括合法性审查，提起审查的主体、审查主体、审查程序完全相同。有学者认为，“协助全国人大常委会进行合宪性审查与合法性审查的主体应当分离，以避免违宪案件与违法案件的混淆。”[3]“为了有效整合合法性审查与合宪性审查工作，有必要将法规备案审查室从全国人大常委会法工委工作机关调整为宪法和法律委员会的工作机关，以实现两项功能的有效衔接。”[4]对此，笔者秉持类同立场。笔者认为，合宪性审查与合法性审查的性质迥然相异，前者的审查依据是宪法，后者的审查依据是法律。行使合宪性审查权的主体必须拥有宪法解释权，而行使合法性审查权的主体却并不需要拥有该种权力。在全国人大常委会同时拥有合宪性审查权和合法性审查权的场景下，应当明确二者在具

---

1 韩大元：“从法律委员会到宪法和法律委员会：体制与功能的转型”，载《华东政法大学学报》2018年第4期，第10页。

2 韩大元：“从法律委员会到宪法和法律委员会：体制与功能的转型”，载《华东政法大学学报》2018年第4期，第12页。

3 胡锦光：“论设立‘宪法和法律委员会’的意义”，载《政法论丛》2018年第3期，第7页。

4 韩大元：“从法律委员会到宪法和法律委员会：体制与功能的转型”，载《华东政法大学学报》2018年第4期，第11页。

体运行过程中的先后顺序。具体规则是：在对行政法规、地方性法规、自治条例、单行条例、司法解释等进行合宪性、合法性判断时，应当先行审查判断其合法性，遵循“穷尽法律适用”原则。也就是说，如果有先期存在的法律的话，应当首先依据法律审查判断其合法性。只有在没有作为其制定依据的法律存在的前提下，方才依据宪法对其进行合宪性判断。针对目前实践中宪法和法律委员会、全国人大常委会法制工作委员会并行行使合宪性审查权的情况，应当明确规定，将全国人大常委会法制工作委员会的审查权限定在合法性审查方面，将合宪性审查权单一地交由全国人大宪法和法律委员会行使，建立二者之间的程序衔接机制。其二，厘清合宪性审查与法规备案审查之间的关系。依据现行《宪法》、《立法法》、《中华人民共和国民族区域自治法》（以下简称《民族区域自治法》）、《行政法规制定程序条例》、《规章制定程序条例》、《法规、司法解释备案审查工作办法》中的相关规定，行政法规、地方性法规、自治条例和单行条例、规章、司法解释在制定、批准或者通过以后，必须在法定期限内提请上级相关的国家机关备案，接受备案的国家机关有权对其进行审查。备案审查机制包括五种，分别是：（1）全国人大常委会有权对行政法规、地方性法规、自治条例、单行条例、司法解释进行备案审查；（2）国务院有权对地方性法规、部门规章、地方政府规章进行审查；（3）地方人大常委会有权对地方政府规章依据地方人大及其常委会的决议、决定和地方人民政府的决定、命令进行备案审查；（4）中共中央和地方党委有权对党内法规和党内规范性文件进行备案审查；（5）中央军委有权对军事规章和军事规范性文件进行备案审查。根据备案审查的标准和审查目的，可以将前述审查分为三种类型，即：合宪性审查、合法性审查、适当性审查。合宪性审查的主体必须拥有宪法解释权，由于拥有宪法解释权的主体仅限于全国人大常委会，因此，前述备案审查中属于合宪性审查的仅限于第一种；合法性审查的主体必须拥有法律解释权，由于拥有法律解释权的主体仅限于全国人大常委会和国务院，因此，前述五种备案审查机制中，属于合法性审查的仅限于前述第（1）种、第（2）种；适当性审查是审查机关对提请备案审查的法律文件所规定的内容是否合理进行审查，对宪法解释权或者法律解释权并无特殊的要求，因此，前述备案审查均可纳入适当性审查的范畴。统合前述，可以看出，合宪性审查与法规备案审查是不一样的，不能将二者混同。对此，学界多位权威宪法学者表达了将二者区分开来的立场[1]。

---

1 韩大元：“从法律委员会到宪法和法律委员会：体制与功能的转型”，载《华东政法大学学报》2018年第4期，第11页；胡锦光：“论法规备案审查与合宪性审查的关系”，载《华东政法大学学报》2018年第4期，第22页。

2017年，全国人大常委会法制工作委员会公布了五起备案审查的典型案例，该类案件所涉问题其实均属合法性审查问题，与合宪性审查无关，应当区分合宪性审查与合法性审查之间的界限，厘清合宪性审查与法规备案审查之间的关系。其三，厘清宪法和法律委员会与全国人大常委会法制工作委员会、全国人大常委会与其他国家机关的审查界限，构筑不同机关之间的程序衔接机制。明确宪法和法律委员会作为合宪性审查专门机关的地位，将全国人大常委会法制工作委员会行使的合宪性审查权结构性转归宪法和法律委员会行使，保留全国人大常委会法制工作委员会的合法性审查权。实践中，如果全国人大常委会收到特定国家机关提出的合宪性审查要求以及其他国家机关、社会团体、公民提出的合宪性审查建议，应当先进行合法性审查。只有在穷尽法律适用的前提之下，确实存在合宪性问题的时候，方才转交给宪法和法律委员会，由其进行合宪性审查。对于国家机关、社会团体、公民针对党内法规、党内规范性文件提出的合宪性审查要求或者建议，转交中共中央办公厅法规局按照党内程序处理。对于各类国家机关、社会团体、公民针对不同类型法律文件提出的备案审查要求，按照前述法律中规定的备案审查权限，转交有关国家机关进行备案审查处理。依据前述穷尽法律适用原则进行合法性审查之后，发现确实存在合宪性审查争议的，除党内法规、党内规范性文件之外，再行转送宪法和法律委员会进行合宪性审查。2017年，全国人大常委会法制工作委员会共向有关机关转送规范性文件审查建议37件[1]；2019年，将88件不属于全国人大常委会审查范围的审查建议分别转送有关机关，其中，转送中央办公厅法规局5件，转送中央军委办公厅法制局1件，转送司法部40件，转送最高人民法院12件，转送最高人民检察院5件，转送省级人大常委会6件，同时转送司法部和省级人大常委会19件[2]。其四，构筑合宪性审查运行机制。有学者建议，应当“尽快制定合宪性审查标准、内容、程序、责任与效力

1 沈春耀：“全国人民代表大会常务委员会法制工作委员会关于十二届全国人大以来暨2017年备案审查工作情况的报告——2017年12月24日在第十二届全国人民代表大会常务委员会第三十一次会议上”，载《中华人民共和国全国人民代表大会常务委员会公报》2018年第1期，第124—130页。

2 沈春耀：“全国人民代表大会常务委员会法制工作委员会关于2019年备案审查工作情况的报告——2019年12月25日在第十三届全国人民代表大会常务委员会第十五次会议上”，载《中国人大》2020年第5期，第33页。

等方面的基本规则，使合宪性审查工作规范化、程序化，制定‘合宪性审查议事规则’，使合宪性审查工作有章可循。”“制定《宪法解释程序法》，适时启动并开展宪法解释工作，使宪法解释成为宪法和法律委员会的一项重要工作”，为我国合宪性审查的机制运作提供坚实的制度支撑。[1]

----

1 韩大元：“从法律委员会到宪法和法律委员会：体制与功能的转型”，载《华东政法大学学报》2018年第4期，第11页。

参考文献

[1] 莫纪宏.审判案例制度概要［M］.北京：中国人民公安大学出版社，1998.

[2] 莫纪宏.违宪审查的理论与实践［M］.北京：法律出版社，2006.

[3] 刘向文，宋雅芳.俄罗斯联邦宪政制度［M］.北京：法律出版社，1999.

[4] 胡建淼.世界宪法法院制度研究［M］.杭州：浙江大学出版社，2007.

[5] 陈新民.宪法基本权利之基本理论［M］.台北：元照出版有限公司，1999.

[6] 胡正昌.宪法文本与实现：宪法实施问题研究［M］.北京：中国政法大学出版社，2009.

[7] 翟小波.论我国的宪法实施制度［M］.北京：中国法制出版社，2009.

[8] 李湘刚.中国宪法实施研究［M］.长沙：湖南人民出版社，2009.

[9] 魏建新.宪法实施的行政法路径研究［M］.北京：知识产权出版社，2009.

[10] 张光博，王秋玲.宪法的实施和保障［M］.吉林：吉林大学出版社，1993.

[11] 孙谦，韩大元.世界各国宪法的规定：宪法实施的保障［M］.北京：中国检察出版社，2013.

[12] 胡锦光，韩大元.中国宪法发展研究报告（1982—2002）［M］.北京：法律出版社，2004.

[13] 陈云生.宪法监督的理论与违宪审查制度的构建［M］.北京：方志出版社，2011.

[14] 陈云生.宪法监督司法化［M］.北京：北京大学出版社，2004.

[15] 陈云生.民主宪政新潮：宪法监督的理论与实践［M］.北京：人民出版社，1988.

[16] 陈云生.违宪审查的原理与体制［M］.北京：北京师范大学出版社，2010.

[17] 王广辉.通向宪政之路［M］.北京：法律出版社，2002.
[18] 刘嗣元.宪政秩序的维护：宪法监督的理论与实践［M］.武汉：武汉出版社，2001.
[19] 李忠.宪法监督论［M］.北京：社会科学文献出版社，1999.
[20] 翟桔红.违宪审查与民主制的平衡：一项比较研究［M］.北京：中国社会科学出版社，2012.
[21] 林来梵.宪法审查的原理与技术［M］.北京：法律出版社，2009.
[22] 胡锦光.违宪审查比较研究［M］.北京：中国人民大学出版社，2006.
[23] 王振民.中国违宪审查制度［M］.北京：中国政法大学出版社，2004.
[24] 童建华.英国违宪审查［M］.北京：中国政法大学出版社，2011.
[25] 范进学.美国司法审查制度［M］.北京：中国政法大学出版社，2011.
[26] 王卫明.东欧国家违宪审查制度比较研究［M］.北京：中国政法大学出版社，2008.
[27] 赵立新.日本违宪审查制度［M］.北京：中国法制出版社，2008.
[28] 胡锦光.违宪审查论［M］.海口：海南出版社，2007.
[29] 欧爱民.宪法实践的技术路径研究：以违宪审查为中心［M］.北京：法律出版社，2007.
[30] 陈春生.论法治国之权利保护与违宪审查［M］.台北：新学林出版股份有限公司，2005.
[31] 陈力铭.违宪审查与权力制衡［M］.北京：人民法院出版社，2005.
[32] 林广华.违宪审查制度比较研究［M］.北京：社会科学文献出版社，2004.
[33] 李鸿禧.违宪审查论［M］.台北：元照出版公司，1999.
[34] 吴志光.比较违宪审查制度［M］.台北：神州图书出版有限公司，1999.
[35] 齐光裕.违宪审查与政治问题［M］.新北：扬智文化事业股份有限公司，2003.
[36] 张明锋.加拿大司法审查的应用研究：以宪法平等权的司法保护为例［M］.北京：中国政法大学出版社，2011.
[37] 马存利.我国平等权违宪审查的理论、制度和未来［M］.长春：吉林大学出版社，2008.
[38] 吴天昊.法国违宪审查制度［M］.北京：中国政法大学出版社，2011.
[39] 法治斌.人权保障与释宪法制［M］.台北：月旦出版社，1993.
[40] 吴庚.宪法的解释与适用［M］.台北：三民书局，2004.

[41] 胡锦光.中国宪法问题研究 [M].北京：新华出版社，1998.
[42] 陈端洪.制宪权与根本法 [M].北京：中国法制出版社，2010.
[43] 高全喜.从非常政治到日常政治 [M].北京：中国法制出版社，2010.
[44] 王磊.宪法的司法化 [M].北京：中国政法大学出版社，2000.
[45] 周伟.宪法基本权利司法救济研究 [M].北京：中国人民公安大学出版社，2003.
[46] 林来梵.从宪法规范到规范宪法 [M].北京：商务印书馆，2017.
[47] 秦前红，孙莹，黄明涛.地方人大监督权 [M].北京：法律出版社，2013.
[48] 周叶中.代议制度比较研究 [M].武汉：武汉大学出版社，2005.
[49] 郑贤君.基本权利原理 [M].北京：法律出版社，2010.
[50] 范进学.美国司法审查制度 [M].北京：中国政法大学出版社，2011.
[51] 裘索.日本违宪审查制度：兼对中国的启示 [M].北京：商务印书馆，2008.
[52] 苏永钦.民事立法与公私法的接轨 [M].北京：北京大学出版社，2005.
[53] 陈新民.德国公法学基础理论上 [M].济南：山东人民出版社，2001.
[54] 陈新民.德国公法学基础理论下 [M].济南：山东人民出版社，2001.
[55] 蔡定剑.试论人大及其常委会监督的对象和内容 [M] //全国人大常委会办公厅研究室理论组编.论人大及其常委会的监督权.北京：法律出版社，1988：46-47.
[56] 戴鸿映.各国宪法监督制度的比较研究 [M] //宪法比较研究课题组编.宪法比较研究文集.北京：中国民主法制出版社，1993：111.
[57] 陈云生.走法治必由之路：论宪法和法律监督的制度化 [J].比较法研究，1997（1）：3-20.
[58] 陈云生.论司法谦抑及其在美国司法审查制度中的实践 [J].上海交通大学学报（哲学社会科学版），2005（5）：18-22.
[59] 陈云生.中国违宪审查制度的审视与健全构想 [J].广西政法管理干部学院学报，2008（6）：10-18.
[60] 陈云生.宪法为什么是重要的?——基于西方“二元政治”的立宪主义原理的解读 [J].中国社会科学院研究生院学报，2008（2）：69-74.
[61] 陈云生.再论宪法为什么是重要的——基于从高级法到宪法至上的智识背景和历史经验的解读 [J].中国社会科学院研究生院学报，2009（2）：75-82.

[62] 陈云生.论宪法监督司法化中的司法理性［ J ］.中国社会科学院研究生院学报，2006（ 1 ）：98-104.
[63] 陈云生 .反宪法规则决定的法律效力问题之由来：理论与实践［ J ］.中国社会科学院研究生院学报，2005（ 1 ）：53-62.
[64] 陈云生.中国宪法监督司法化的探索：反思与选择［ J ］.淮阴师范学院学报（ 哲学社会科学版 ），2005（ 4 ）：444-457.
[65] 陈云生.宪法监督的方式［ J ］.西北政法学院学报，1988（ 3 ）：5-9.
[66] 陈云生.改善和加强我国宪法监督制度的几点设想［ J ］.当代法学，1988（ 2 ）：2-4.
[67] 陈云生.对资本主义国家宪法监督的分析和评价［ J ］.当代法学，1988（ 3 ）：146-149.
[68] 陈云生.公民基本权利的司法保护［ M ］//中国人民大学宪政与行政法治研究中心.宪政与行政法治评论（ 第2卷 ）.北京：中国人民大学出版社，2005：148-170.
[69] 胡锦光.中国宪法的司法适用性探讨［ J ］.中国人民大学学报，1997（ 5 ）：61-66.
[70] 胡锦光.违宪审查与相关概念辨析［ J ］.法学杂志，2006（ 4 ）：18-27.
[71] 胡锦光.论我国抽象行政行为的司法审查［ J ］.中国人民大学学报，2005（ 5 ）：9-15.
[72] 胡锦光.论公民启动违宪审查程序的原则［ J ］.法商研究，2003（ 5 ）：3-13.
[73] 胡锦光.中国现行宪法修改方式之评析［ J ］.法商研究，2012，29（ 3 ）：24-28.
[74] 胡锦光.从宪法事例看我国宪法救济制度的完善［ J ］.法学家，2003（ 3 ）：36-44.
[75] 胡锦光.立法法对我国违宪审查制度的发展及不足［ J ］.河南省政法管理干部学院学报，2000（ 5 ）：7-14.
[76] 胡锦光，王丛虎.论我国宪法解释的实践［ J ］.法商研究，2000（ 2 ）：3-7
[77] 胡锦光.论中国司法审查的空间［J］.河南社会科学，2006（ 5 ）：72-76.
[78] 胡锦光.论我国宪法救济制度的完善［ J ］.河南省政法管理干部学院学报，2007（ 4 ）：1-8.
[79] 胡锦光.论对法律的违宪审查［ J ］.北方法学，2007（ 2 ）：58-66.

[80] 胡锦光.我国行政行为司法审查的演进与问题 [J].华东政法大学学报，2009（5）：84-93.
[81] 胡锦光.齐案“批复”并非解释宪法最高人民法院不应废止 [J].法学，2009（4）：25-28.
[82] 胡锦光，陈雄.关于中国宪法学研究方法的思考 [J].浙江学刊，2005（4）：132-137.
[83] 胡锦光，秦奥蕾.论违宪主体 [J].河南省政法管理干部学院学报，2004（1）：51-55.
[84] 胡锦光.论宪法救济的原则 [J].法学杂志，2004（5）：2-5.
[85] 胡锦光，张德瑞.关于齐玉苓案件的法理学思考 [J].河南省政法管理干部学院学报，2002（6）：13-23.
[86] 胡锦光.我国宪法修正案的技术性与规范性评析 [J].法商研究（中南政法学院学报），1999（6）：3-9.
[87] 胡锦光.试析我国宪法修改的原因 [J].法学家，1999（3）：67-68.
[88] 胡锦光.论司法审查制的成因 [J].法学家，1999（Z1）：128-139.
[89] 许崇德，胡锦光.关于地方人大是否有宪法监督权问题 [J].人大工作通讯，1996（2）：11-12.
[90] 胡锦光.宪法诉讼制度若干问题比较研究 [J].法学家，1994（4）：16-23.
[91] 胡锦光.论宪法监督制度 [J].中国法学，1985（1）：72-79.
[92] 胡锦光.论西方违宪审查制度的发展趋势 [J].河北法学，1987（6）：11-14.
[93] 董成美，胡锦光.我国违宪审查的组织机构初探 [J].中国人民大学学报，1987（1）：119-127.
[94] 胡锦光.我国违宪审查的对象、方式及处理初探 [J].学习与探索，1987（6）：85-89.
[95] 胡锦光.乙肝歧视第一案与宪法救济 [M] //中国人民大学宪政与行政法治研究中心.宪政与行政法治评论（第2卷）.北京：中国人民大学出版社，2005：74-102.
[96] 胡锦光.中国抽象行为之司法审查研究 [J].厦门大学法律评论，2007（1）：27-47.
[97] 王振民.我国宪法可否进入诉讼 [J].法商研究，1999（5）：28-36.
[98] 王振民.“一国两制”实施中的若干宪法问题浅析 [J].法商研究（中南

政法学院学报），2000（4）：3-12.
[99] 王振民，孙成.香港法院适用中国宪法问题研究［J］.政治与法律，2014（4）：2-12.
[100] 王振民.党内法规制度体系建设的基本理论问题［J］.中国高校社会科学，2013（5）：136-153.
[101] 王振民.认真对待宪法的实施［J］.环球法律评论，2012，34（6）：9-11.
[102] 童之伟.宪法适用应依循宪法本身规定的路径［J］.中国法学，2008（6）：22-48.
[103] 童之伟.法院“依照法律”规定行使审判权释论：以我国法院与宪法之关系为重点的考察［J］.中国法学，2009（6）：148-167.
[104] 童之伟.宪法民法关系之实像与幻影：民法根本说的法理评析［J］.中国法学，2006（6）：160-180.
[105] 童之伟.《物权法（草案）》该如何通过宪法之门：评一封公开信引起的违宪与合宪之争［J］.法学，2006（3）：4-23.
[106] 童之伟.再论物权法草案中的宪法问题及其解决路径［J］.法学，2006（7）：3-13.
[107] 童之伟.宪法司法适用研究中的几个问题［J］.法学，2001（11）：3-8.
[108] 童之伟.立法“根据宪法”无可非议：评“全国人大立法不宜根据宪法说”［J］.中国法学，2007（1）：19-30.
[109] 童之伟.宪法适用如何走出“司法化”的歧路［J］.政治与法律，2009（1）：10-15.
[110] 童之伟.从若干起冤案看人身自由的宪法保护［J］.现代法学，2004（5）：165-173.
[111] 童之伟.重提“违宪改革合理说”宜审慎：以过去数年之乡镇长直选“试点”为事证［J］.法学家，2007（4）：93-102.
[112] 童之伟，姜光文.日本的违宪审查制及其启示［J］.法学评论，2005（4）：110-117.
[113] 童之伟.关于宪法修正案草案与修宪方法的建议［J］.法制与社会发展，2003（4）：144-150.
[114] 童之伟.我国宪法原文与修正案的组合问题［J］.中国法学，2003（3）：1-7.
[115] 童之伟.“良性违宪”不宜肯定：对郝铁川同志有关主张的不同看法

[J].法学研究，1996（6）：19-22.
[116] 林来梵，张卓明.论法律原则的司法适用：从规范性法学方法论角度的一个分析[J].中国法学，2006（2）：122-132.
[117] 林来梵.规范宪法的条件和宪法规范的变动[J].法学研究，1999（2）：32-45.
[118] 林来梵.美国宪法判例中的财产权保护：以Lucas v.South Carolina Coastal Council为焦点[J].浙江社会科学，2003（5）：74-81.
[119] 陈端洪，林来梵，高全喜.政治宪法学与规范宪法学"对话"实录[J].公法研究，2011（2）：469-505.
[120] 林来梵.宪法学的方法与谋略[J].公法研究，2007（0）：480-506.
[121] 林来梵.针对国家享有的财产权：从比较法角度的一个考察[J].法商研究，2003（1）：54-62.
[122] 陈鹏，林来梵.立法机关的宪法解释功能比较研究[J].中国宪法年刊，2014，9（00）：271-272.
[123] 林来梵，郑磊.宪法学方法论[J].宪政与行政法治评论，2007，3（00）：134-154.
[124] 胡锦光，林来梵.德国民法典之父亲最终决定权规定违宪案[J].人大法律评论，2001（1）：382-390.
[125] 永田秀树，林来梵，龙绚丽.欧洲的宪法法院与日本的宪法法院构思[J].公法研究，2004（0）：370-380.
[126] 强世功.宪法司法化的悖论：兼论法学家在推动宪政中的困境[J].中国社会科学，2003（2）：18-28.
[127] 季卫东.合宪性审查与司法权的强化[J].中国社会科学，2002（2）：4-16.
[128] 韩大元.宪法实施与中国社会治理模式的转型[J].中国法学，2012（4）：15-25.
[129] 韩大元.论宪法权威[J].法学，2013（5）：19-27.
[130] 韩大元.中国宪法学方法论的学术倾向与问题意识[J].中国法学，2008（1）：114-126.
[131] 韩大元，王德志.中国公民宪法意识调查报告[J].政法论坛，2002（6）：107-120.
[132] 韩大元，林来梵，郑磊.宪法解释学与规范宪法学的对话[J].浙江学刊，2008（2）：134-143.

[133] 韩大元.认真对待我国宪法文本 [J].清华法学，2012，6（06）：5-18.
[134] 韩大元.由《物权法（草案）》的争论想到的若干宪法问题 [J].法学，2006（3）：24-32.
[135] 韩大元，屠振宇.宪法条文援引技术研究：围绕宪法修正案的援引问题展开 [J].政法论坛，2005（4）：88-95.
[136] 韩大元.论宪法解释程序中的合宪性推定原则 [J].政法论坛，2003（2）：4-8.
[137] 韩大元.试论宪法修改权的性质与界限 [J].法学家，2003（5）：11-16.
[138] 韩大元，张翔.试论宪法解释的界限 [J].法学评论，2001（1）：25-33.
[139] 韩大元.论宪法规范与社会现实的冲突 [J].中国法学，2000（5）：3-16.
[140] 韩大元，张翔.试论宪法解释的客观性与主观性 [J].法律科学：西北政法学院学报，1999（6）：38-45.
[141] 韩大元.《宪法解释程序法》的意义、思路与框架 [J].浙江社会科学，2009（9）：15-22.
[142] 周伟.1982年宪法以前的宪法解释与违宪审查案例之启示 [J].四川师范大学学报（社会科学版），2004（1）：28-35.
[143] 莫纪宏.八二宪法实施状况评析 [J].北方法学，2013，7（1）：131-138.
[144] 莫纪宏.从《宪法》在我国立法中的适用看我国现行《宪法》实施的状况 [J].法学杂志，2012，33（12）：1-8.
[145] 翟小波.代议机关至上的人民宪政：我国宪法实施模式的解释性建构 [J].清华法学，2007（2）：35-53.
[146] 常安.改革、修宪与宪法理论论争：现行宪法颁布30周年之际的一个学术史回溯 [J].法律科学（西北政法大学学报），2012，30（6）：54-63.
[147] 苗连营.关于设立宪法监督专责机构的设想 [J].法商研究（中南政法学院学报），1998（4）：3-9.
[148] 莫纪宏.宪法在司法审判中的适用性研究 [J].北方法学，2007（3）：31-39.

[149] 谢维雁.国外宪法诉讼模式及其启示［ J ］.四川大学学报（哲学社会科学版），2009（6）：124-133.
[150] 陈弘毅.齐案“批复”的废止与“宪法司法化”和法院援引宪法问题［ J ］.法学，2009（3）：11-14.
[151] 魏建新.论我国宪法实施的行政法路径［ J ］.河北法学，2010，28（4）：38-44.
[152] 蔡定剑.宪法实施的概念与宪法施行之道［ J ］.中国法学，2004（1）：23-28.
[153] 蔡定剑.法律冲突及其解决的途径［ J ］.中国法学，1999（3）：49-59.
[154] 杨海坤，朱中一.从行政诉讼走向宪法诉讼：中国实现宪政的必由之路［ J ］.法制与社会发展，2002（1）：54-61.
[155] 欧爱民.论宪法实施的统一技术方案：以德国、美国为分析样本［ J ］.中国法学，2008（3）：117-126.
[156] 陈端洪.论宪法作为国家的根本法与高级法［ J ］.中外法学，2008（4）：485-511.
[157] 莫纪宏.宪法价值的适用区间与宪法实施的可能性［ J ］.广东社会科学，2013（2）：228-234.
[158] 王叔文.论宪法实施的保障［ J ］.中国法学，1992（6）：15-22.
[159] 周叶中.宪法实施：宪法学研究的一个重要课题［ J ］.法学，1987（5）：13-17.
[160] 程湘清.我国宪法和宪法实施的几个问题［ J ］.北京联合大学学报（人文社会科学版），2007（1）：5-9.
[161] 陈绍兴，武玉风.论各国宪法实施的保障制度［ J ］.环球法律评论，1993（3）：50-55.
[162] 朱应平.澳大利亚宪法实施的条件和路径［ J ］.学术界，2006（2）：284-288.
[163] 蔡定剑.中国宪法实施的私法化之路［ J ］.中国社会科学，2004（2）：56-67.
[164] 蔡定剑.中国宪法司法化路径探索［ J ］.法学研究，2005（5）：110-124.
[165] 韩大元.宪法实施与中国社会治理模式的转型［ J ］.中国法学，2012（4）：15-25.

[166] 刘春萍.俄罗斯宪法实施的司法路径评述 [J] .俄罗斯中亚东欧研究，2009 (2)：14-19.
[167] 肖北庚.宪法实施之评价 [J] .法学评论，2001 (3)：34-38.
[168] 秦前红.关于“宪法司法化第一案”的几点法理思考 [J] .法商研究 (中南政法学院学报)，2002 (1)：13-19.
[169] 王旭.我国宪法实施中的商谈机制：去蔽与建构 [J] .中外法学，2011，23 (3)：500-517.
[170] 何华辉.论宪法监督 [J] .武汉大学学报 (社会科学版)，1982 (1)：3-9.
[171] 柳岚生.略论宪法监督 [J] .社会科学，1981 (3)：106-108.
[172] 杨泉明.关于加强我国宪法监督的几个问题 [J] .政治学研究，1988 (6)：3-9.
[173] 王克稳. 建立我国宪法法院制度的理论思考 [J] .江海学刊，1989 (2)：61-64.
[174] 王叔文.论宪法实施的保障 [J] .中国法学，1992 (6)：15-22.
[175] 吴家麟.论设立宪法监督机构的必要性和可行性：为现行宪法颁布8周年而作 [J] .法学评论，1991 (2)：5-11.
[176] 刘景欣.论中国宪法监督体制 [J] .内蒙古大学学报 (哲学社会科学版)，1992 (1)：117-122.
[177] 程湘清.关于宪法监督的几个有争议的问题 [J] .法学研究，1992 (4)：9-14.
[178] 王叔文.我国宪法实施中的几个认识问题 [J] .中国社会科学院研究生院学报，1988 (5)：88-92.
[179] 吴撷英，李志勇，王瑞鹤.论中国的宪法诉讼制度 [J] .中国法学，1989 (5)：62-70.
[180] 陈云生.现代宪法保障问题及其发展趋势 [J] .学习与思考，1982 (3)：45-49.
[181] 吴撷英.各国宪法监督与宪法诉讼制度的比较研究 [J] .复旦学报 (社会科学版)，1986 (5)：28-33.
[182] 王玉明.试论违宪审查机构及其程序 [J] .中外法学，1990 (2)：9-12.
[183] 张庆福，甄树青.宪法监督发展趋势简析 [J] .外国法译评，1998 (1)：71-76.

[184] 许崇德.论我国的宪法监督［J］.法学，2009（10）：3-9.
[185] 李树忠.论宪法监督的司法化［J］.政法论坛，2003（2）：30-35.
[186] 周伟.完善我国宪法监督制度研究［J］.社会科学，2004（5）：51-57.
[187] 秦强.宪法监督二元体制论［J］.金陵法律评论，2010（2）：60-70.
[188] 刘松山.1981年：胎动而未形的宪法委员会设计［J］.政法论坛，2010，28（5）：94-106.
[189] 刘松山.地方人大及其常委会保证宪法实施的地位和作用［J］.法学论坛，2009，24（3）：85-89.
[190] 蔡定剑.关于什么是宪法［J］.中外法学，2002（1）：92-101.
[191] 王磊.宪法实施的新探索：齐玉苓案的几个宪法问题［J］.中国社会科学，2003（2）：29-35.